KAI SCHIEMENZ

Arbeiten / *Works*
2013, 2014, 2015, 2016

Spector Books

Inhalt / Content

VORWORT

Seit 1974 ist die Städtische Galerie Wolfsburg im Schloss Wolfsburg beheimatet. Die Einmaligkeit des Standorts sowie die Überführung zeitgenössischer Exponate in die Räume eines historischen Renaissanceschlosses, das bis Mitte des 20. Jahrhunderts Heim und Repräsentationsort der Grafen von der Schulenburg war, lässt eine spezifische Atmosphäre entstehen, die das Publikum wie die ausstellenden Künstler gleichermaßen beeindruckt. Historische Architektur und zeitgenössische Kunst stehen bei jeder Ausstellung im Dialog.

Die Räume im Schloss Wolfsburg stellen ein konträres Modell zum Ideal des White Cube dar. So sind die Schlossarchitektur und der Innenausbau der 1970er Jahre Herausforderung und Anregung zugleich für die Erprobung neuer Präsentationsformen und alternativer Ausstellungsmodelle. Kai Schiemenz hat sich über einen langen Zeitraum hinweg intensiv mit dieser Situation auseinandergesetzt. Mit der eigens für die Ausstellungsräume entworfenen Gesamtinstallation hat er nun eine Lösung vorgeschlagen, die dem Betrachter auch im übertragenen Sinn neue Räume eröffnet und die Möglichkeit gibt, sich aktiv auf die in der Ausstellung aufgeworfenen künstlerischen Fragen einzulassen. Es geht dem Künstler dabei um das Thema der Produktion von Kunst als einem Prozess der Verwandlung. Während des Herstellungsprozesses, im Moment des Zeigens ebenso wie im weiteren Verlauf seiner Existenz unterliegt ein Kunstwerk dauernder Veränderung und wird je nach Situation neu aufgeladen.

Die Arbeiten von Kai Schiemenz bilden keinen homogenen Formenkanon, und er überrascht immer wieder mit neuen Facetten seines Werks. Wie die Ausstellung und die vorliegende Publikation dokumentieren, können dabei die unterschiedlichsten Materialien und Gestaltungen zum Ausdruck kommen. Gemeinsam ist den Raumkonzepten von Kai Schiemenz aber stets eine höchst artifizielle Auseinandersetzung mit skulpturalen Fragestellungen. Bekannt geworden mit großformatigen, gebauten Skulpturen, experimentiert der Künstler in letzter Zeit mit farbigem Glas und glasierter Keramik. Beiden Werkstoffen wohnt etwas Geheimnisvolles inne, das sich nicht ergründen aber erahnen lässt. Es macht große Freude, Kai Schiemenz' Schilderungen zum Entstehungsprozess dieser Werkserie zuzuhören, und man entdeckt, dass sich Leichtes, aber auch Verstörendes, spielerisch Humorvolles, Autobiografisches, Rätselhaftes und gleichwohl Offenbarendes in diesen Objekten vereint. Sie sind Angebote zu einem bewussten Schauen und können Wünsche wecken.

Allen an der Ausstellung und dem Buch Beteiligten gilt mein Dank. An erster Stelle danke ich Kai Schiemenz, der in vielen Gesprächen seine Gedanken und Vorstellungen erläutert hat. Bei der Realisierung der Installation assistierten ihm Ferdinand Pechmann und Benjamin Ditzen. Sebastian Jaehn hat die Ausstellung kuratorisch betreut und das Buch begleitet, ich danke ihm für sein großes Engagement und das stete Finden von Lösungen. Zu danken ist der Autorin Susanne Altmann für ihren Beitrag. Die vorliegende Publikation dokumentiert das Ausstellungsprojekt mit Installationsaufnahmen aller Räume. Uwe Walter gilt mein Dank für die Fotografien, die in enger Zusammenarbeit mit Kai Schiemenz entstanden sind. Bei der Planung und Durchführung des gesamten Projekts stand uns die Galerie EIGEN+ART zur Seite. Kerstin Wahala, Gerd Harry Lybke, Anne Schwanz und Corinna Wolfien danke ich für die angenehme und konstruktive Zusammenarbeit. Den Leihgebern und Sammlern, die ihre Arbeiten freundlicherweise zur Verfügung gestellt haben, sei für ihre Unterstützung herzlich gedankt.

Ausstellung und Buch wären nicht möglich gewesen ohne die großzügige Förderung der Niedersächsischen Sparkassenstiftung, der Sparkasse Gifhorn-Wolfsburg und des Vereins ‚jugend in der galerie e.V.', wofür ich zu großem Dank verpflichtet bin.

Susanne Pfleger

FOREWORD

Schloss Wolfsburg has been home to the Städtische Galerie Wolfsburg since 1974. The uniqueness of the location as well as the transfer of contemporary exhibits to the spaces of an historical Renaissance castle, the prestigious home of the Counts von der Schulenburg until the mid-twentieth century, give rise to a specific atmosphere that impresses the public and exhibiting artists alike. Historical architecture and contemporary art carry on a dialogue in every exhibition.

The spaces in Schloss Wolfsburg represent a model contrary to the ideal of the white cube. The castle architecture and the interior construction performed in the seventies are both a challenge and an inspiration for testing new forms of presentation and alternative exhibition models. Kai Schiemenz examined this situation intensely over a long period. With the overall installation, which was conceived specifically for the venue, he has now proposed a solution that opens up new spaces for viewers, including in a figurative sense, and provides them with an opportunity to actively engage with the artistic questions raised in the exhibition. What interests the artist is the production of art as a process of transformation. During the production process, at the moment of its presentation, as well as in the further course of its existence, a work of art is subject to permanent change and, depending on the situation, recharged.

Kai Schiemenz's works do not constitute a homogeneous canon of forms, and the new facets of his work time and again take us by surprise. As the exhibition and this publication evidence, a host of different materials and designs are able to find expression. However, what the artist's concepts of space have in common is always a highly artificial examination of sculpture-related questions. Having become known for his large-format, built sculptures, Schiemenz has recently been experimenting with coloured glass and glazed ceramic. Both materials have something inherently mysterious about them that cannot be fathomed but can be divined. It is a great pleasure to listen to the artist's accounts of the genesis of this series of works, and one discovers that lightness as well as unsettling, playfully humorous, autobiographical, puzzling and nevertheless revelatory qualities are joined in these objects. They appeal to the viewer's visual cognisance and are capable of awakening desires.

I would like to extend my thanks to all those involved in the exhibition and the catalogue. First and foremost Kai Schiemenz, who elucidated his thoughts and ideas in numerous conversations. Ferdinand Pechmann and Benjamin Ditzen assisted him in the realization of the installation. Sebastian Jaehn supervised the exhibition in a curatorial role and accompanied the book, and my gratitude goes out to him for his great dedication and ability to consistently find solutions. Sincere thanks go to the author Susanne Altmann for her contribution to the catalogue. This publication documents the exhibition project with installation views of all of the spaces. I thank Uwe Walter for the photographs, which were produced in close collaboration with the artist. The Galerie EIGEN+ART assisted in the overall planning and realization of the project. My appreciation goes out to Kerstin Wahala, Gerd Harry Lybke, Anne Schwanz and Corinna Wolfien for the pleasant and constructive collaboration. I extend my sincere thanks to the lenders and collectors who kindly made their works available for the presentation.

The exhibition and catalogue would not have been possible without the generous support of the Niedersächsische Sparkassenstiftung, the Sparkasse Gifhorn-Wolfsburg and the association 'jugend in der galerie e.V.', to whom my heartfelt thanks are also due.

Susanne Pfleger

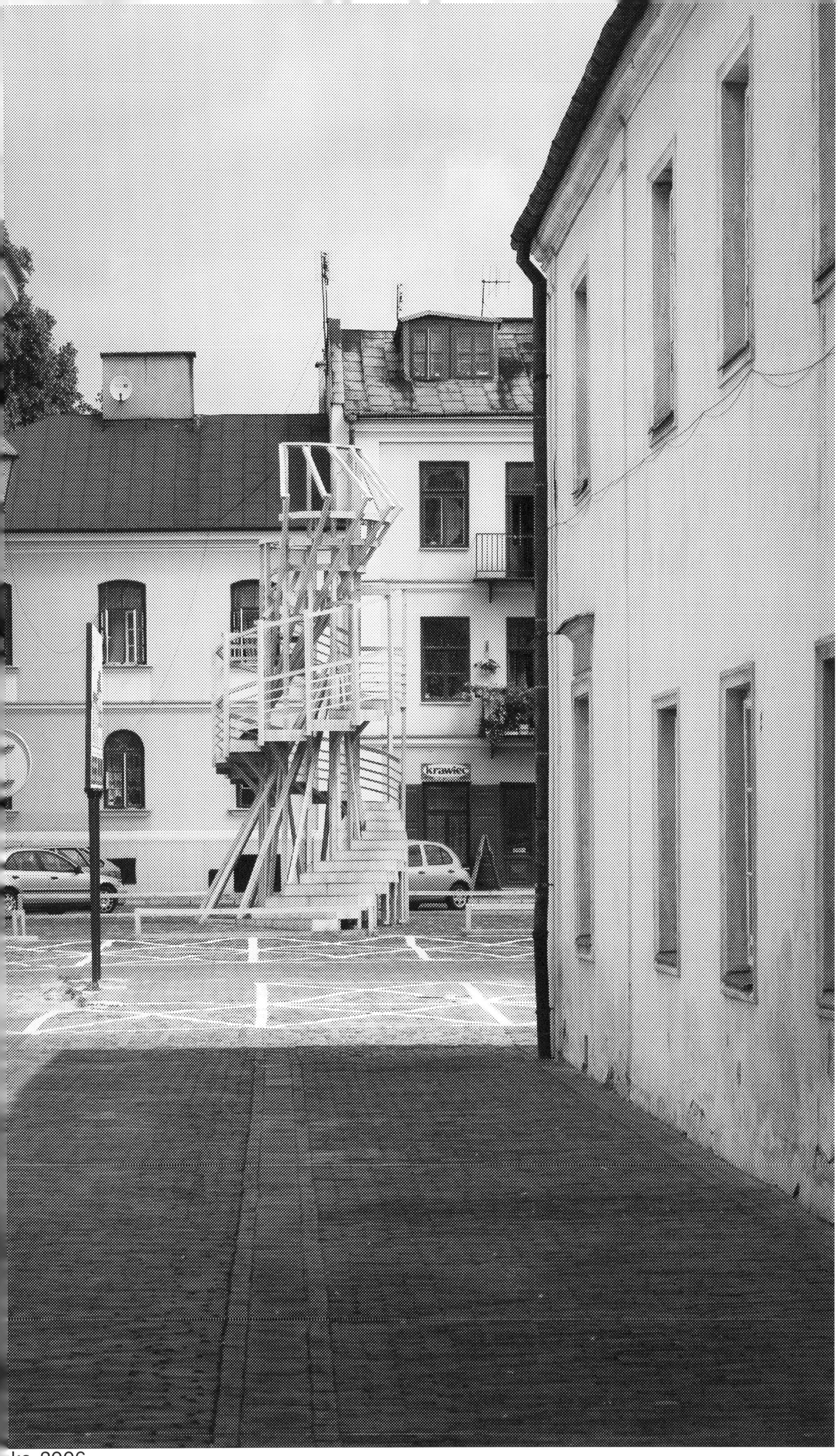

ska, 2006

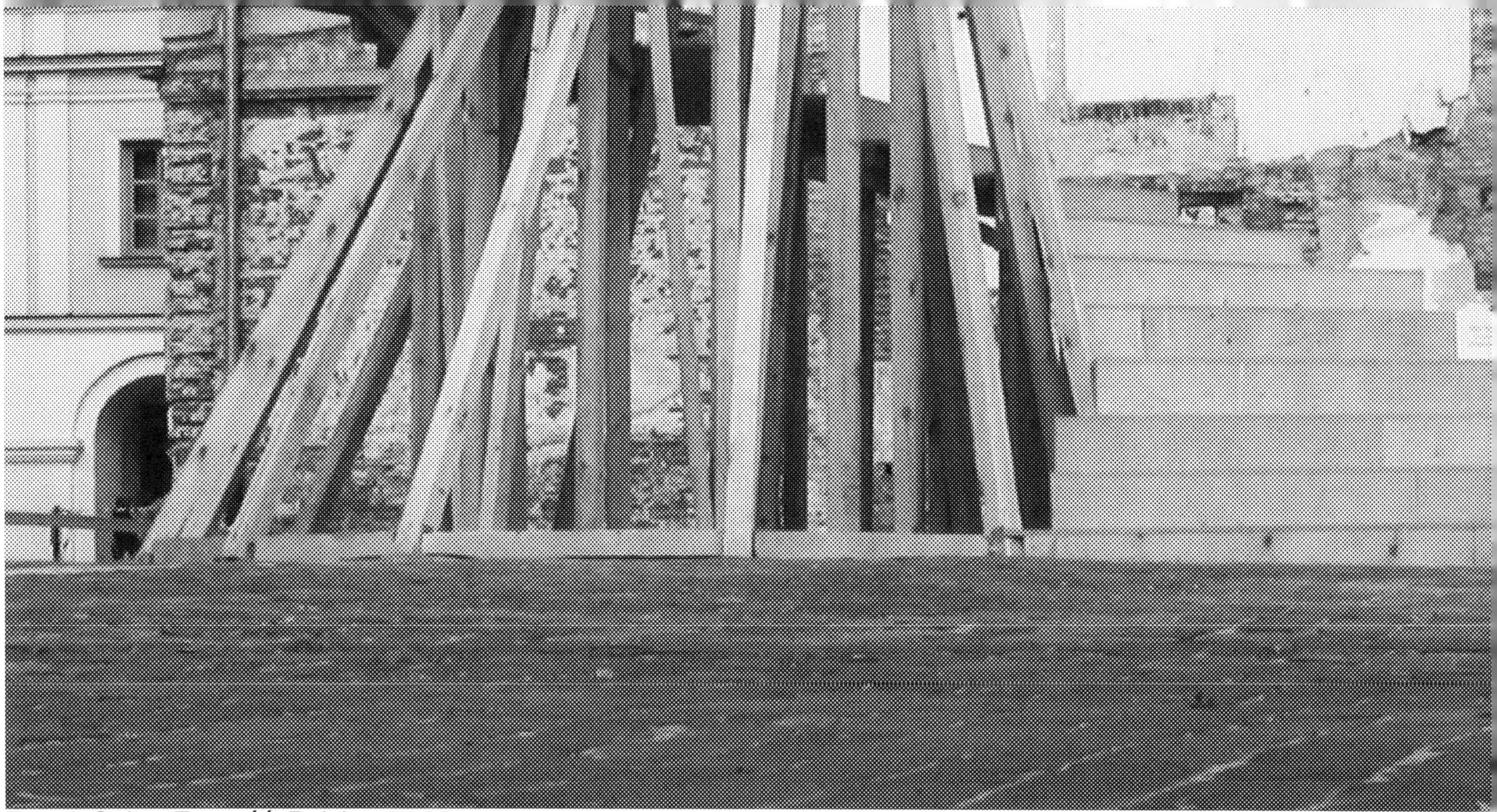
Rynek Solny, Zamość, Polska, 2006

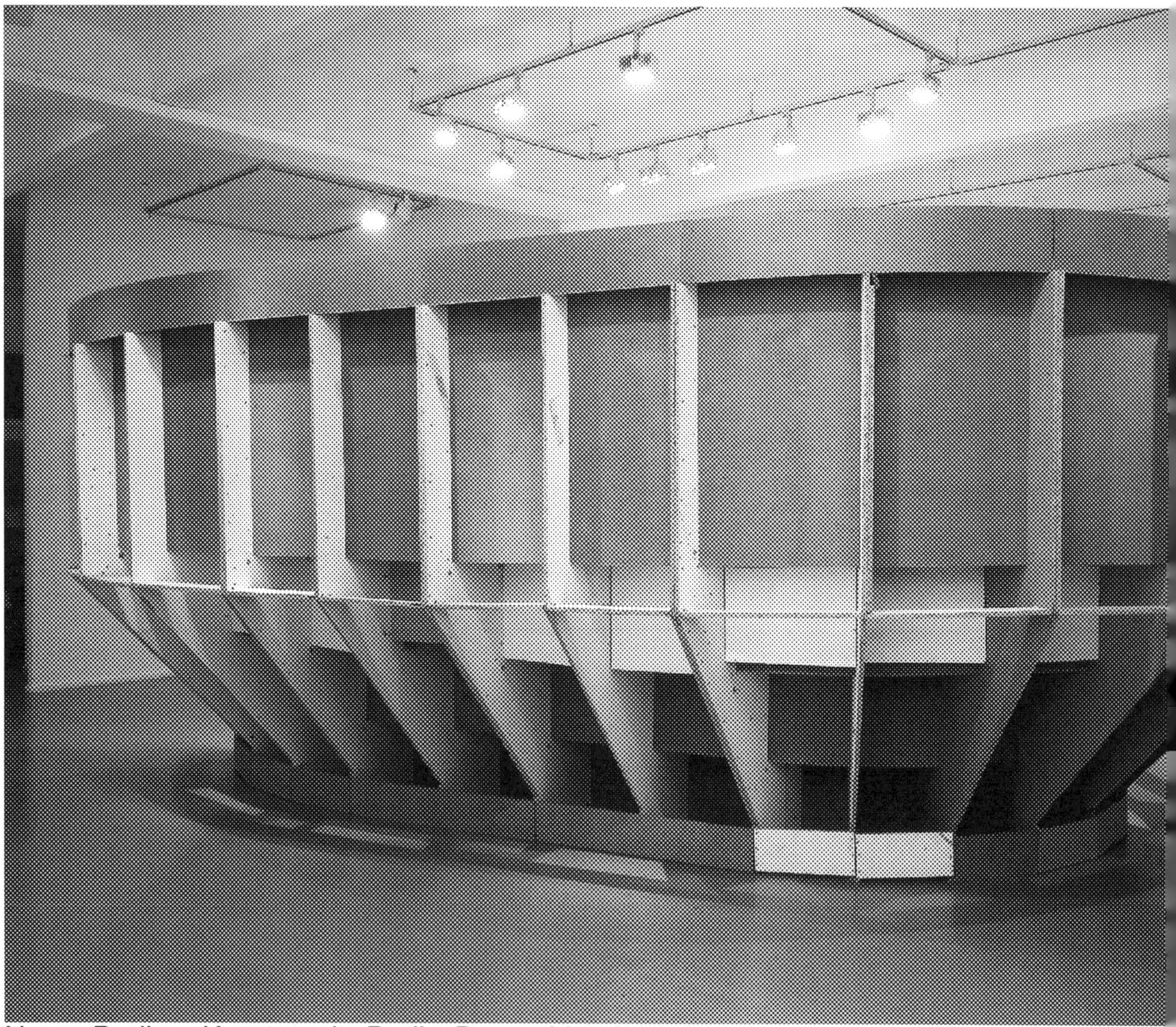
Neuer Berliner Kunstverein, Berlin, Deutschland, 2003

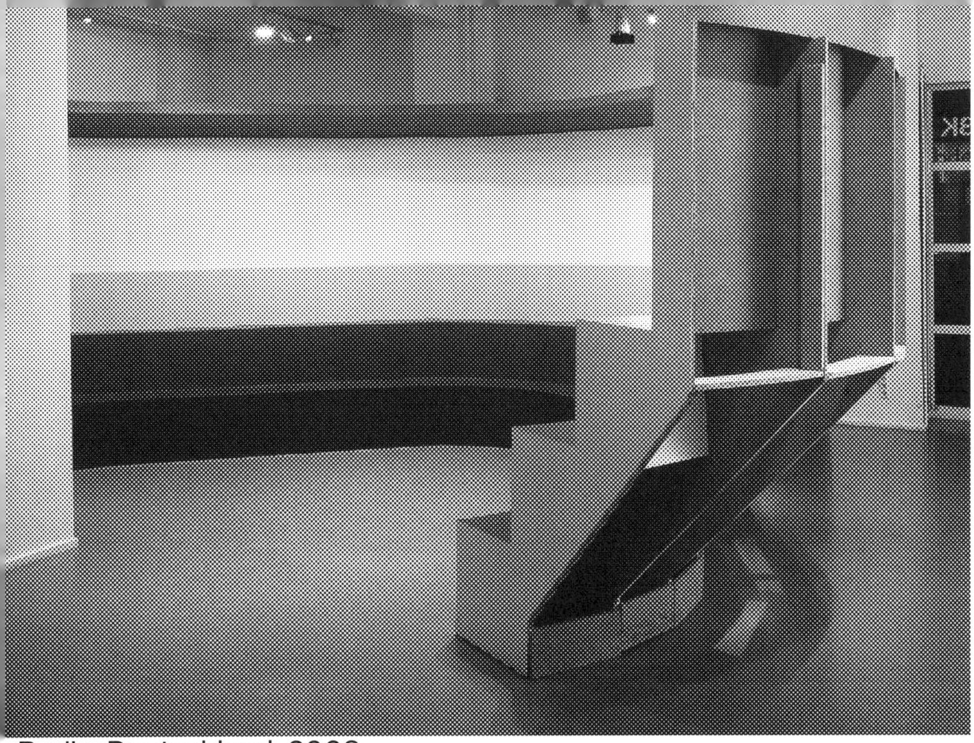

, Berlin, Deutschland, 2003

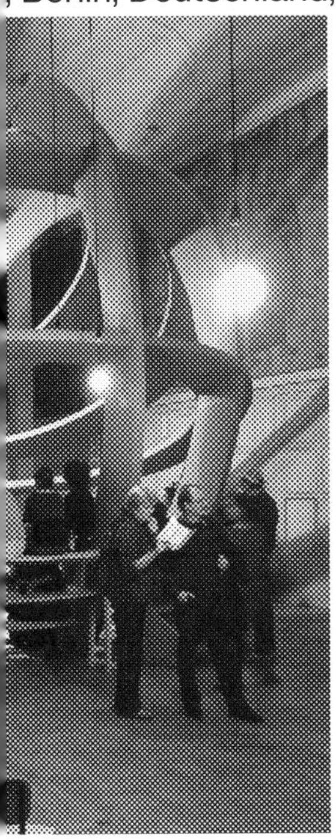

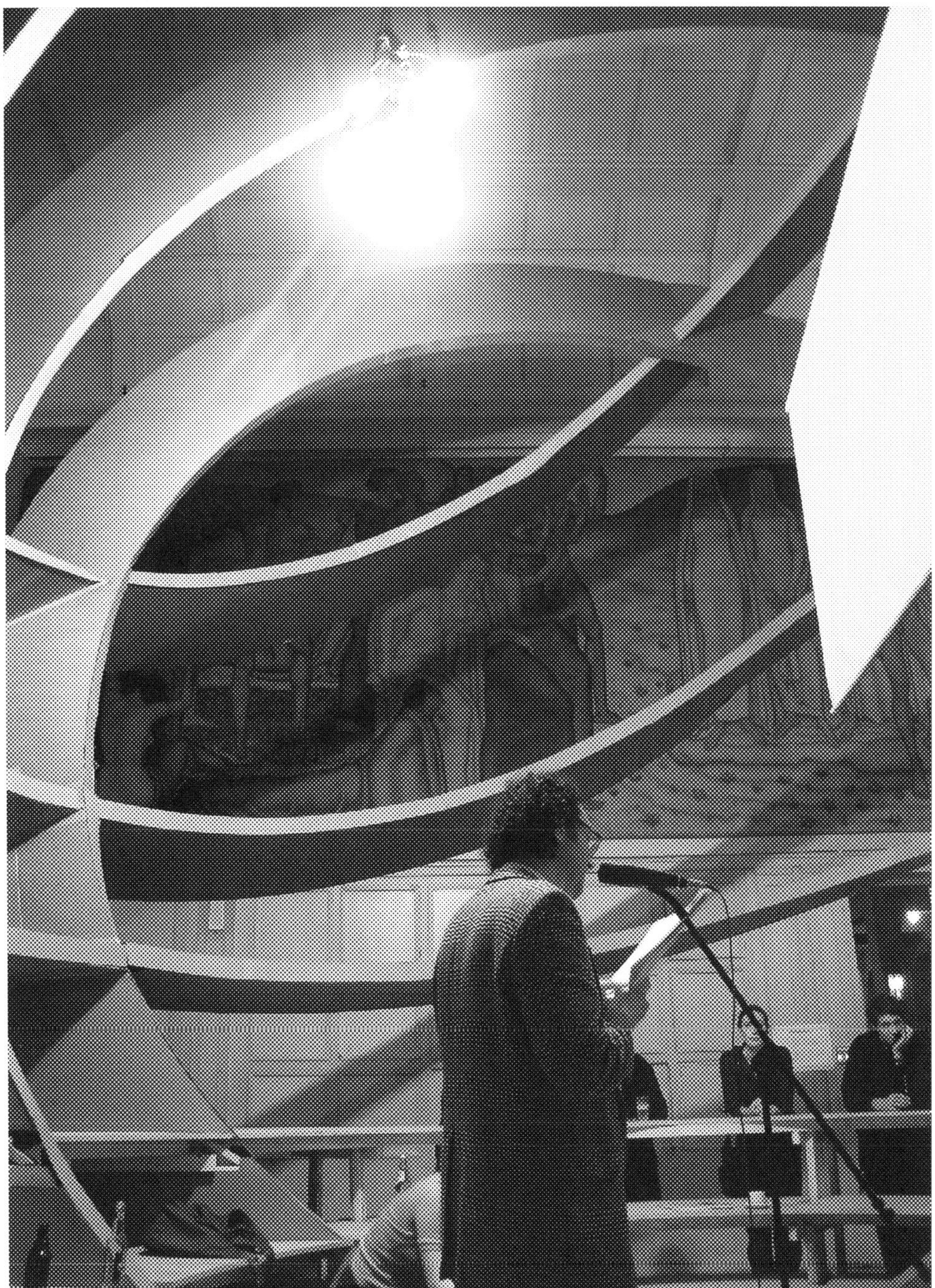

HfbK, Hamburg, Deutschland, 2005

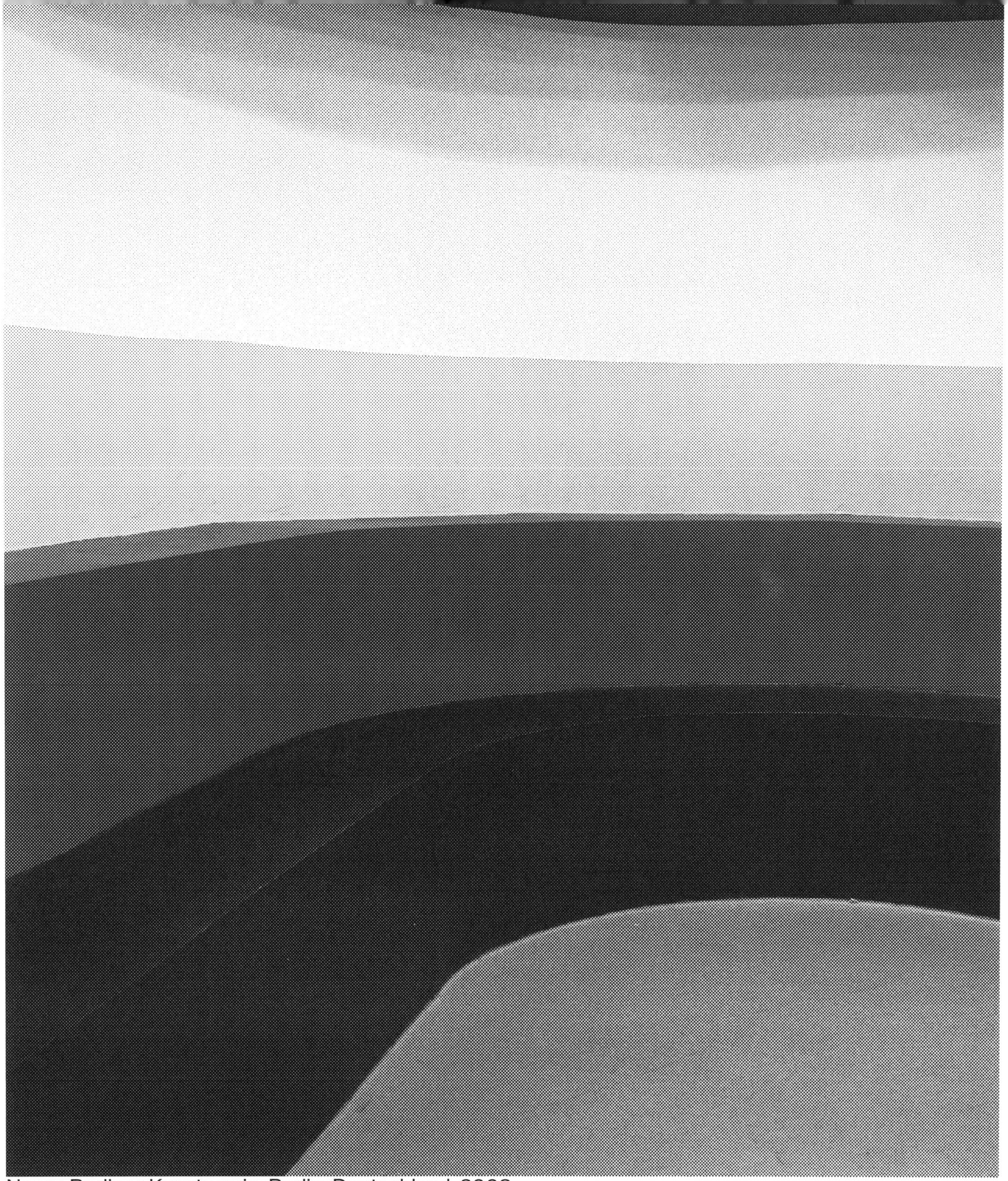

Neuer Berliner Kunstverein, Berlin, Deutschland, 2003

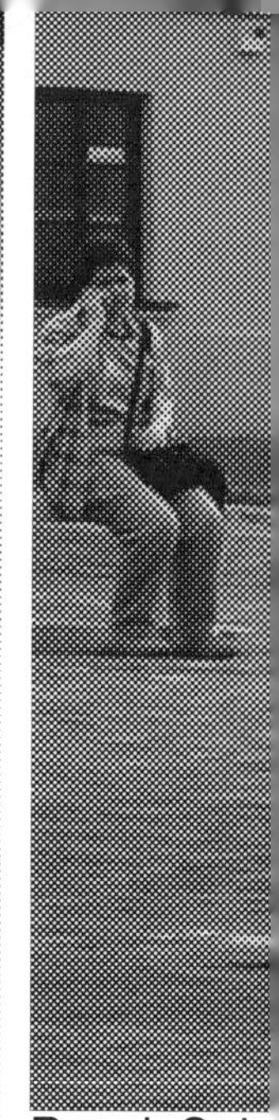

Rynek Soln

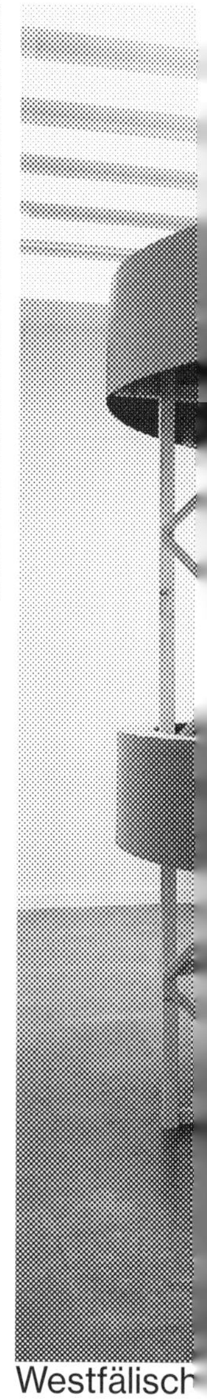

Westfälisch

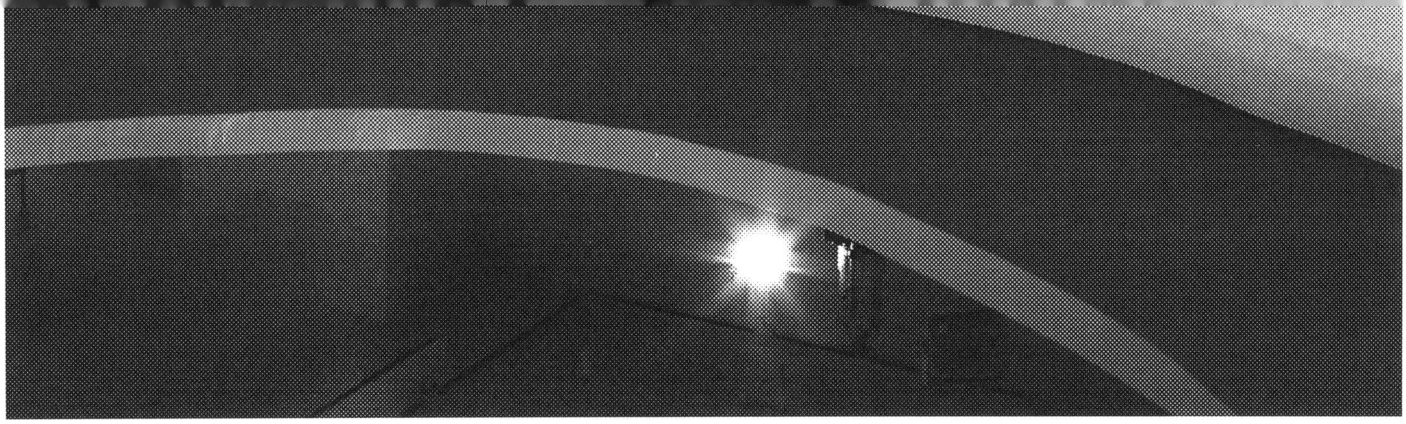

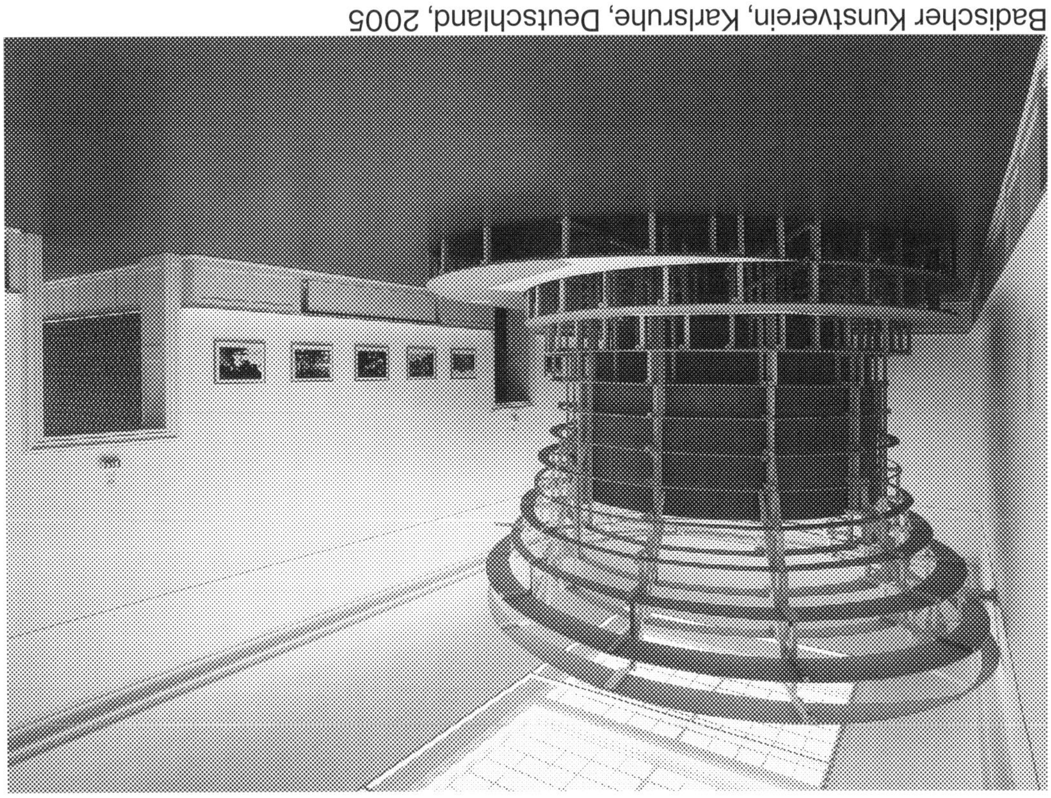

Badischer Kunstverein, Karlsruhe, Deutschland, 2005

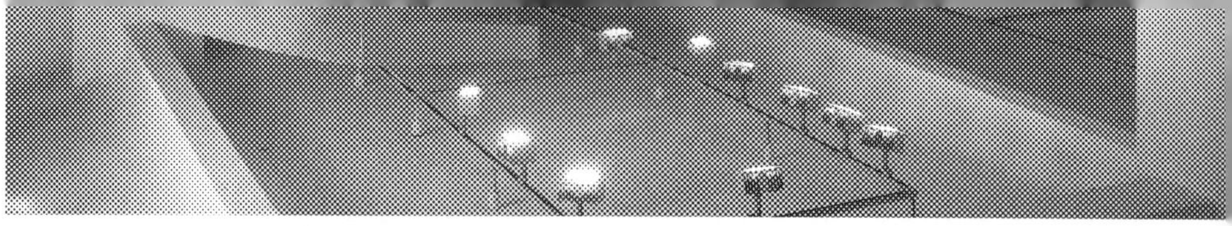
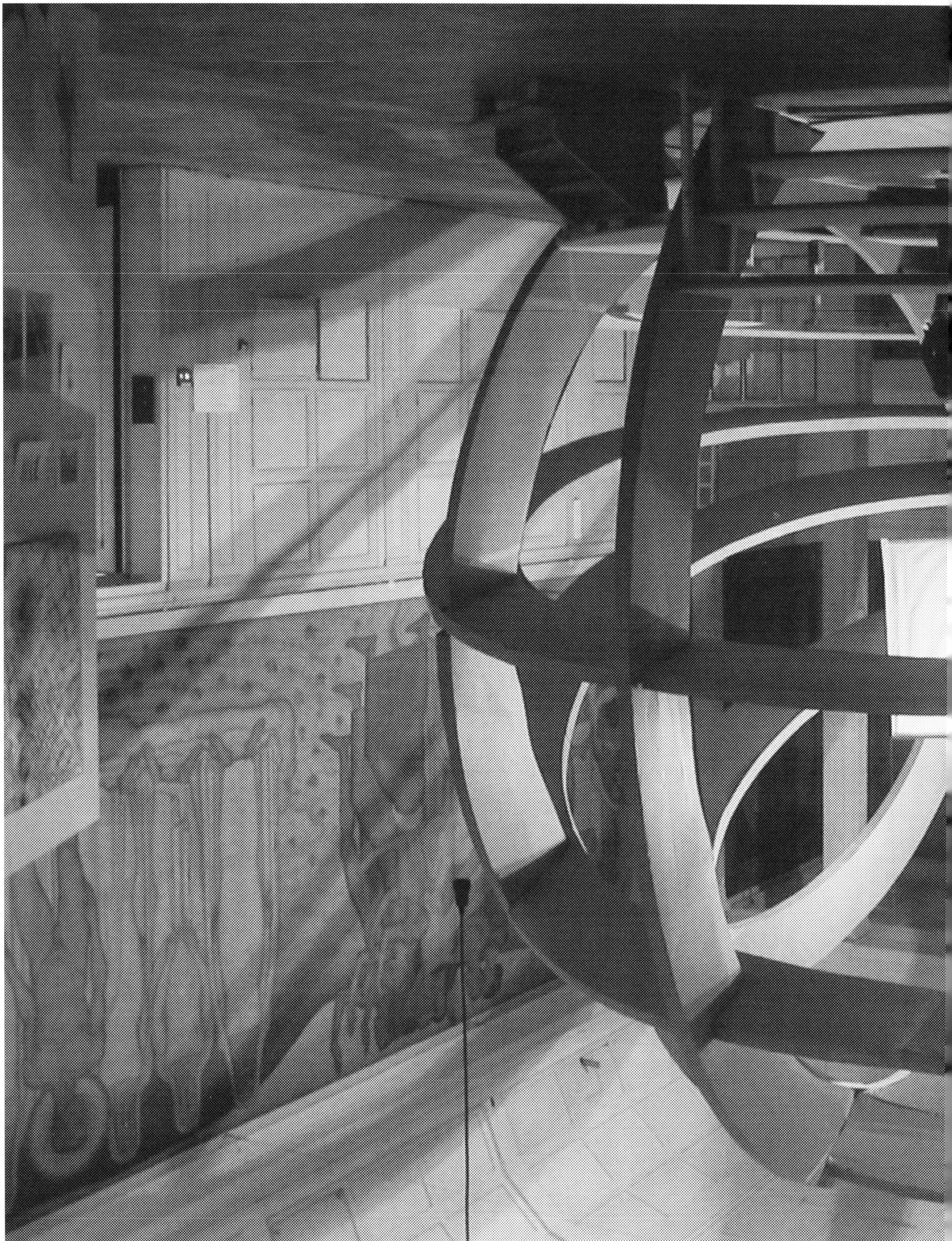

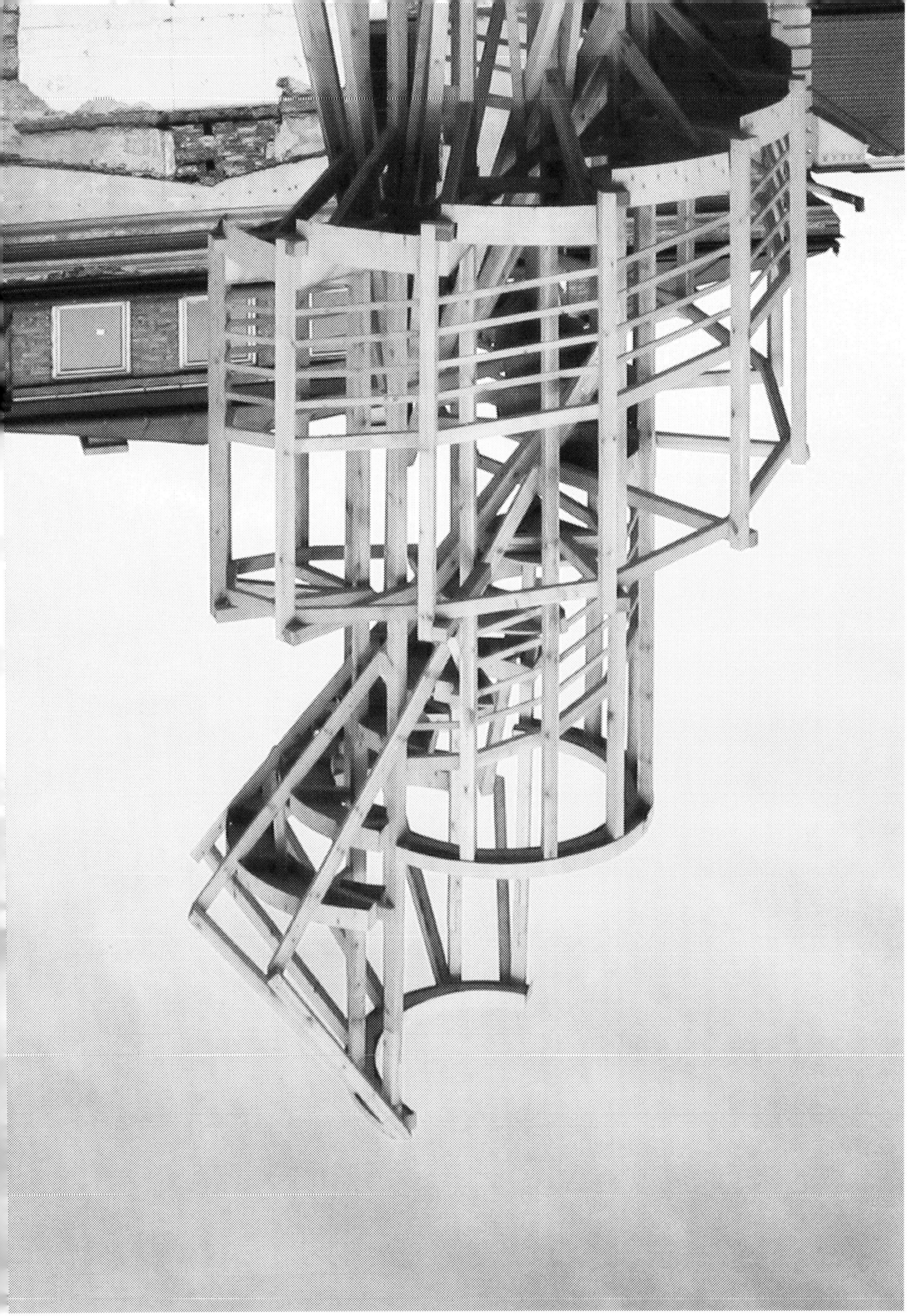

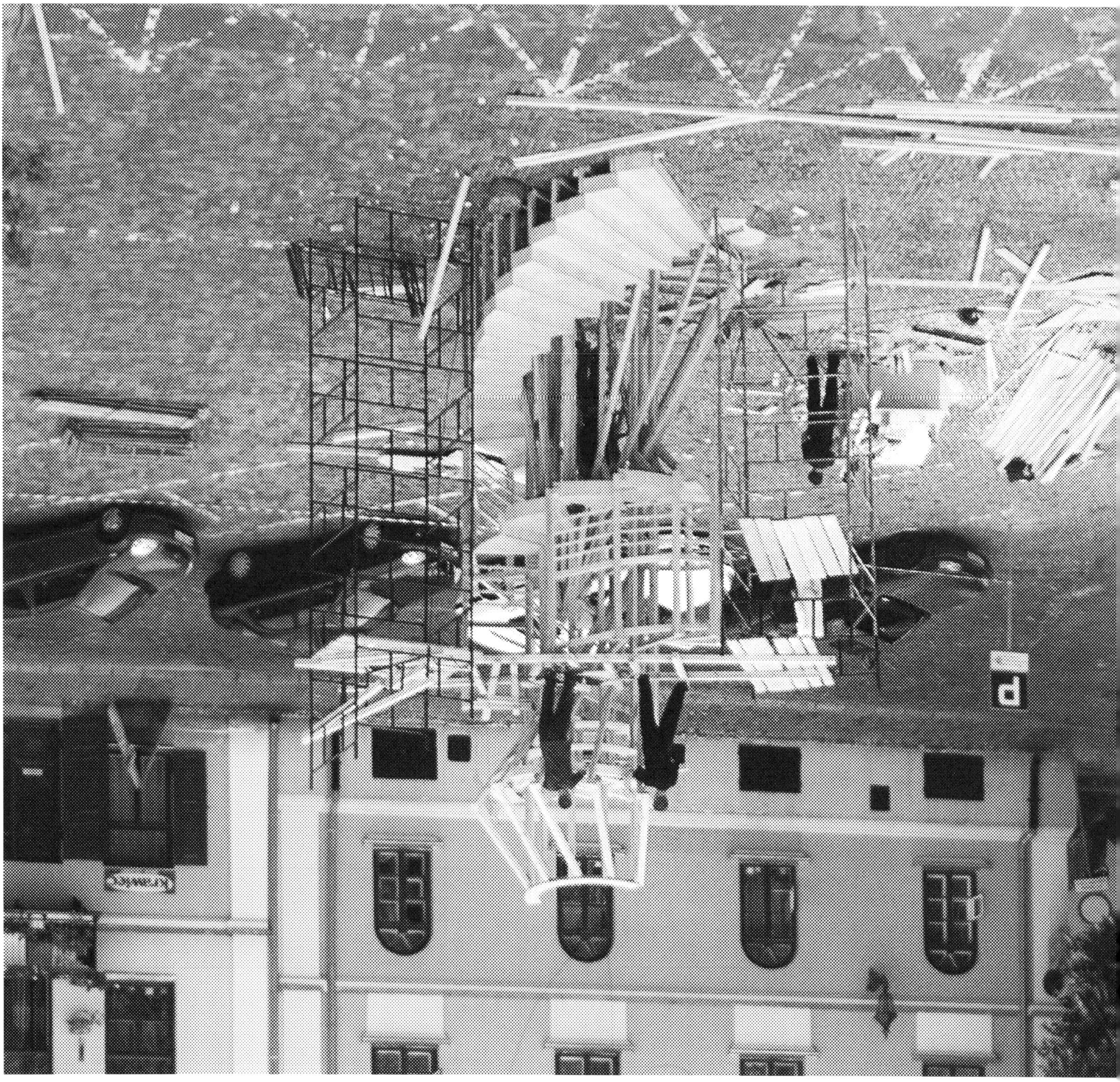

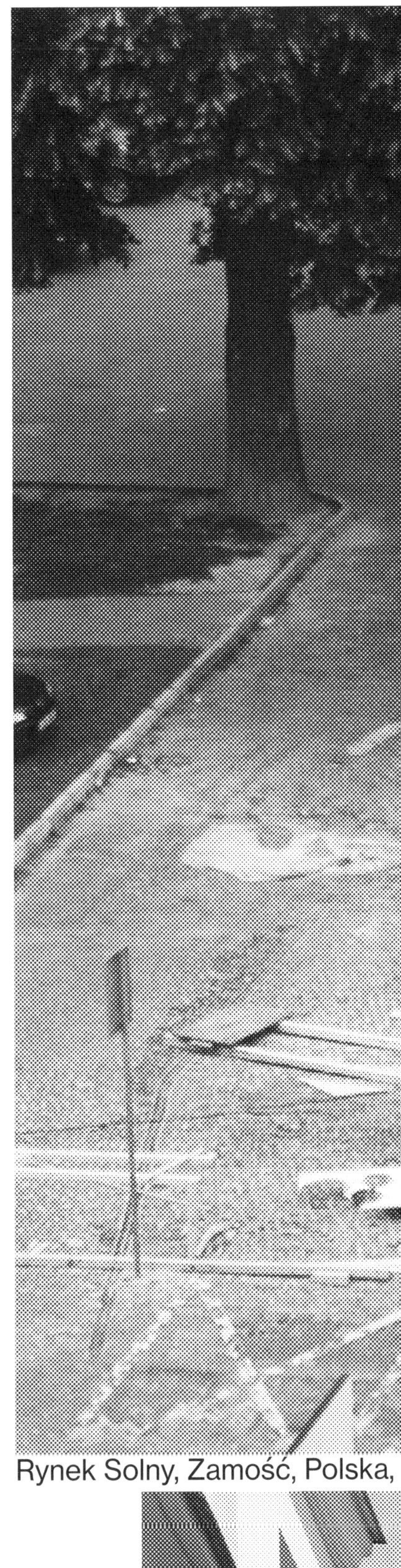

Rynek Solny, Zamość, Polska, 2

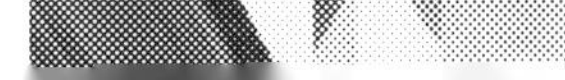

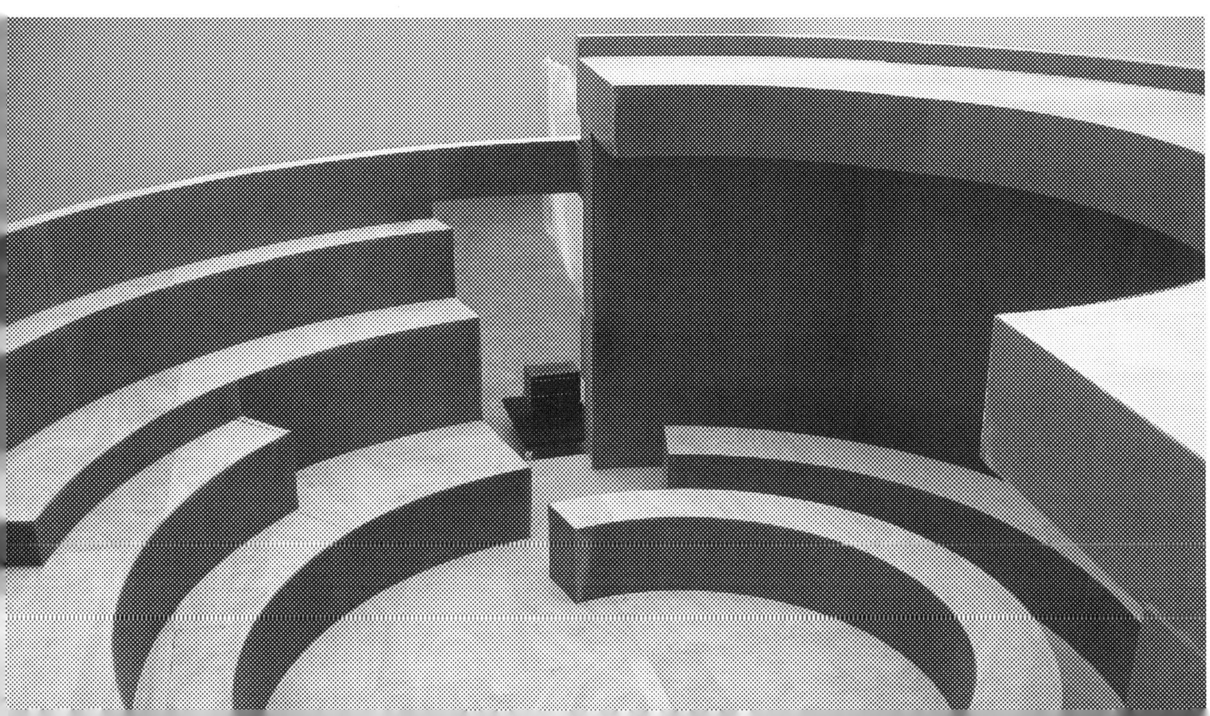

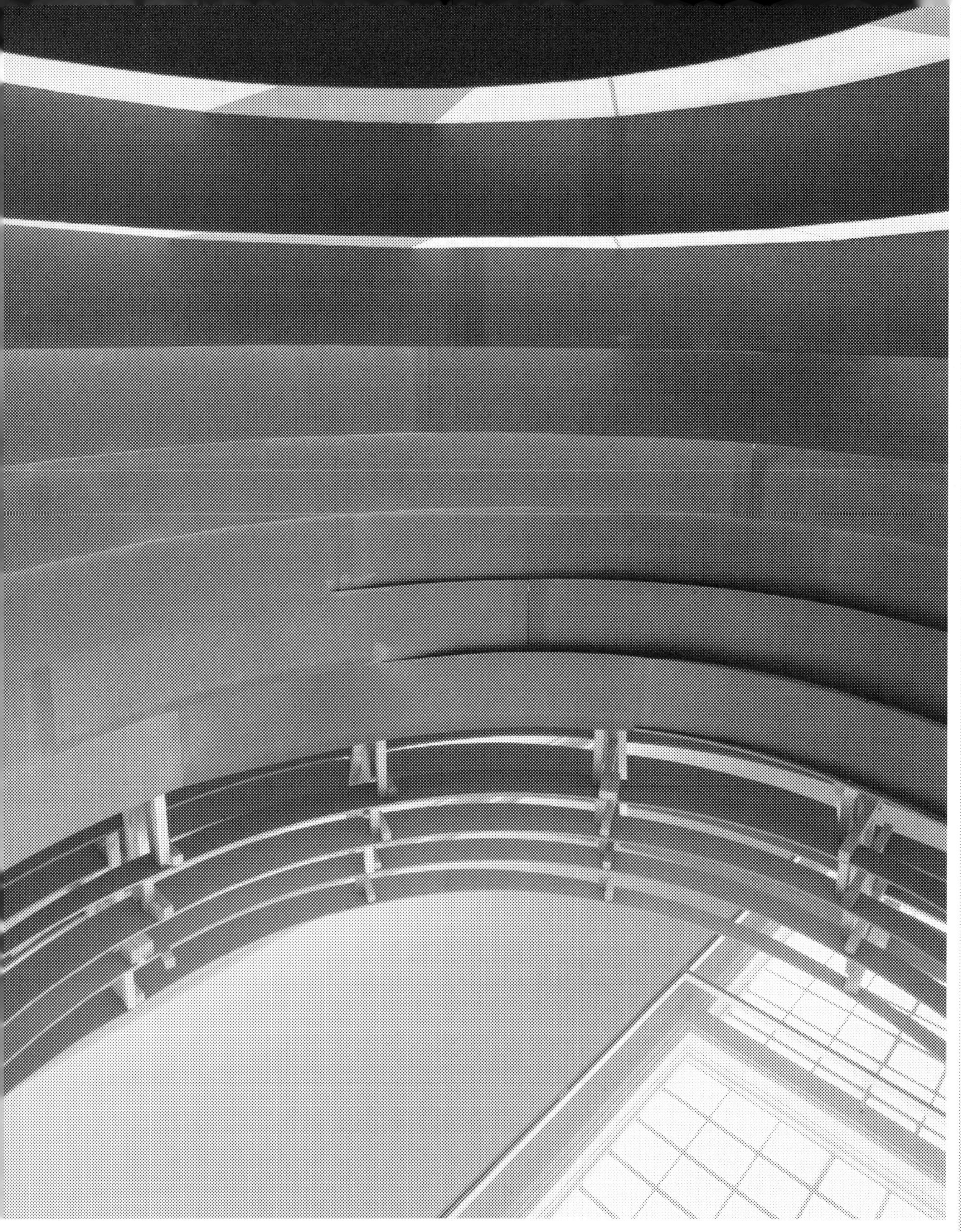

HfbK, Hamburg, Deutschland, 2005

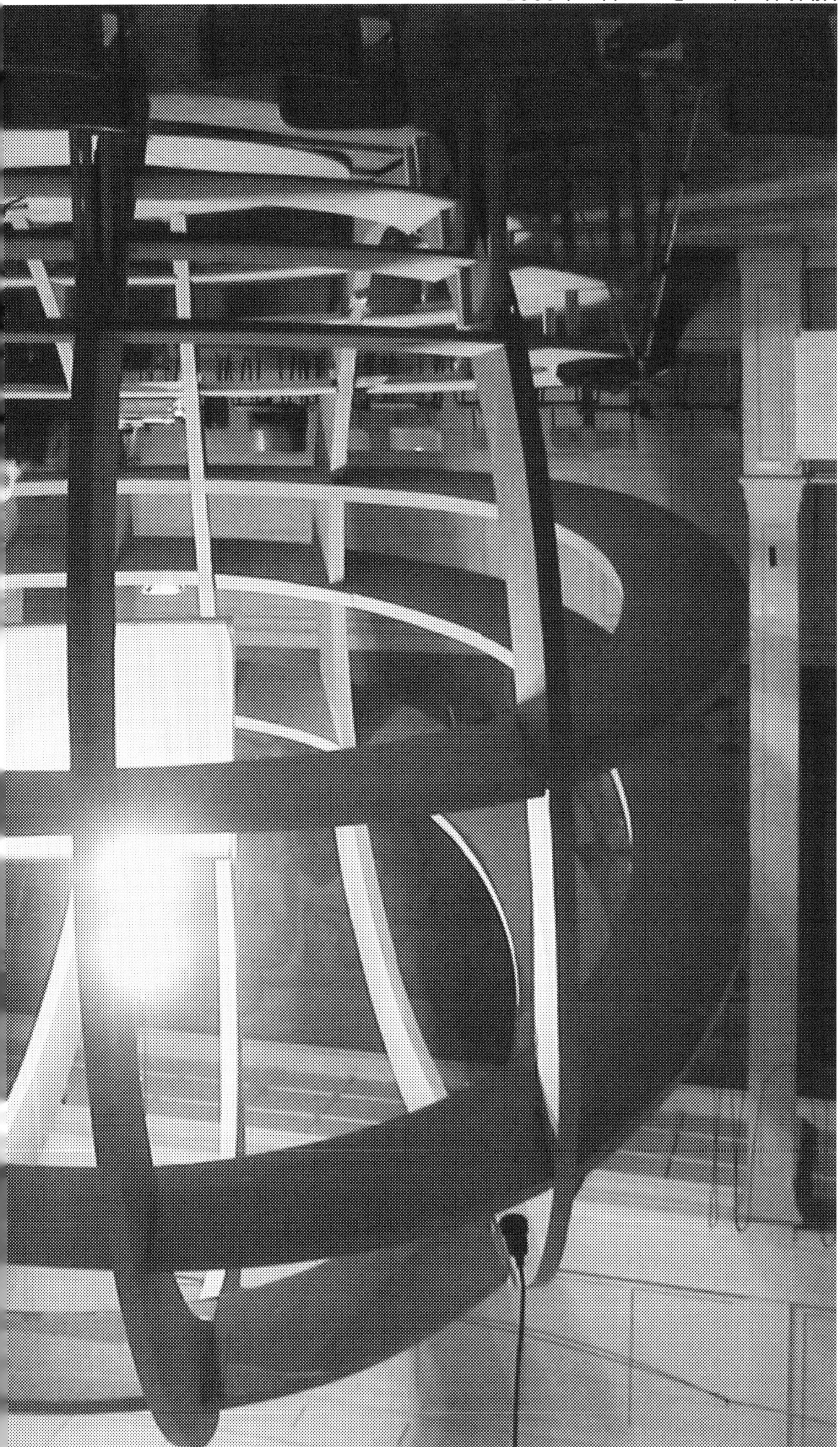

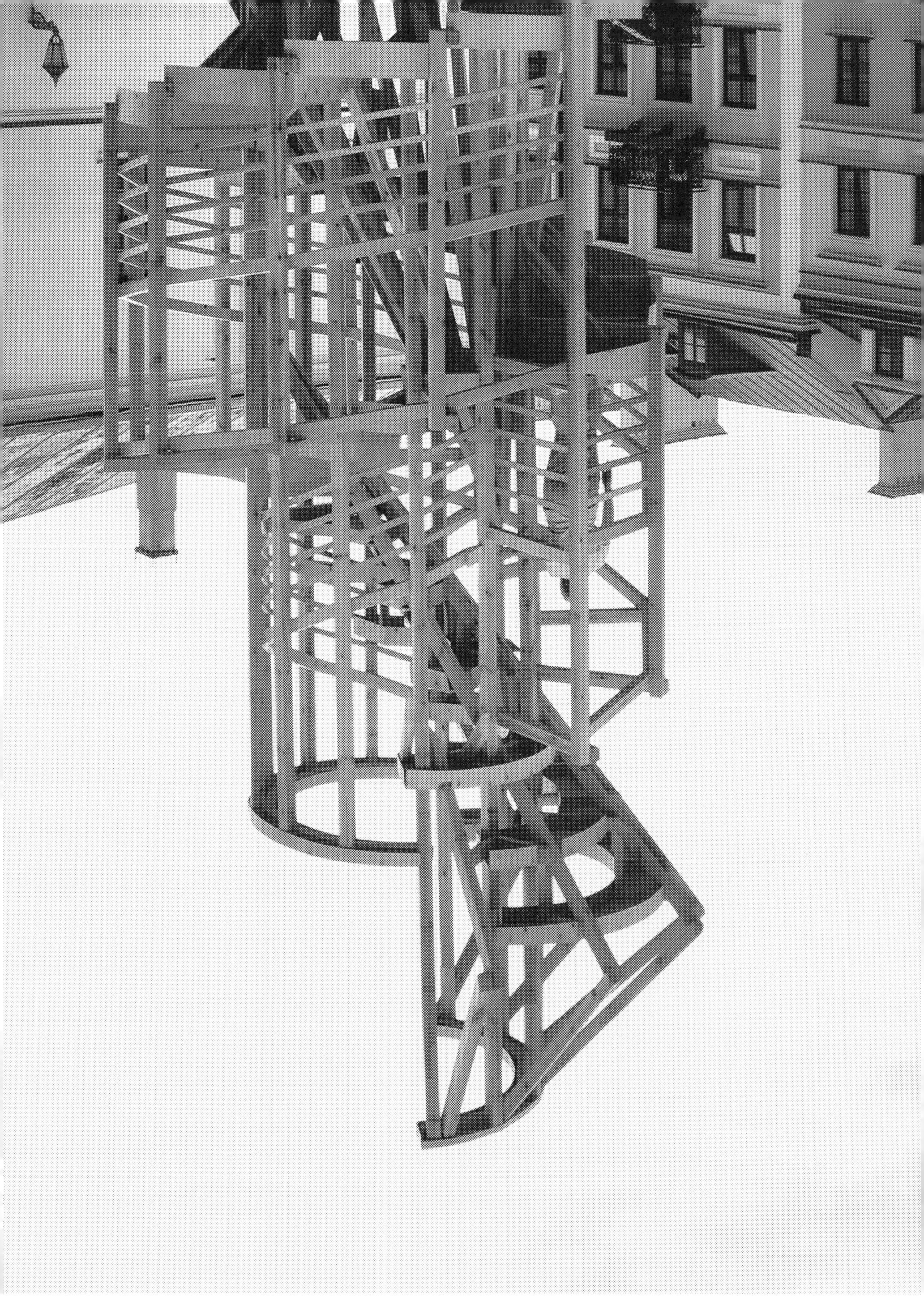

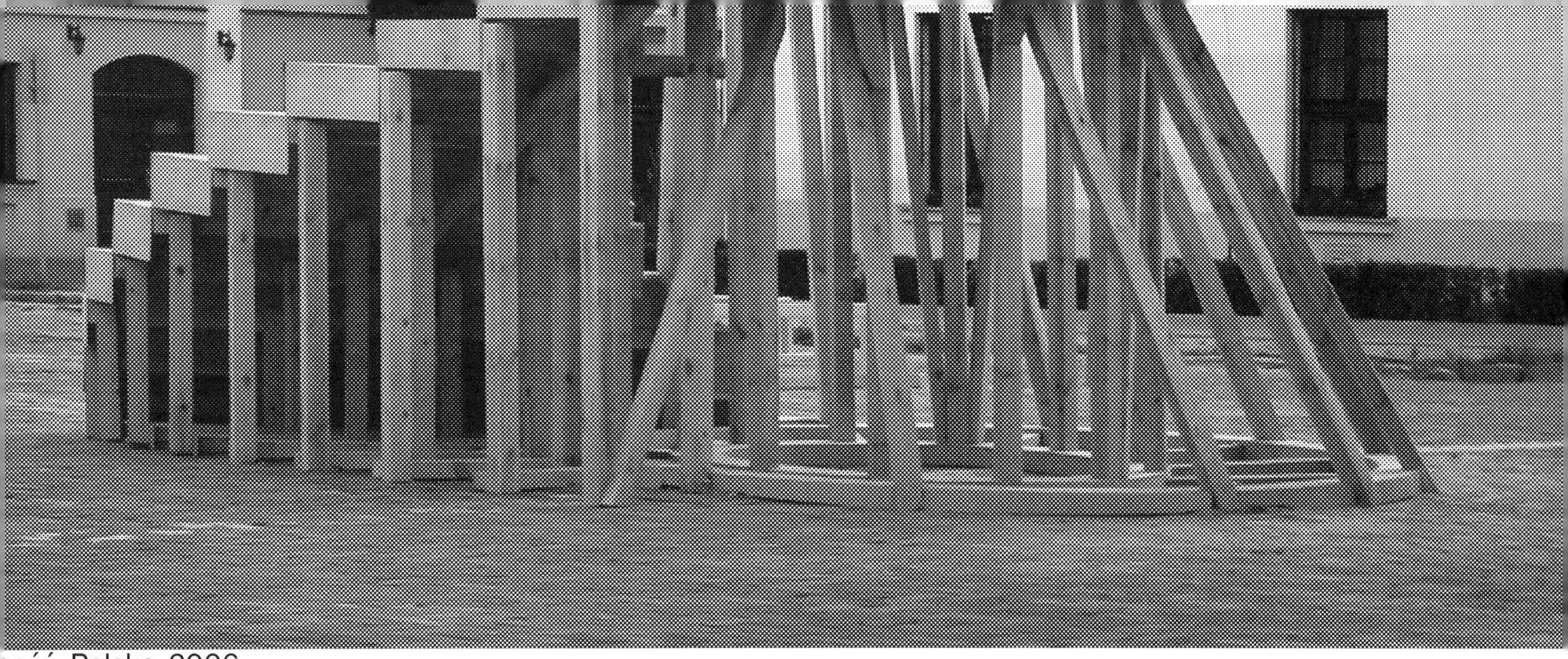

ność, Polska, 2006

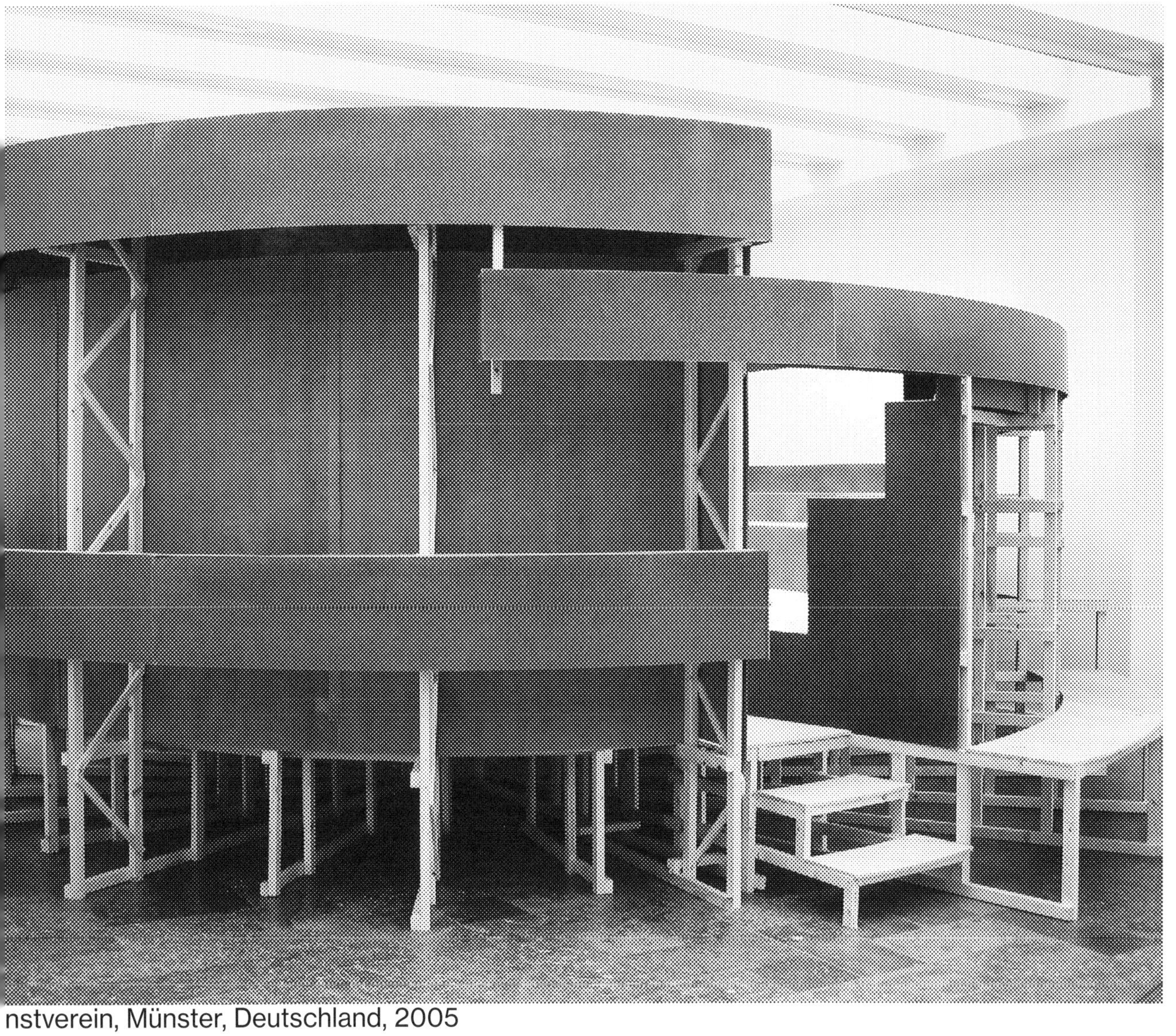

nstverein, Münster, Deutschland, 2005

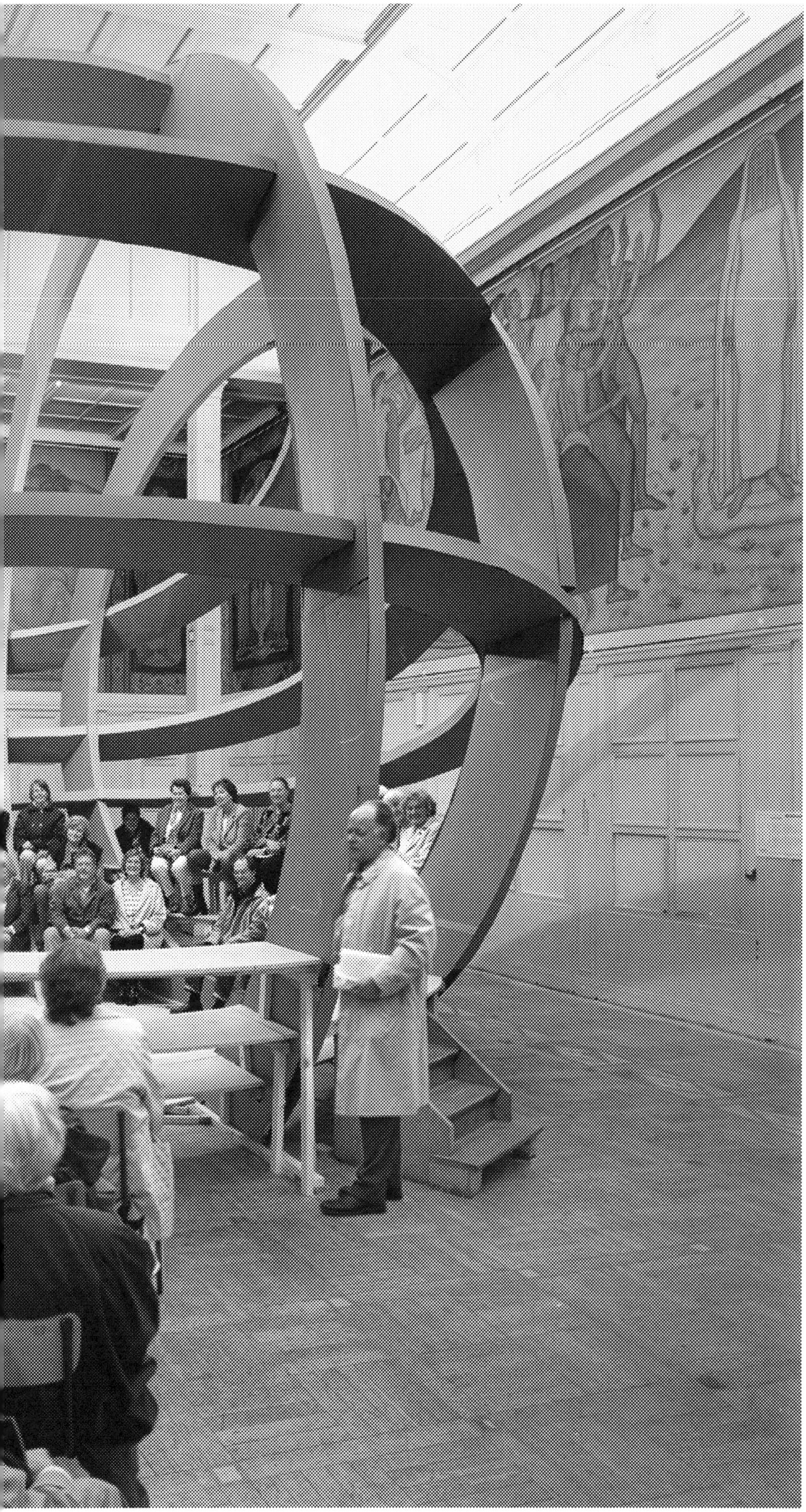

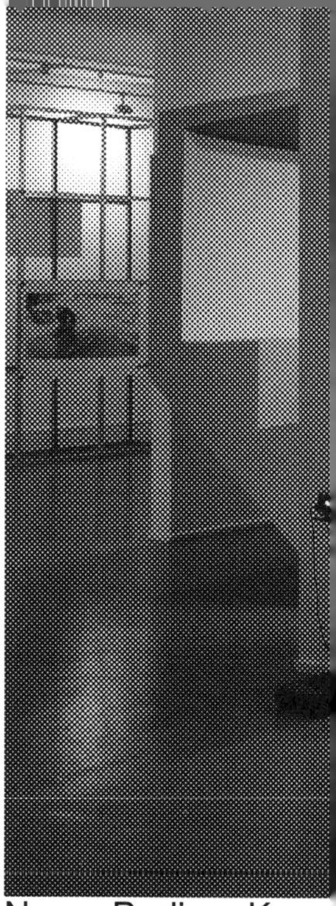

Neuer Berliner Kuns

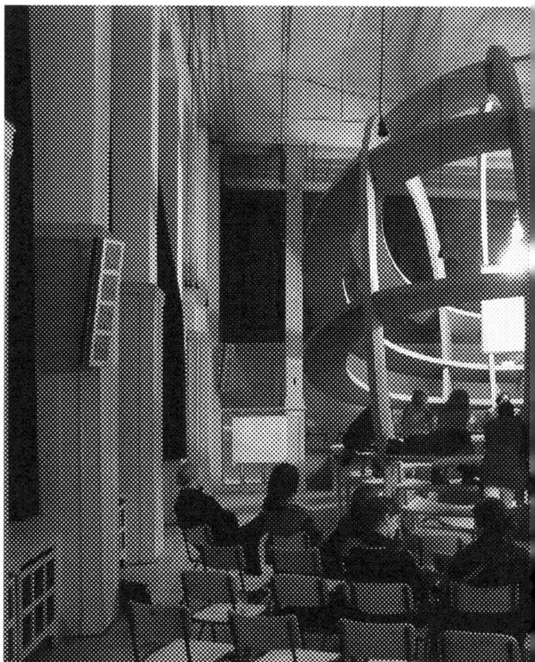

HfbK, Hamburg, Deutschland, 2005

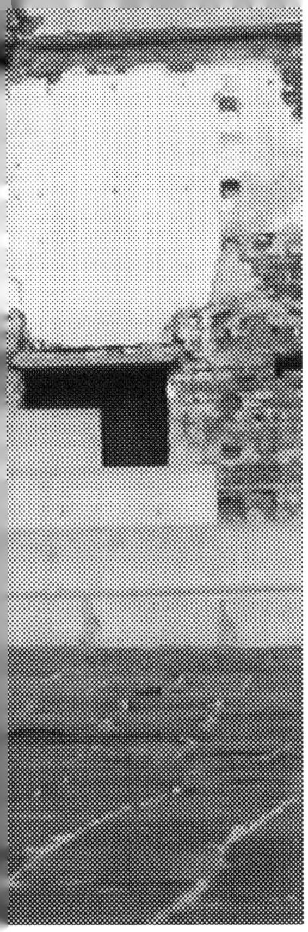

Badischer Kunstverein, Karlsruhe, Deutschland, 2005

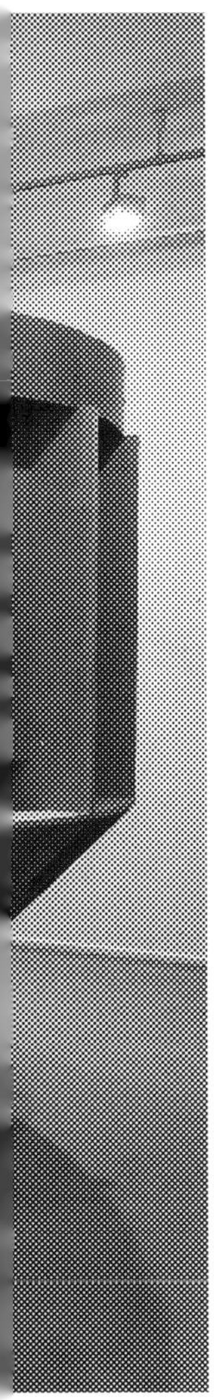

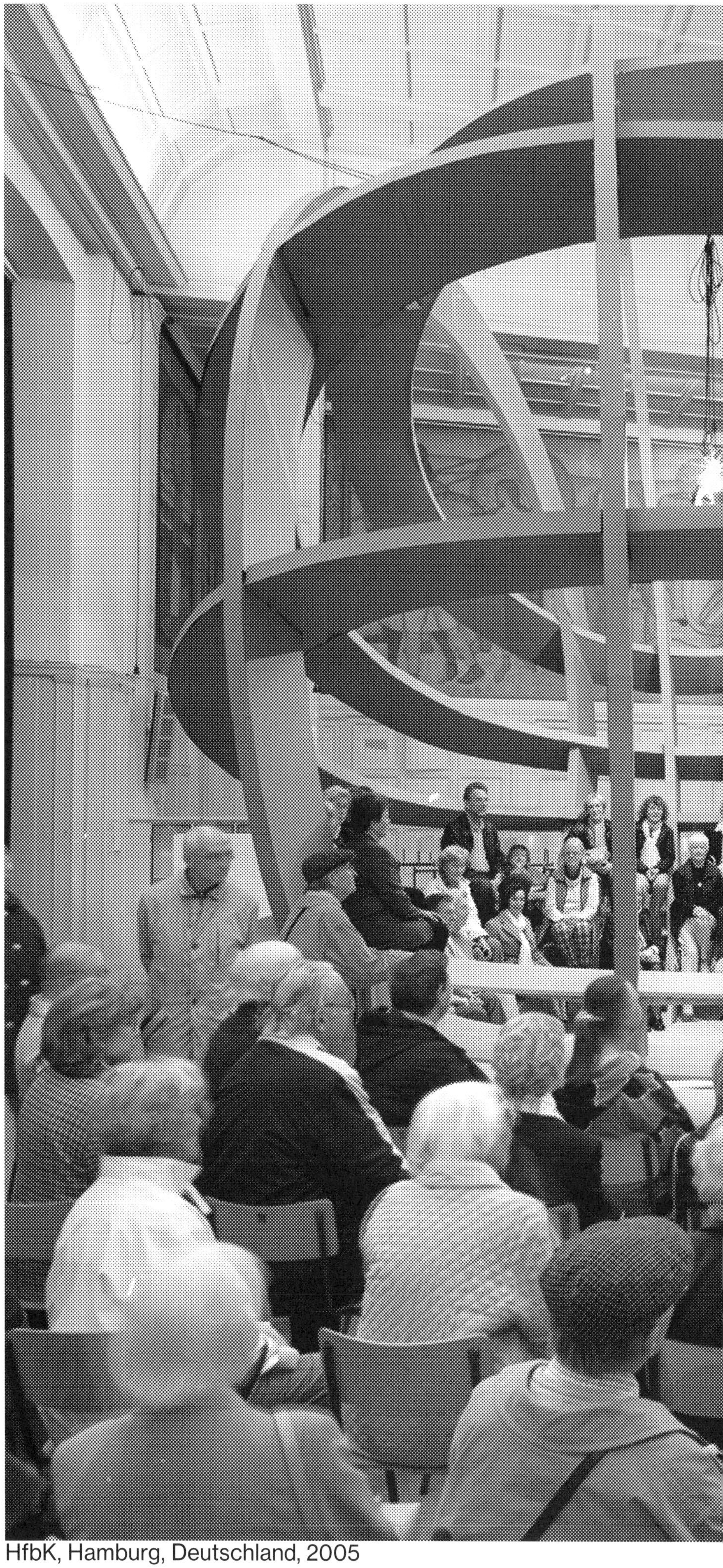

HfbK, Hamburg, Deutschland, 2005

Westfälischer Kunstverein, Münster, Deutschland, 2005

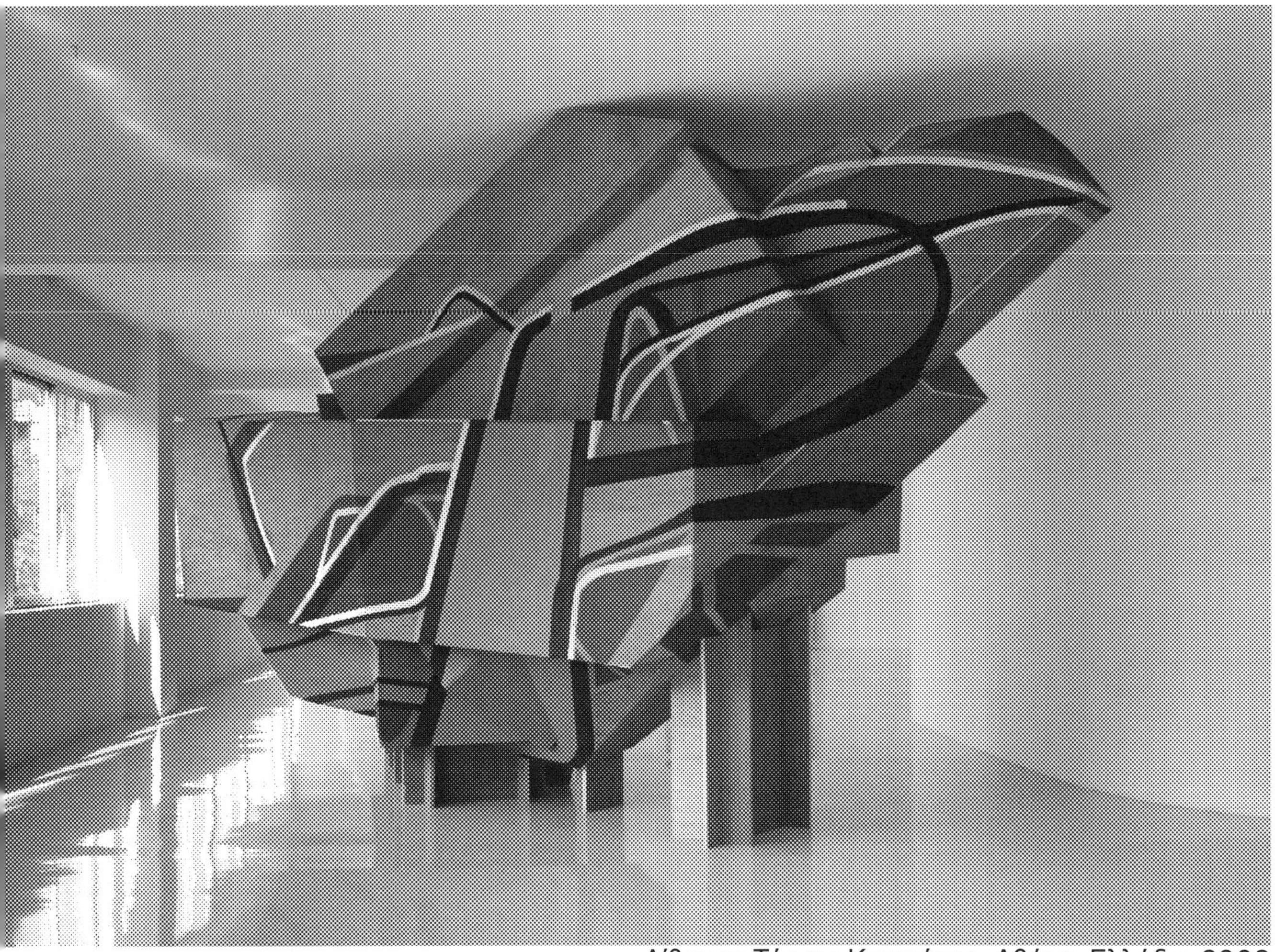

Αίθουσα Τέχνης Καππάτος, Αθήνα, Ελλάδα, 2008

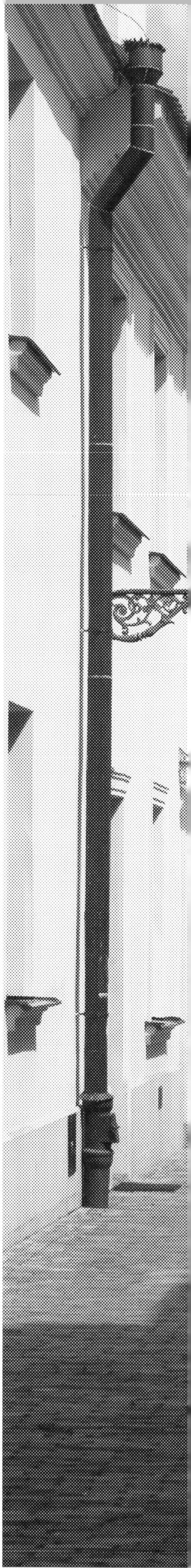

Rynek Solny, Zamoś

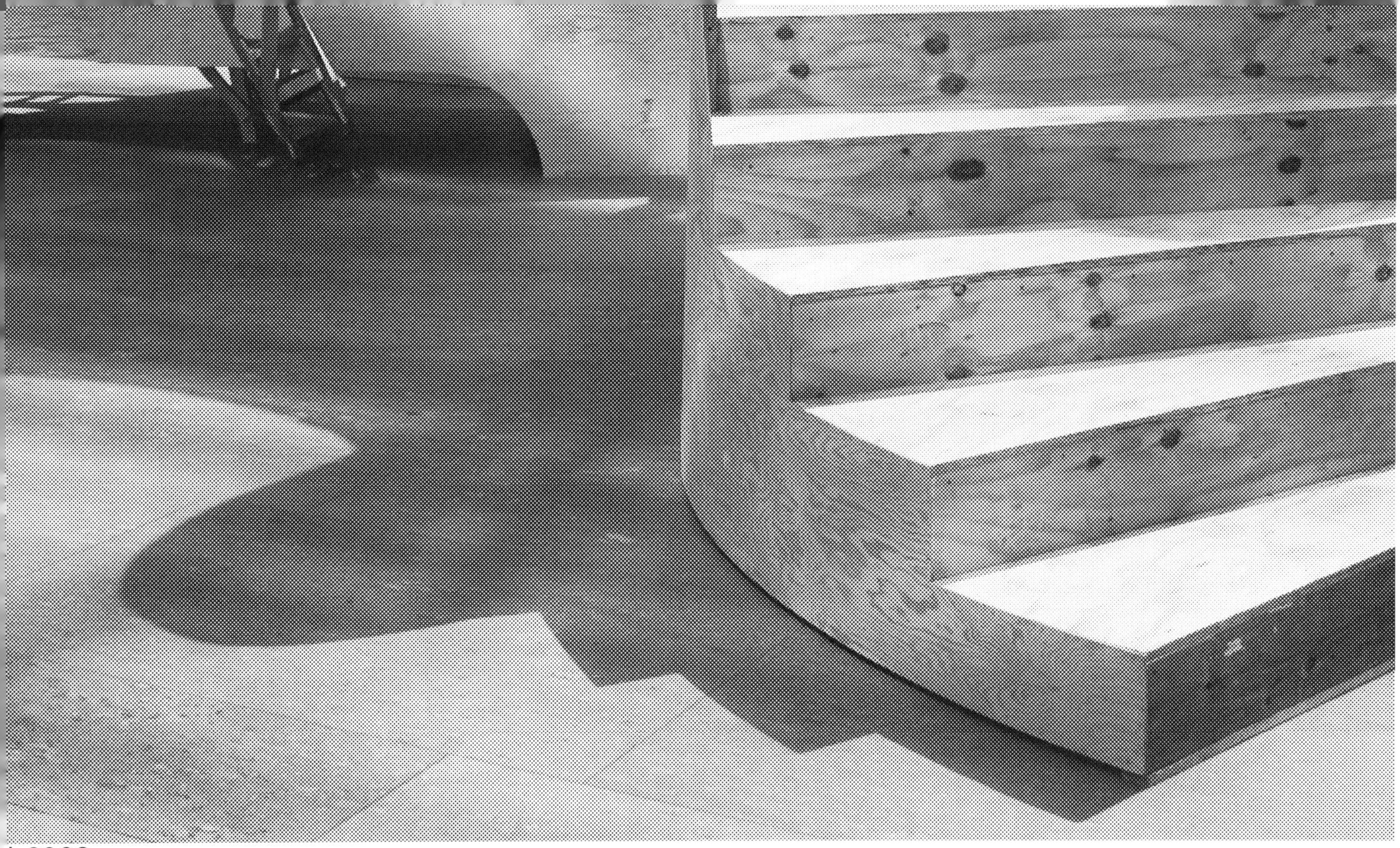

d, 2008

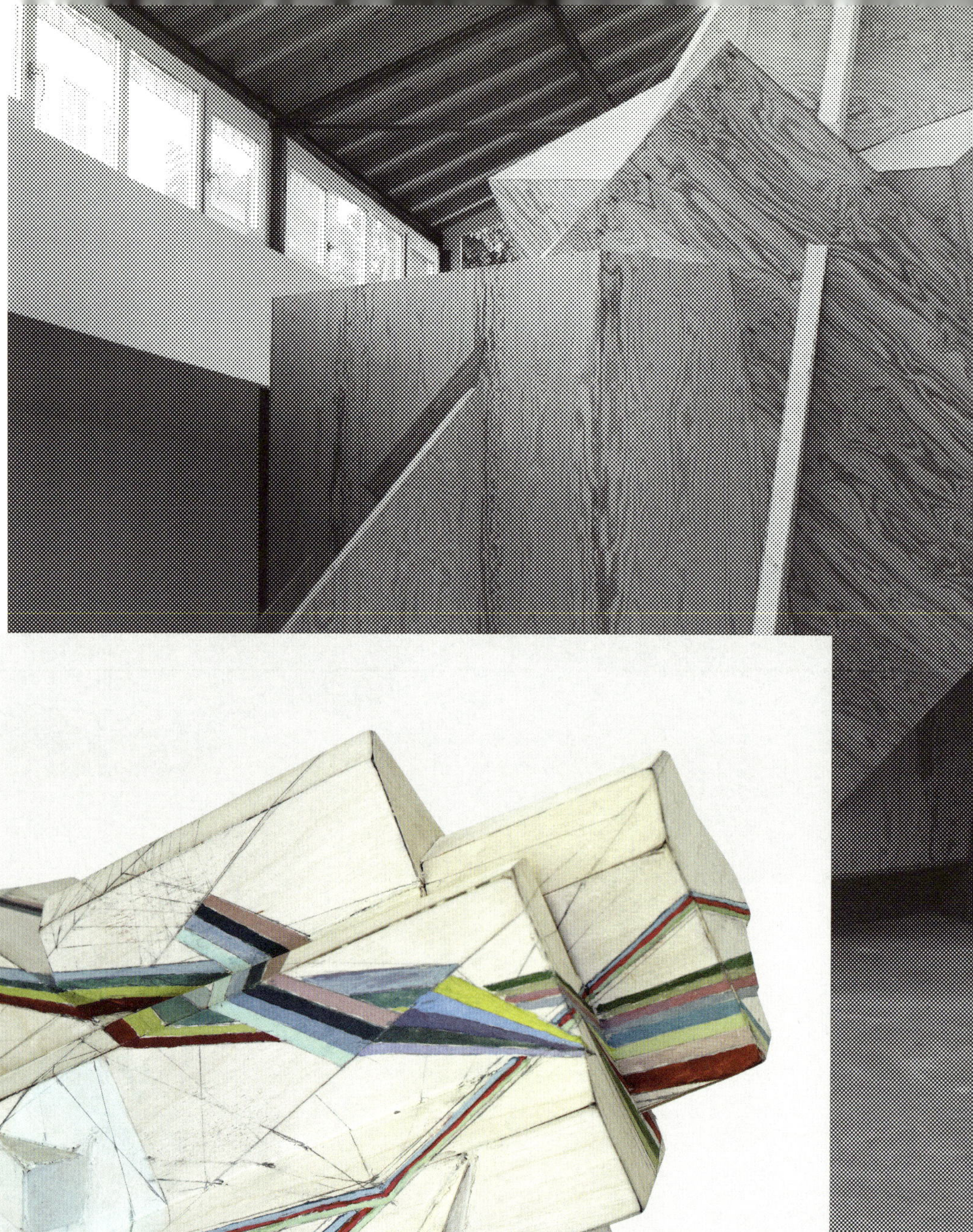

verein Ludwi

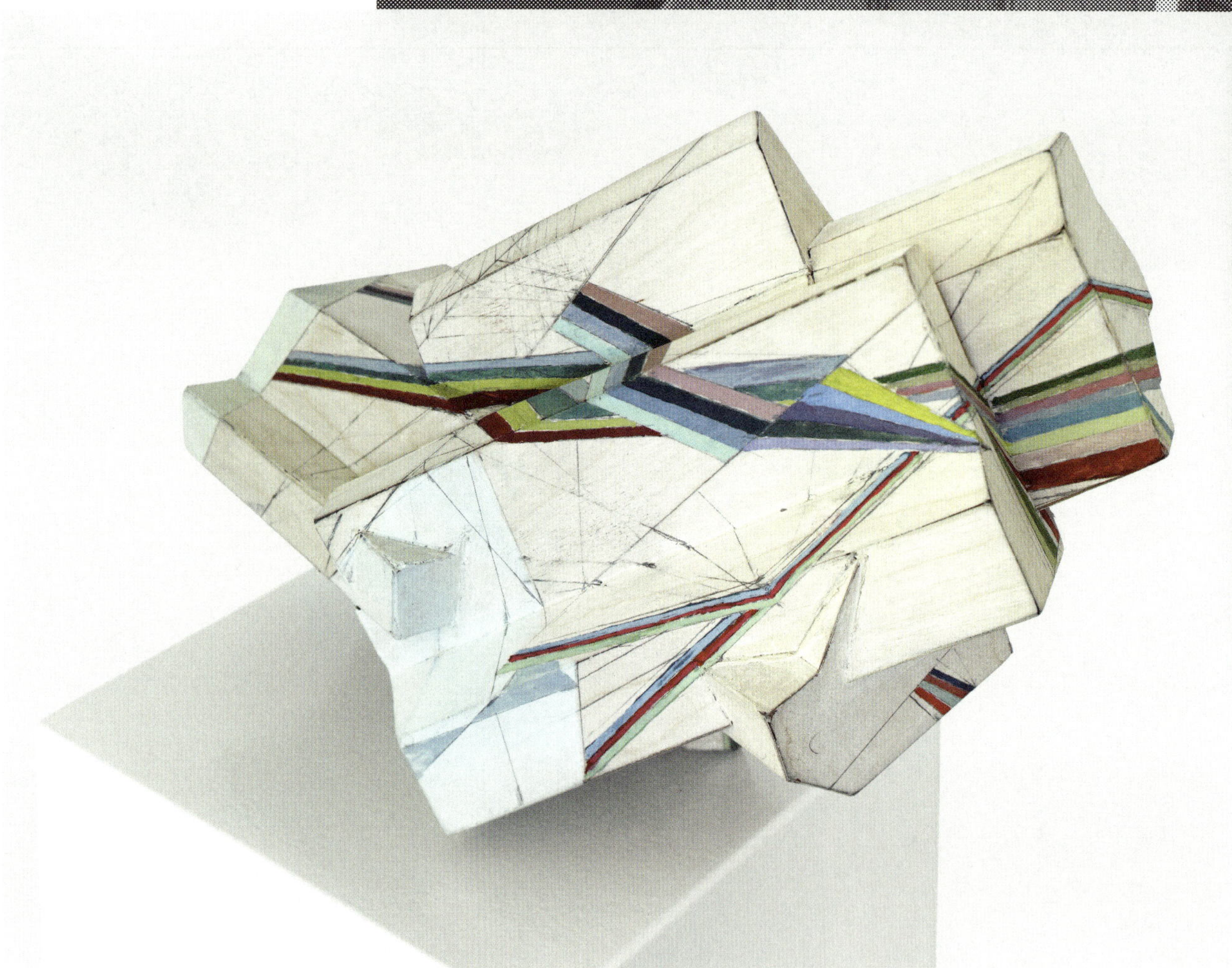

Cloaked Debris I, 2011
Holz, Gouache, Acryl, Bleistift / *Wood, gouache, acrylic, pencil*
17 × 23 × 21 cm

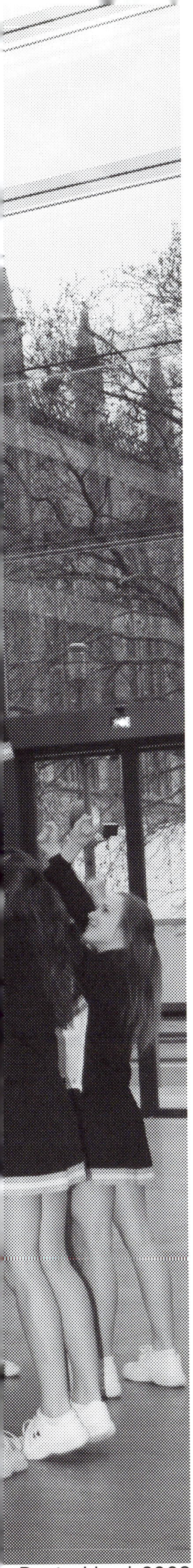

ı, Deutschland, 2008

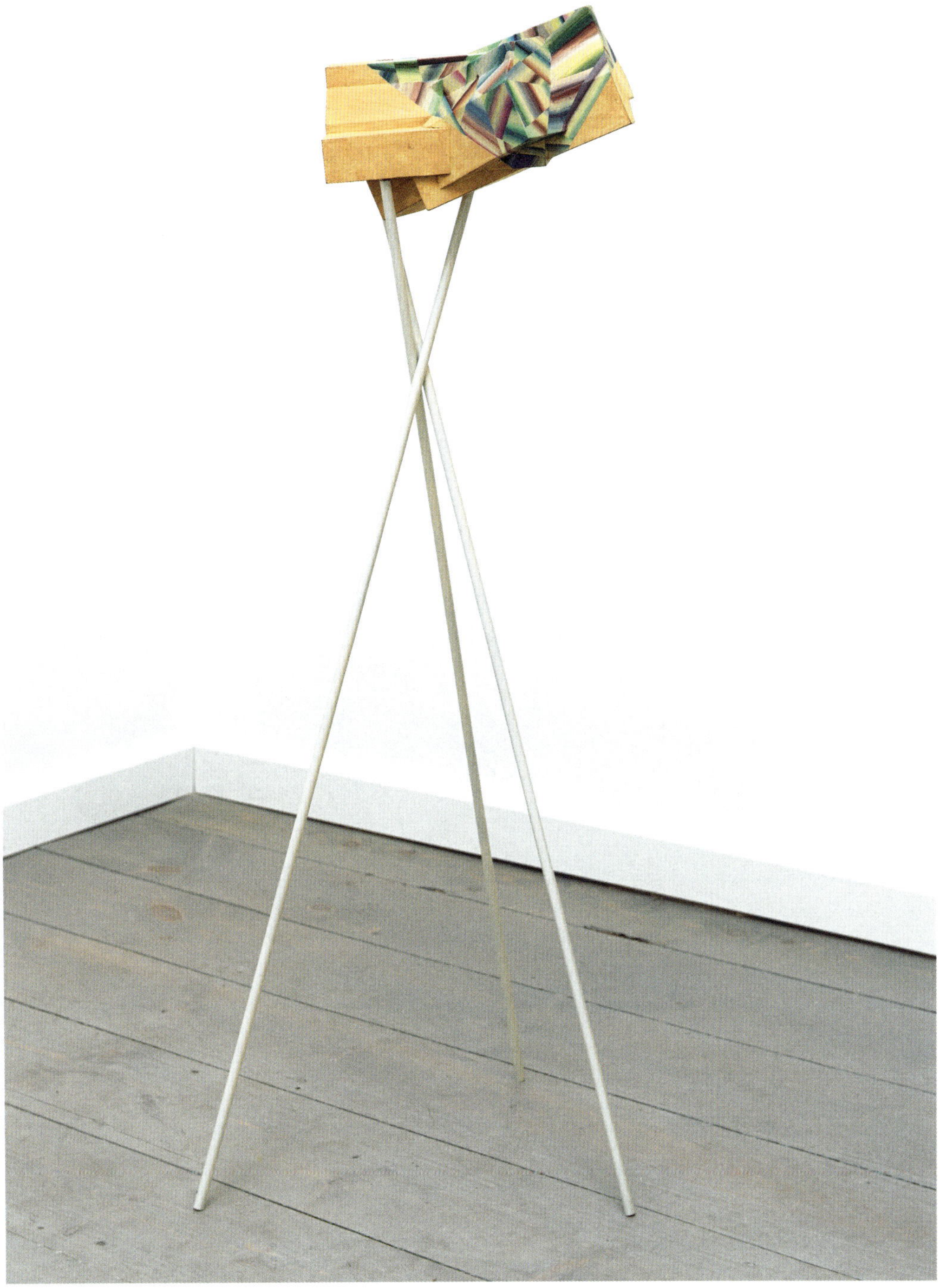

Cloaked Debris III, 2013
Sperrholz, Gouache, Acryl / *Plywood, gouache, acrylic*
17 × 28 × 22 cm

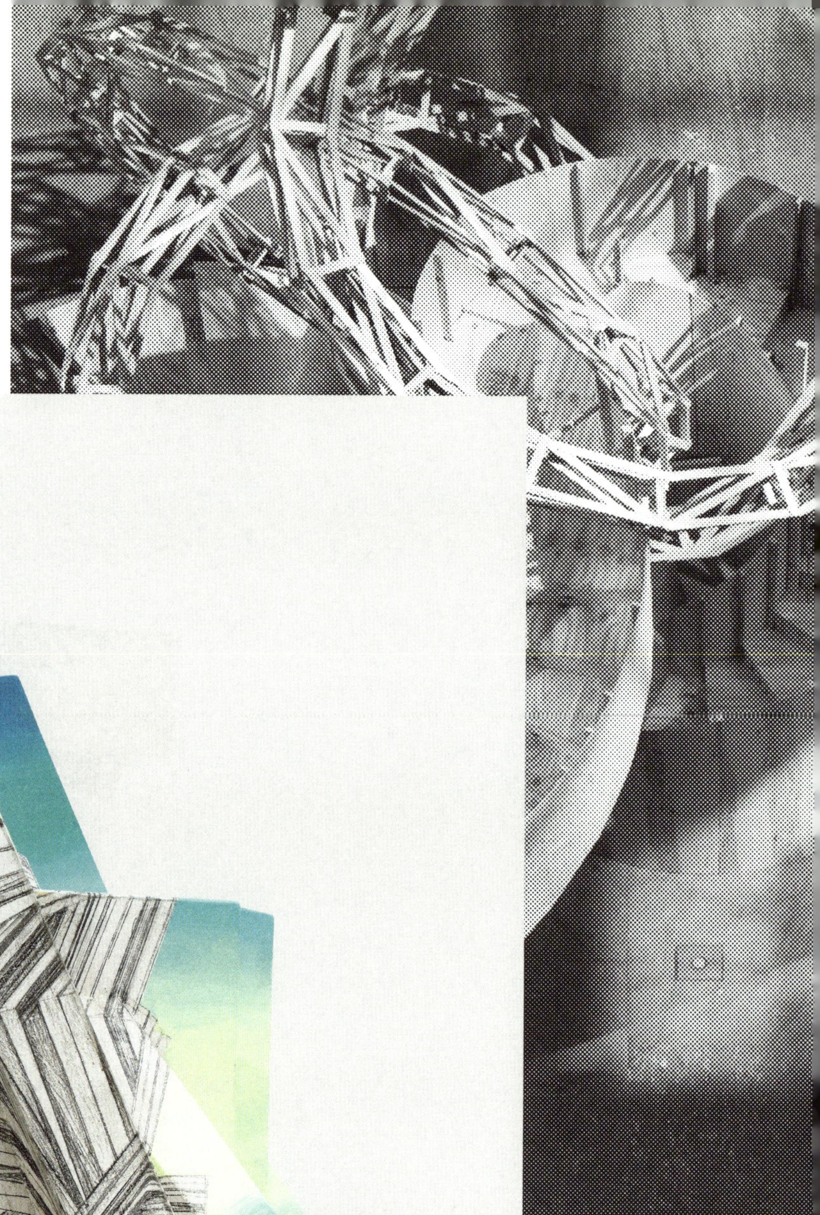

värtiges Amt Berlin, De

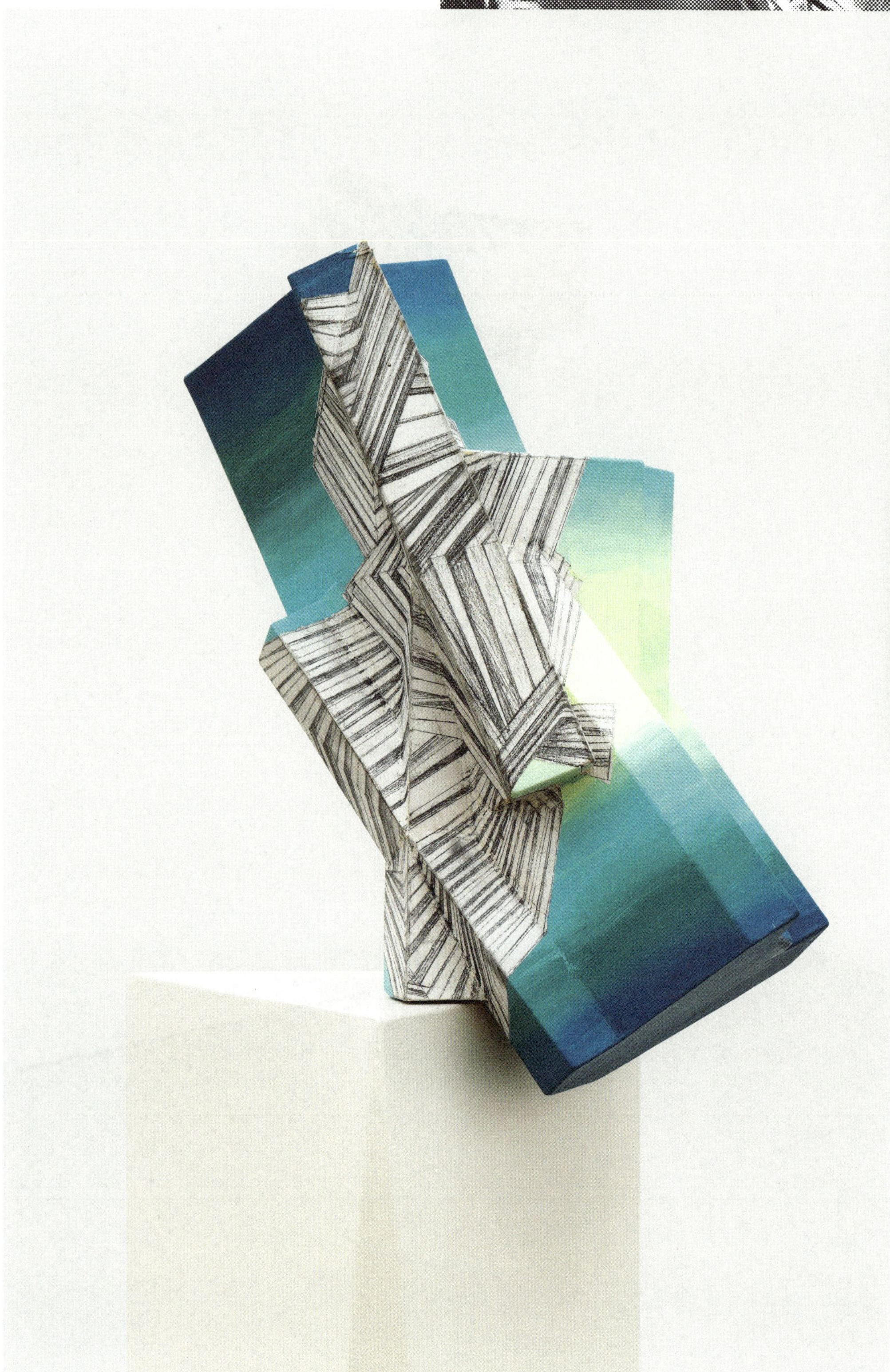

Cloaked Debris VII, 2014
Sperrholz, Gouache, Bleistift / *Plywood, gouache, pencil*
30 × 14 × 20 cm

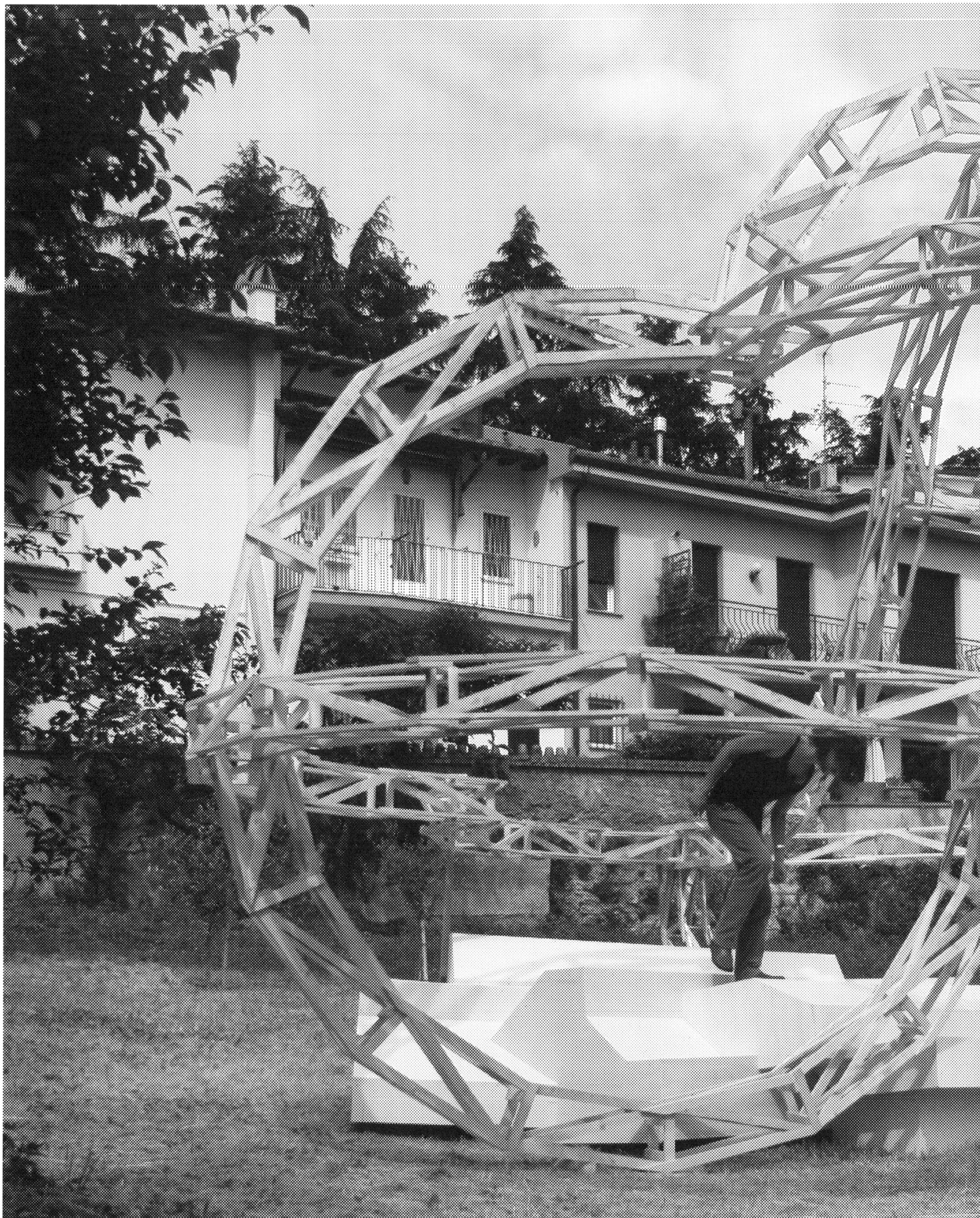

Villa Romana, Firenze, Italia, 2008

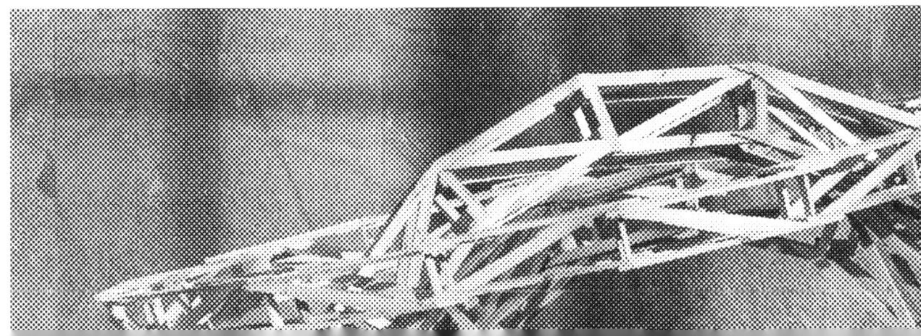

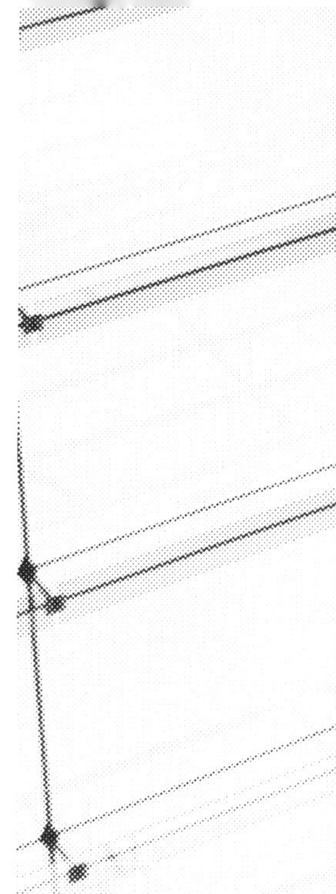

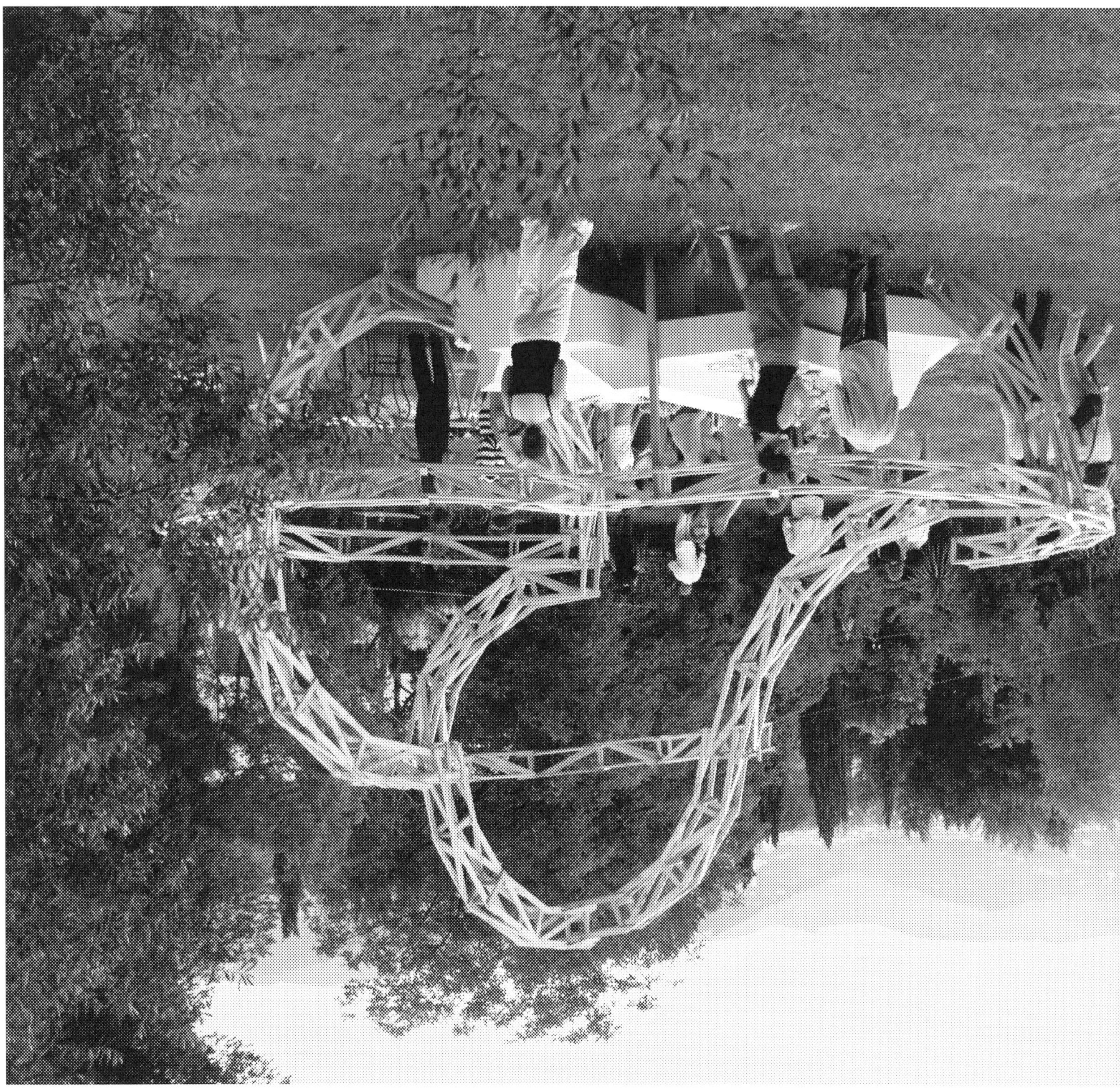

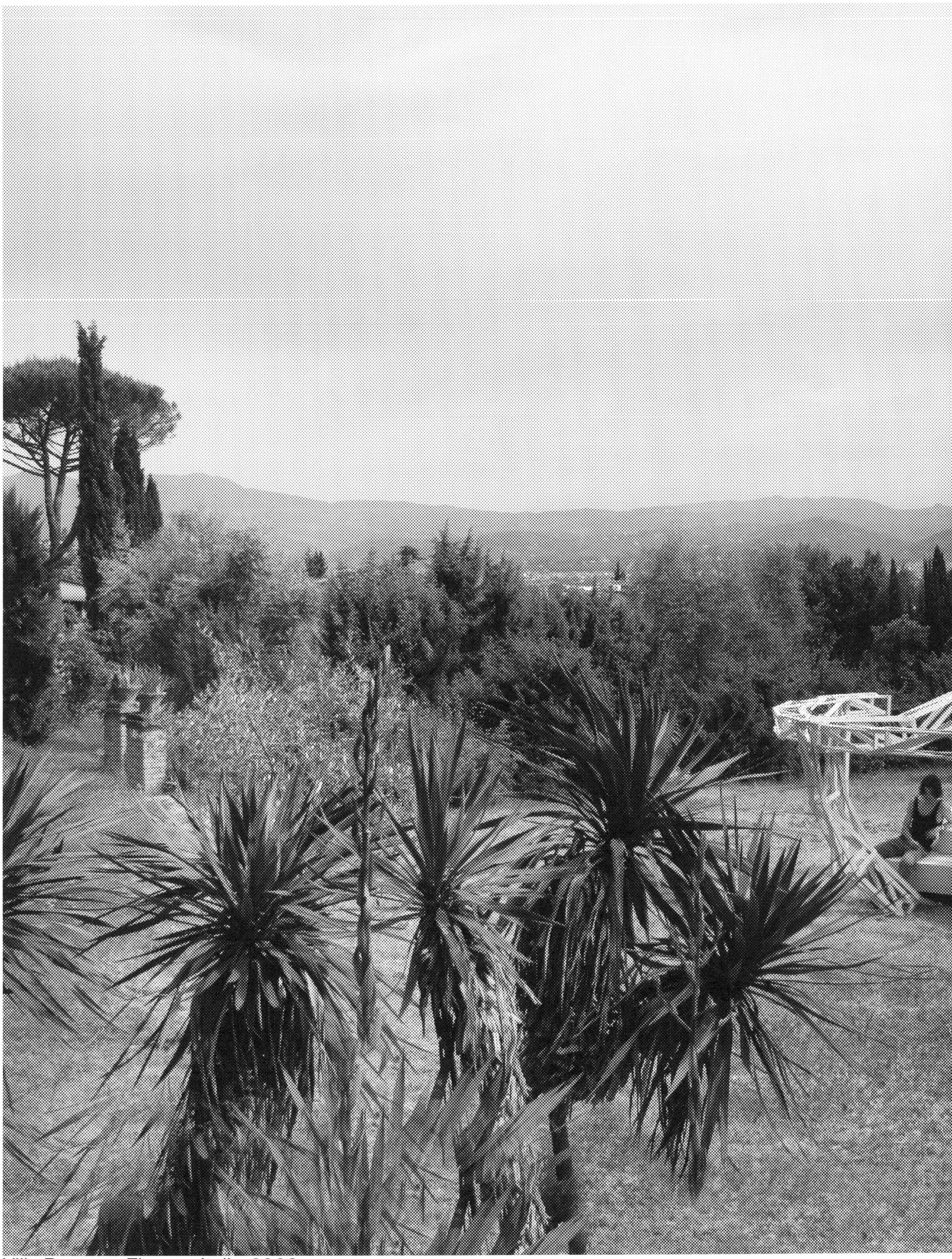

Villa Romana, Firenze, Italia, 2008

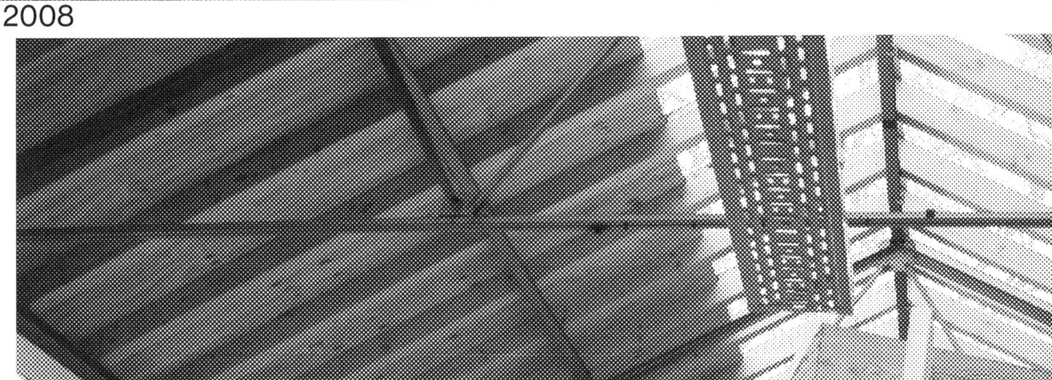

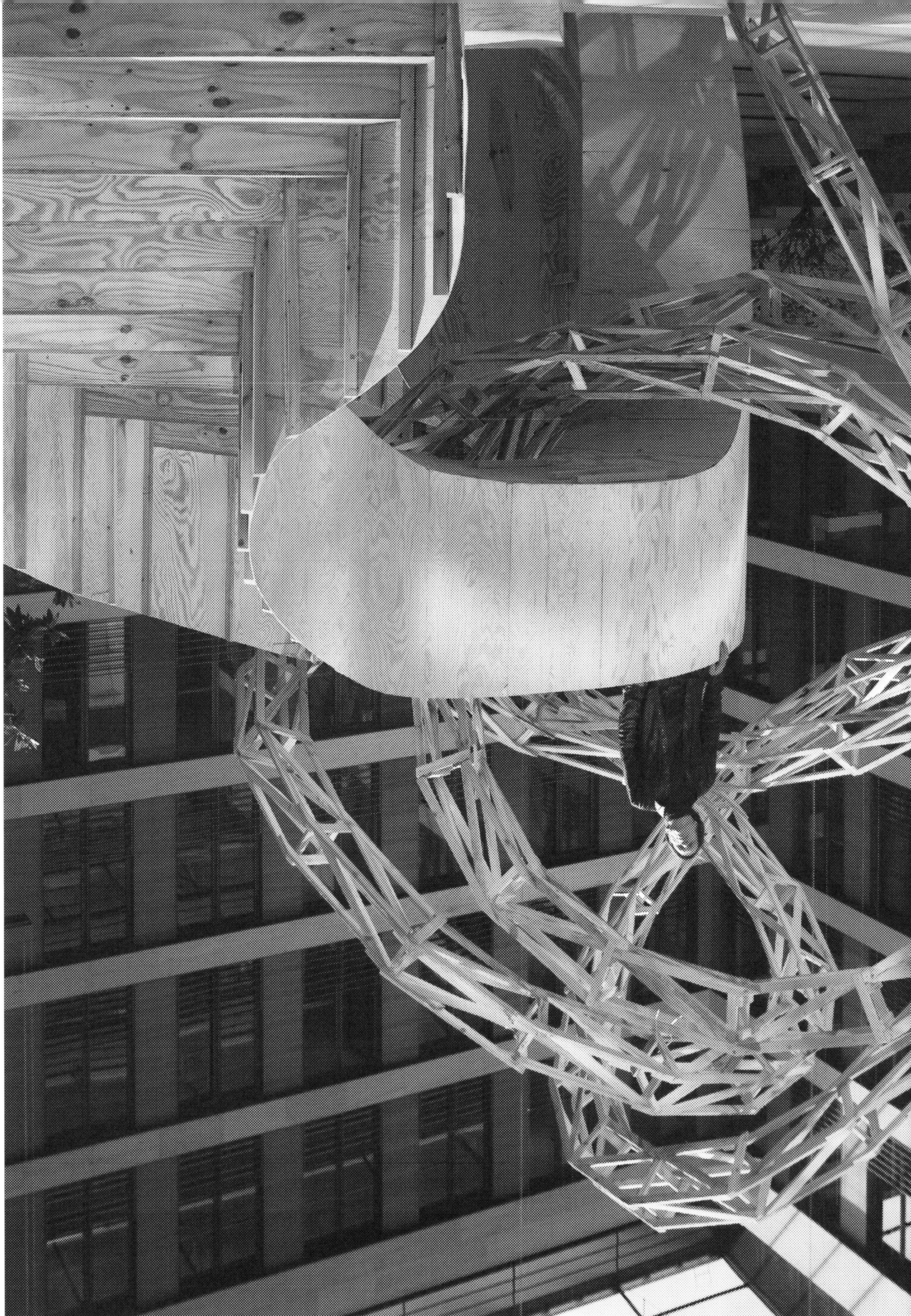

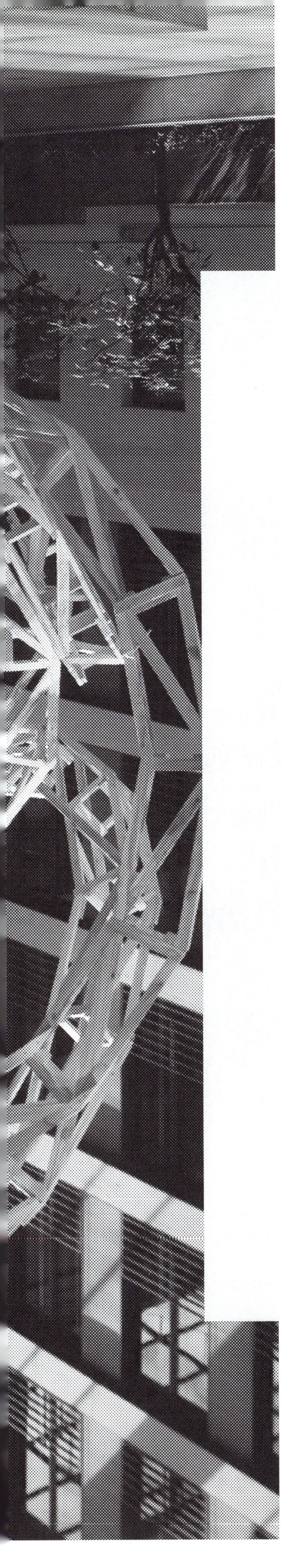

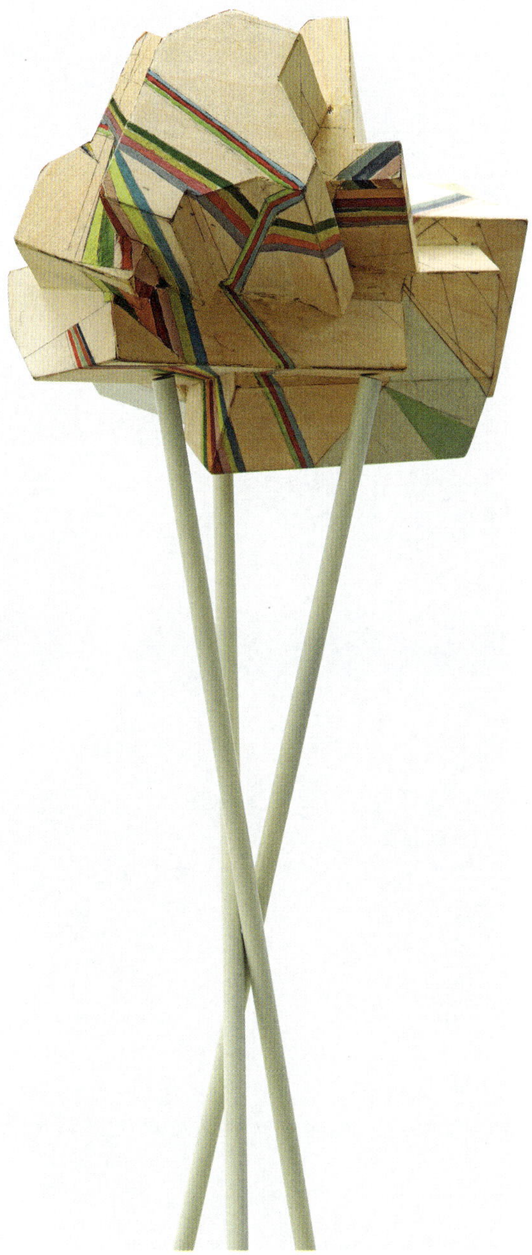

Cloaked Debris IV, 2013
Sperrholz, Gouache, Acryl / *Plywood, gouache, acrylic*
22 × 28 × 18 cm

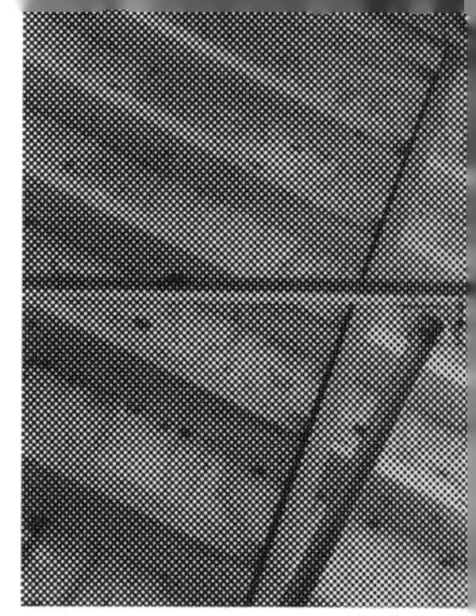

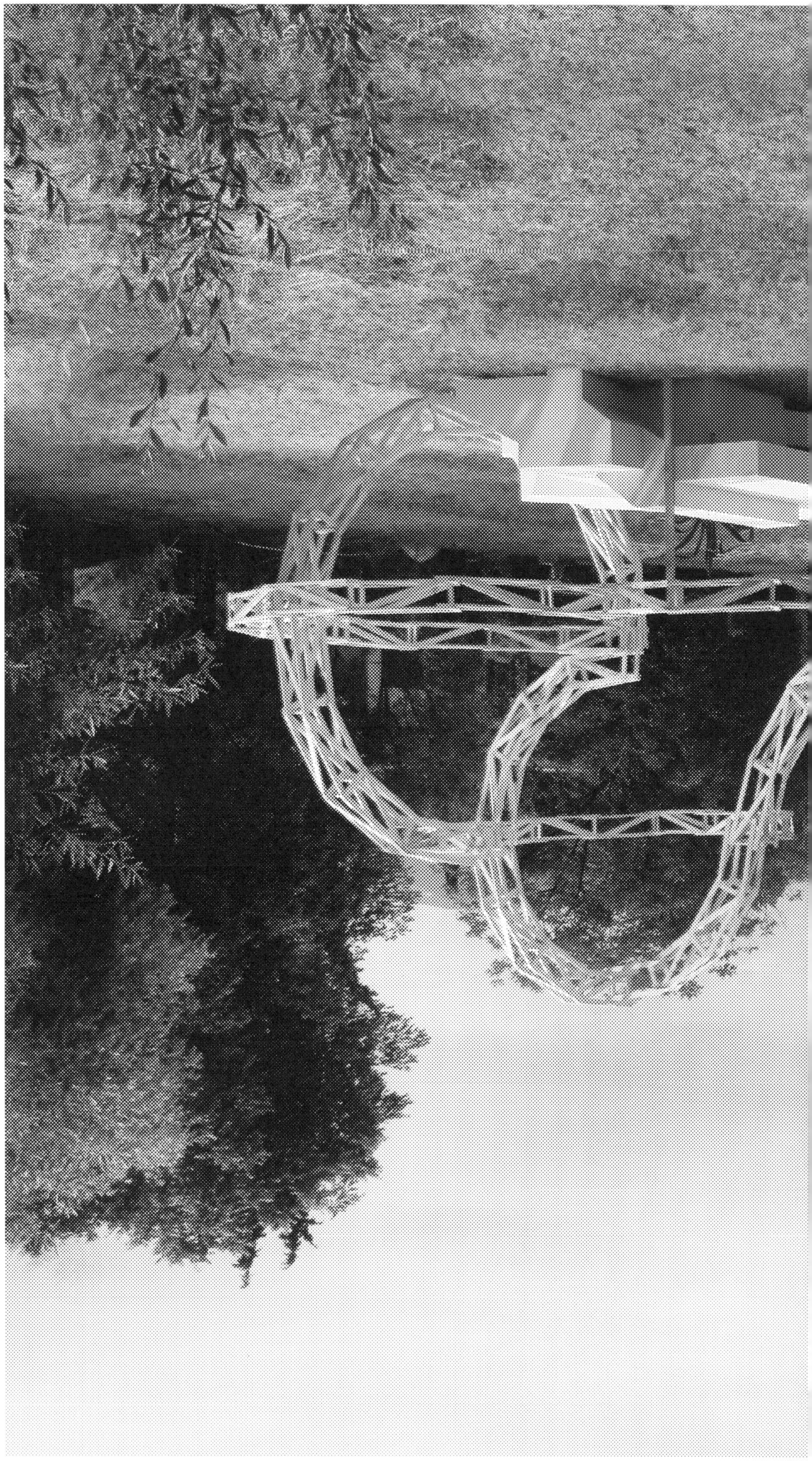

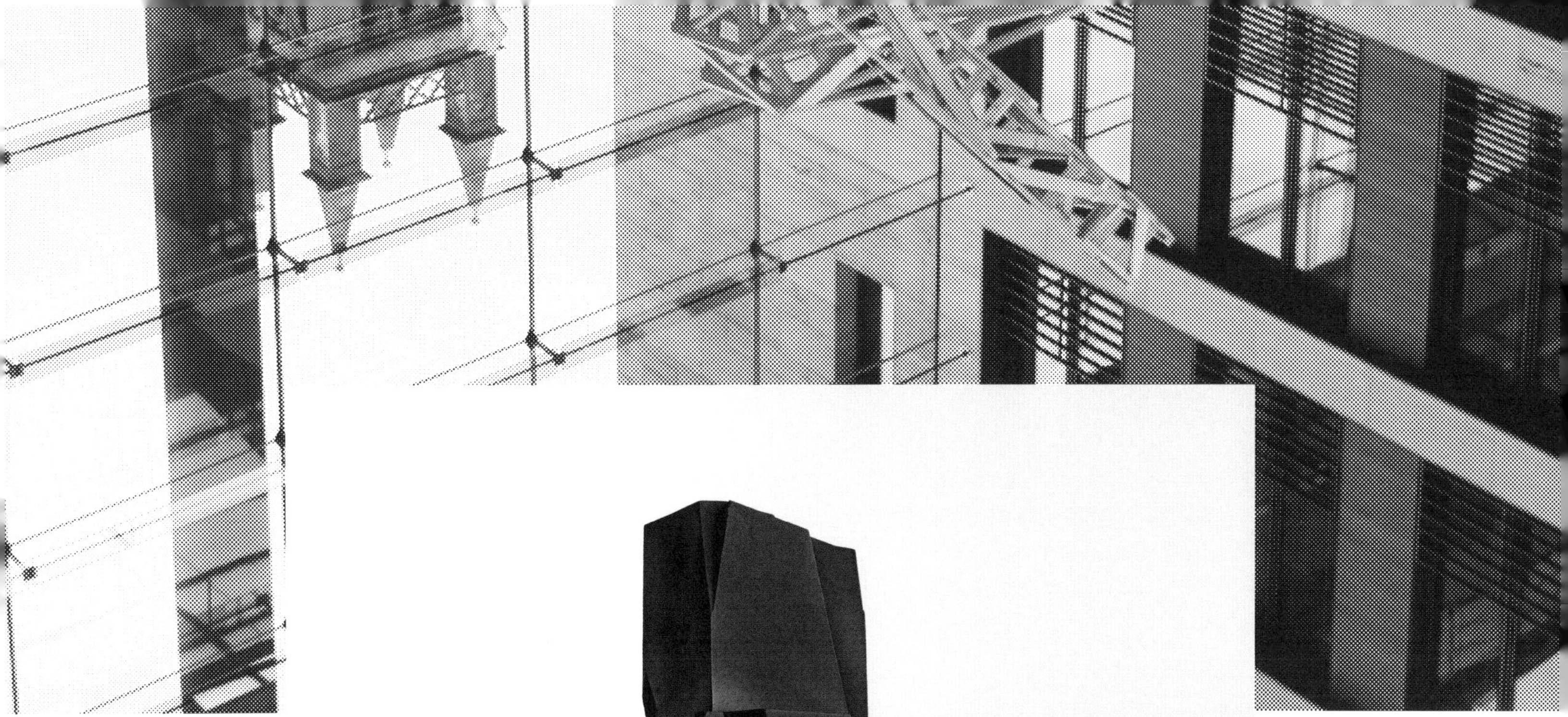

nze, Italia, 2008

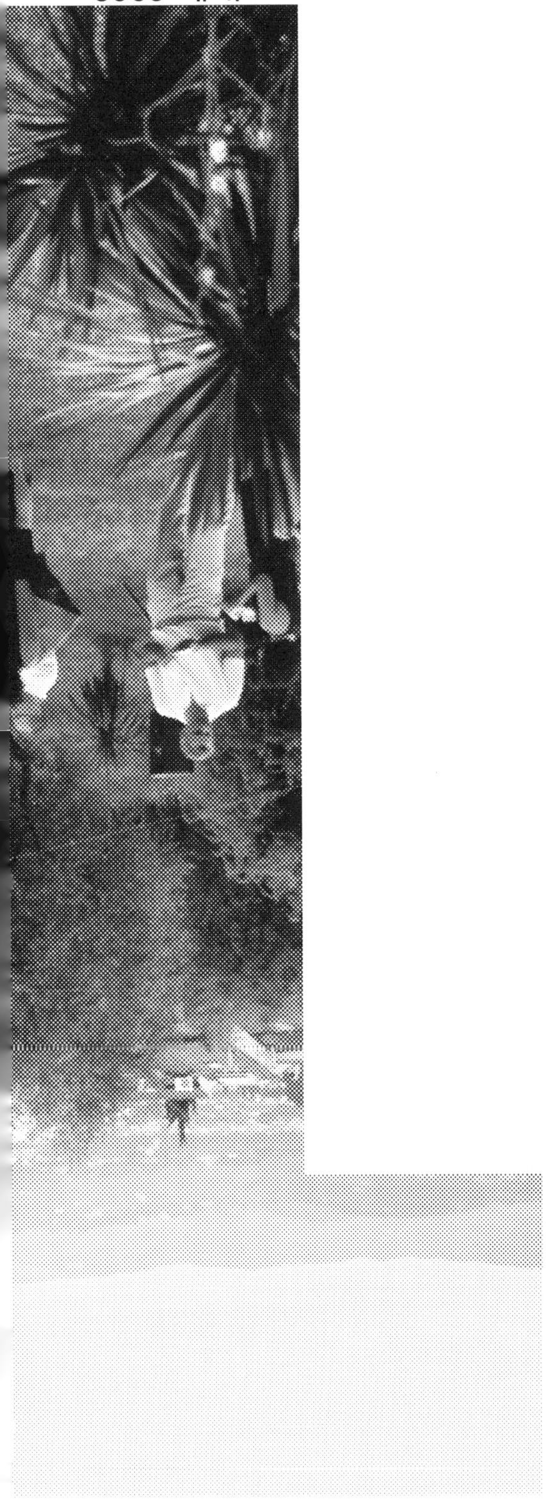

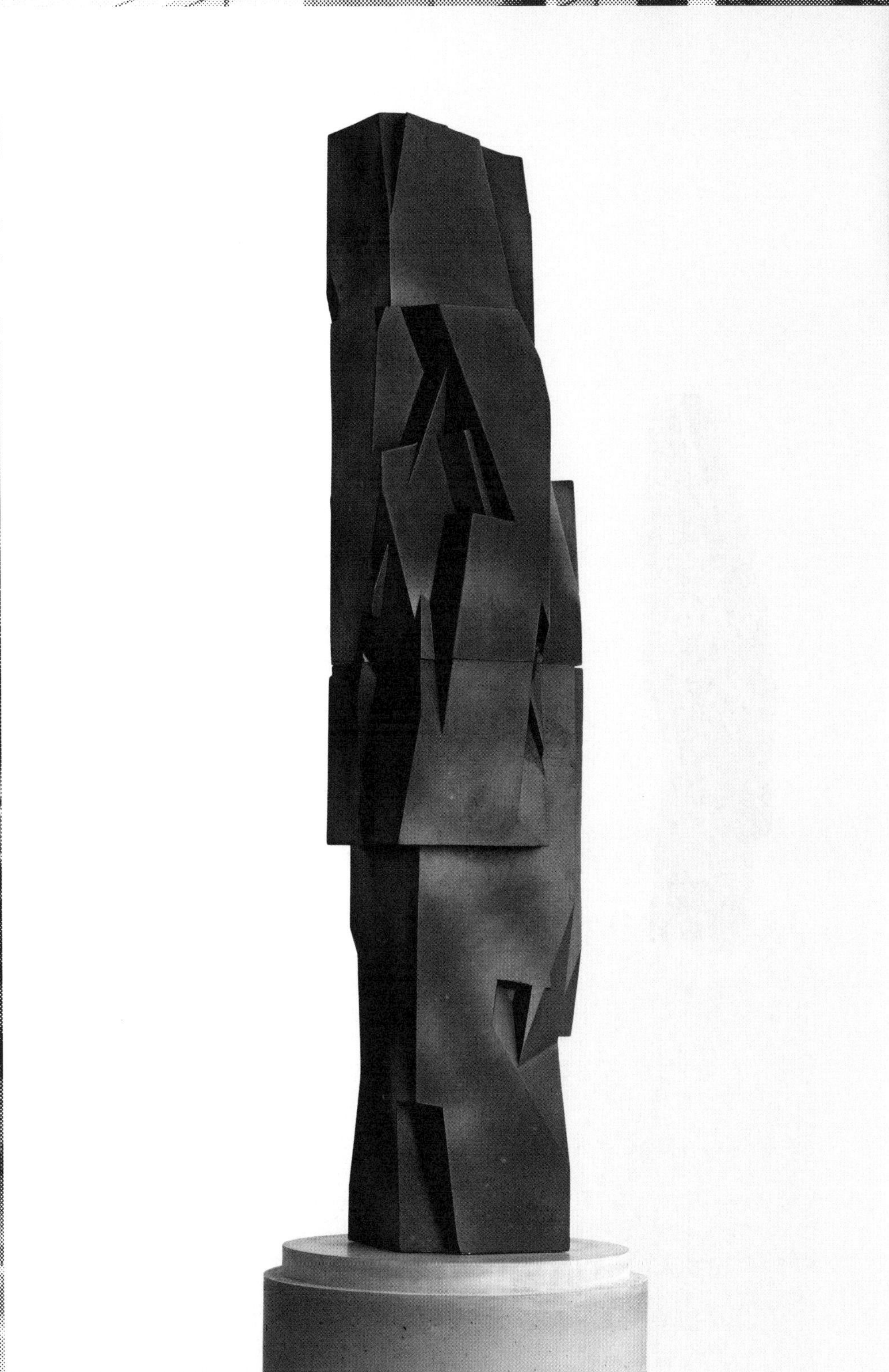

Big Shapeshifter, 2016
Engobe Keramik / *Ceramic*
115 × 23 × 23 cm

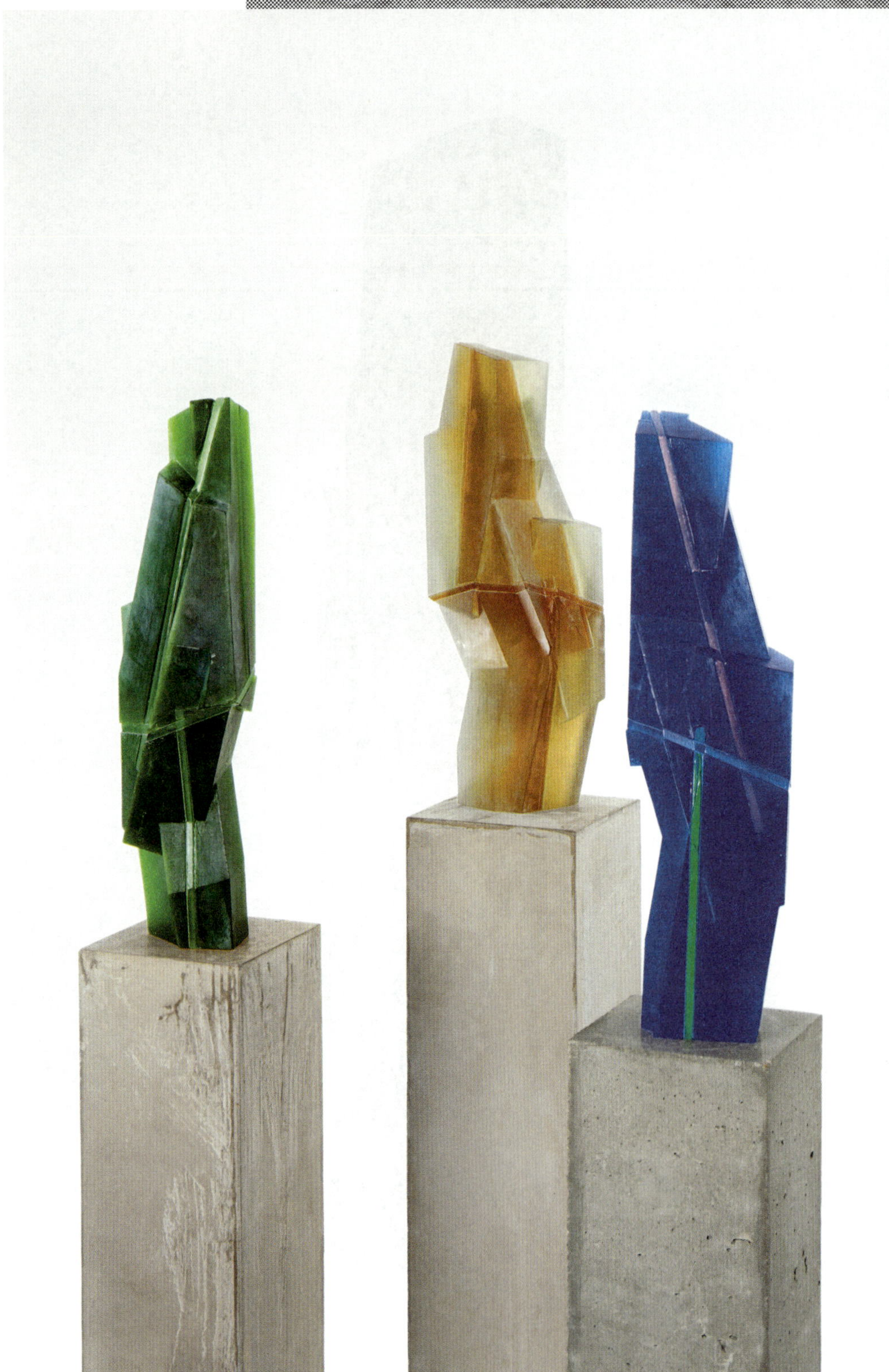

Coloured Cut-In I, II & III, 2016
Glas / *Glass*
57 × 23 × 14 cm; 54 × 22 × 13 cm; 56 × 23 × 12 cm

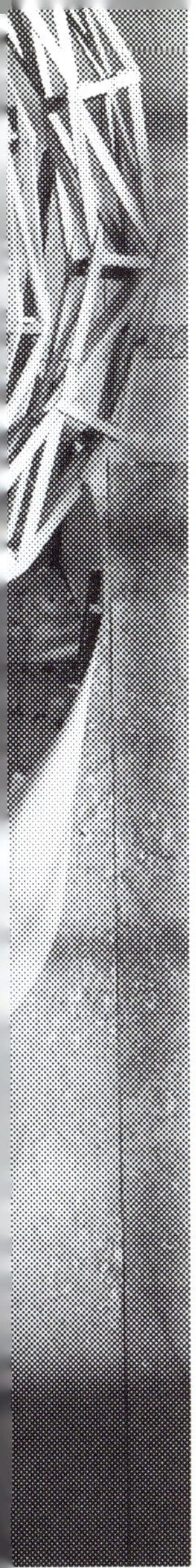

and, 2008

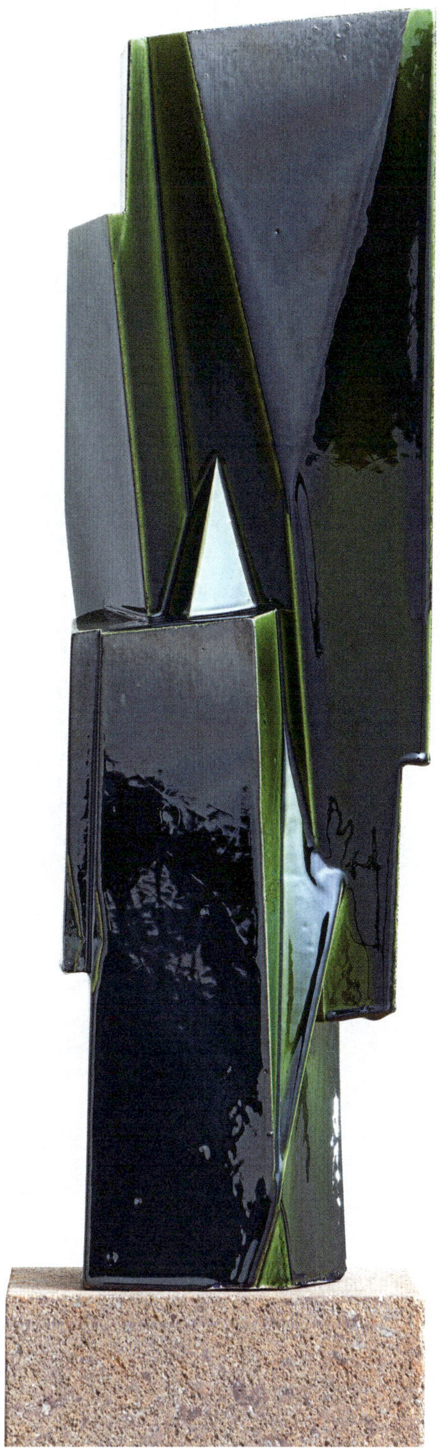

Shapeshifter I, 2016
Engobe Keramik / *Ceramic*
61,5 × 17 × 18 cm

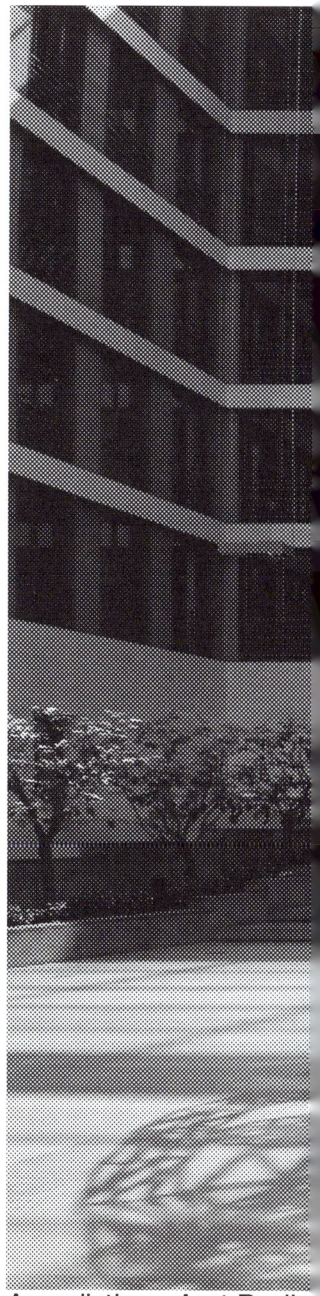

Auswärtiges Amt Berlin

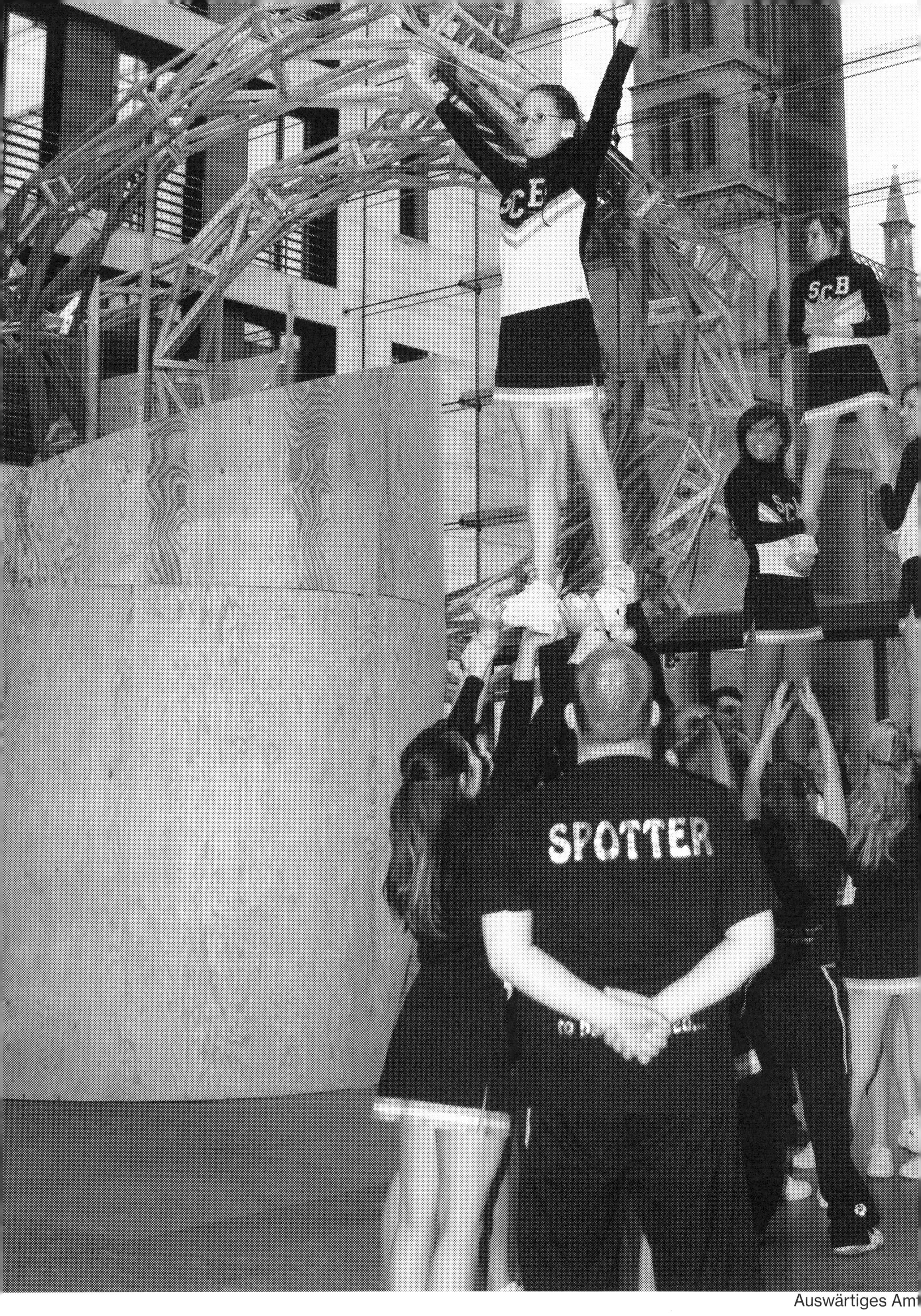

Auswärtiges Amt

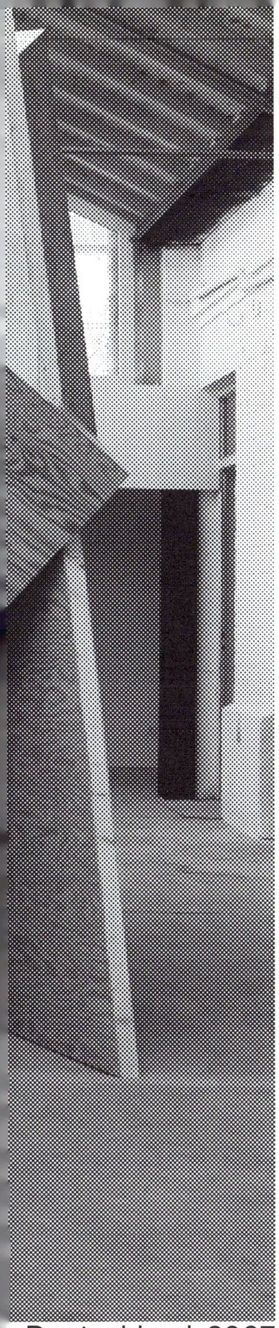

, Deutschland, 2007

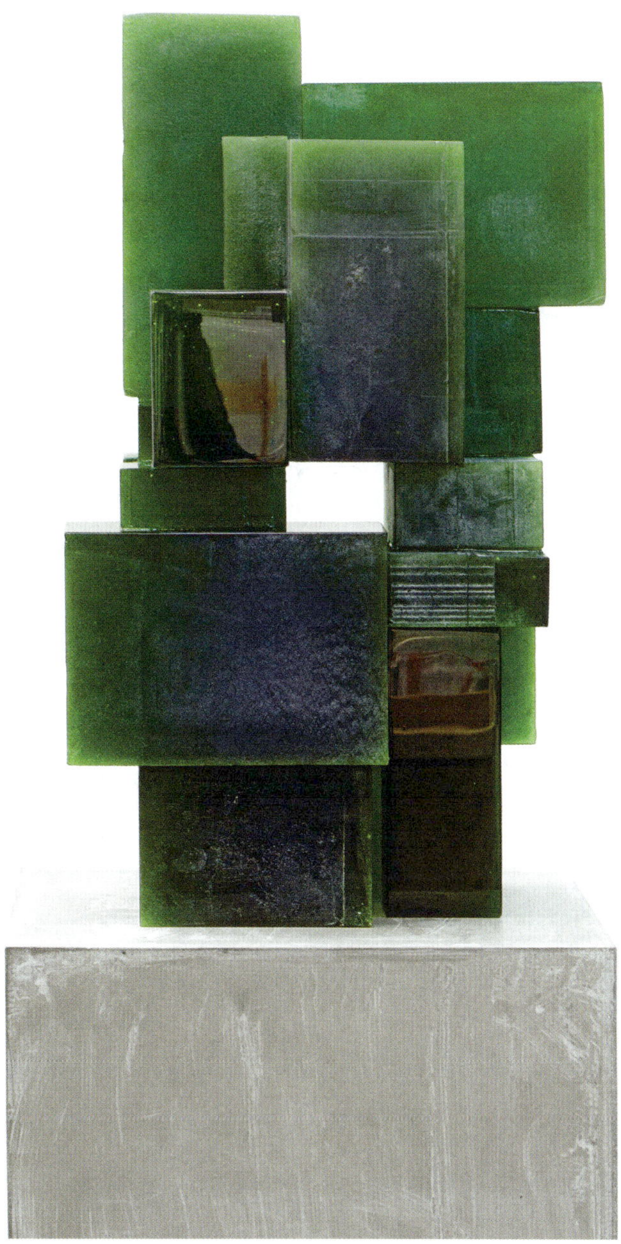

Rungholt, 2015
Glas / *Glass*
56,5 × 35,5 × 26 cm

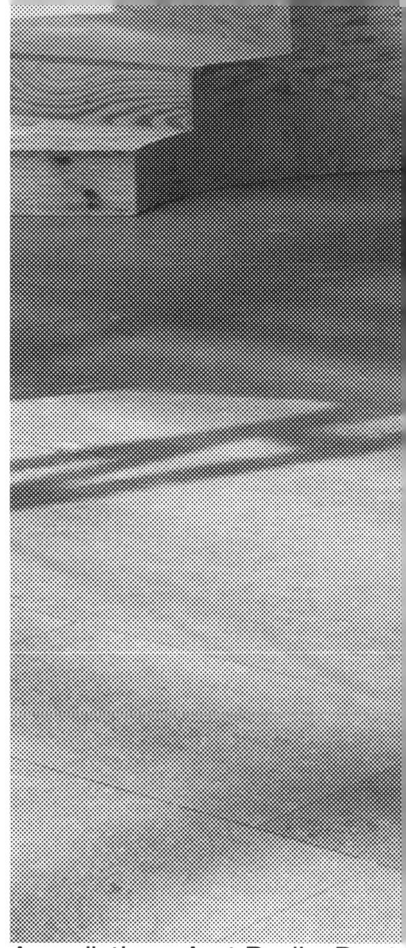

Auswärtiges Amt Berlin, Deuts

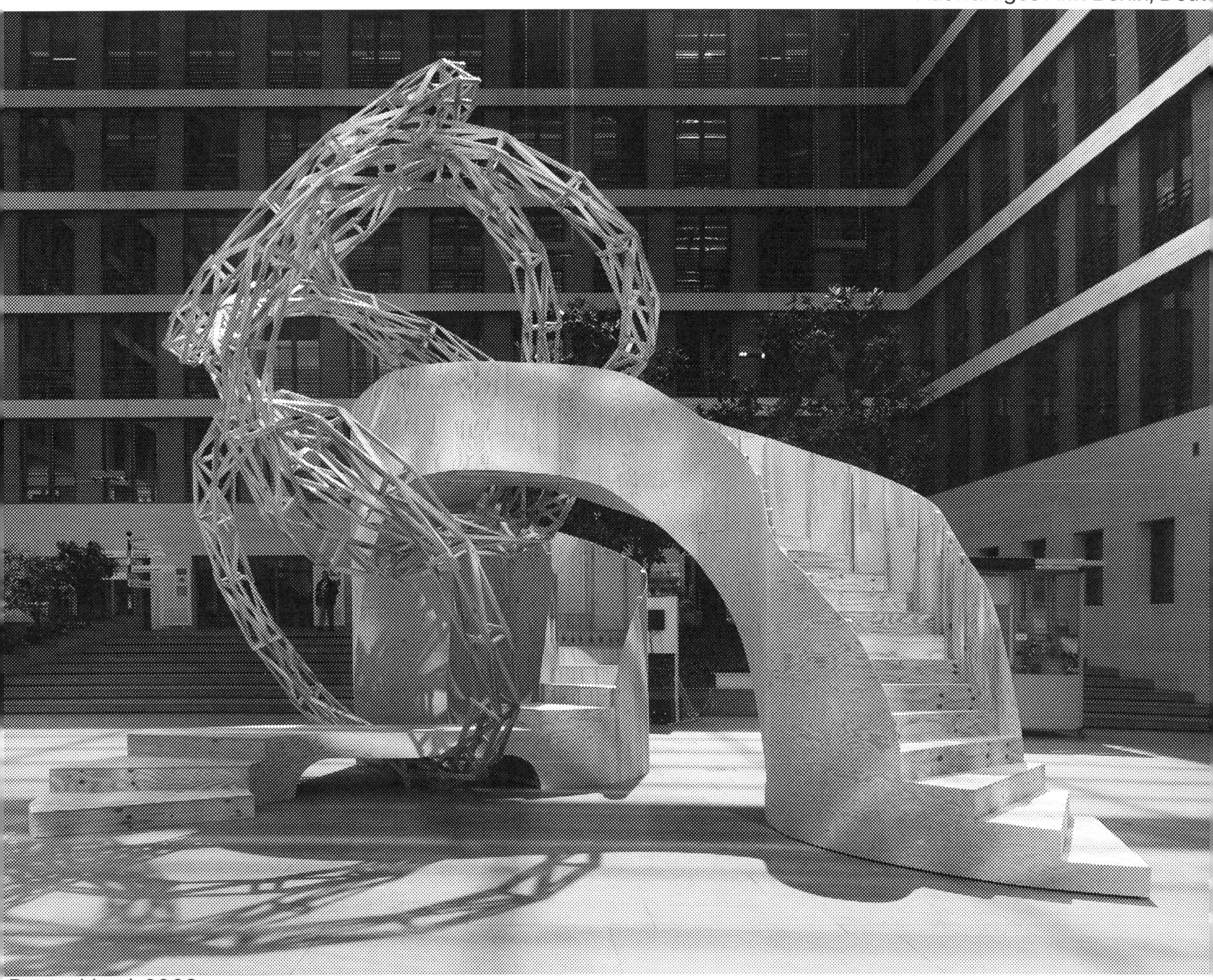

Deutschland, 2008

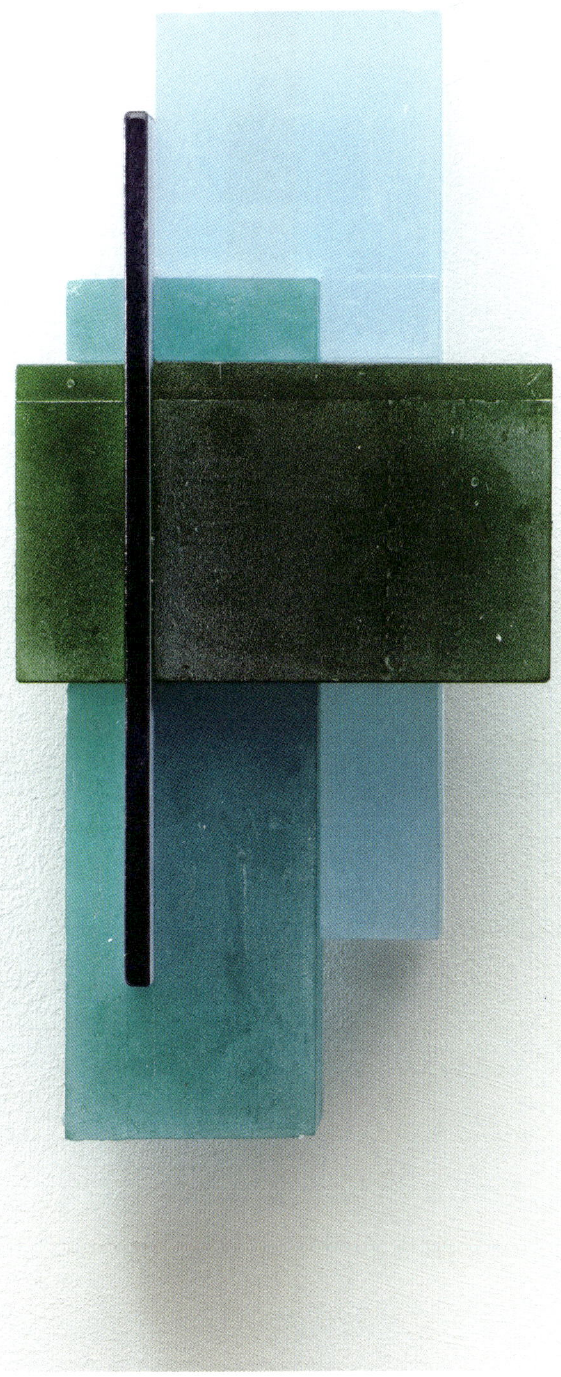

Knoten II, 2016
Glas / *Glass*
30,5 × 14,8 × 10,5 cm

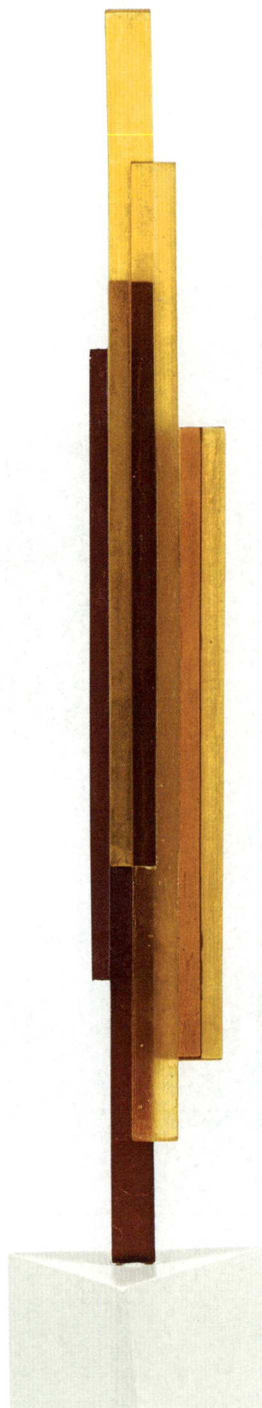

Small Beacon III, 2014
Glas / *Glass*
83 × 8 × 9 cm

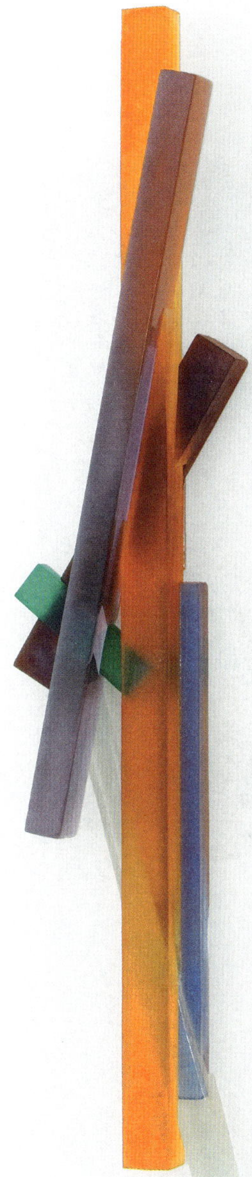

Bars and Plates I, 2014
Glas / *Glass*
99 × 21 × 8,8 cm

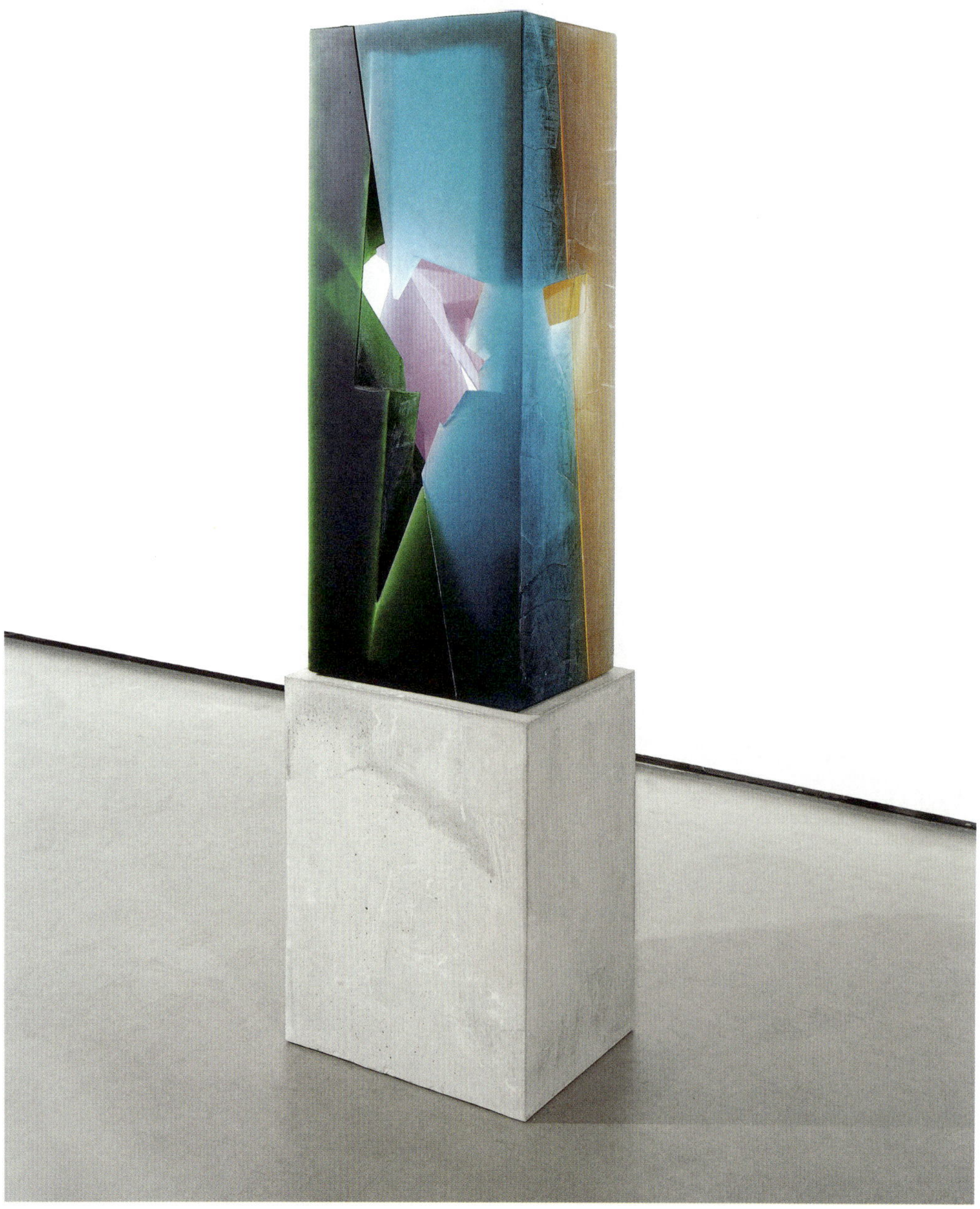

Four-Colour Block, 2015
Glas / *Glass*
124 × 74 × 65 cm

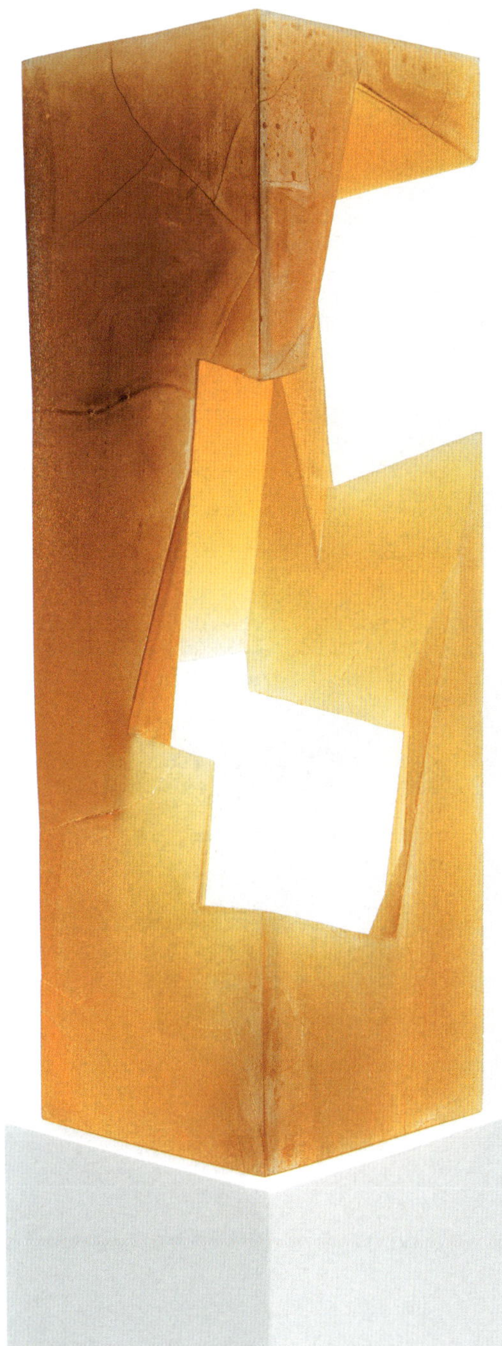

Untitled I, 2014
Glas / *Glass*
63 × 20 × 20 cm

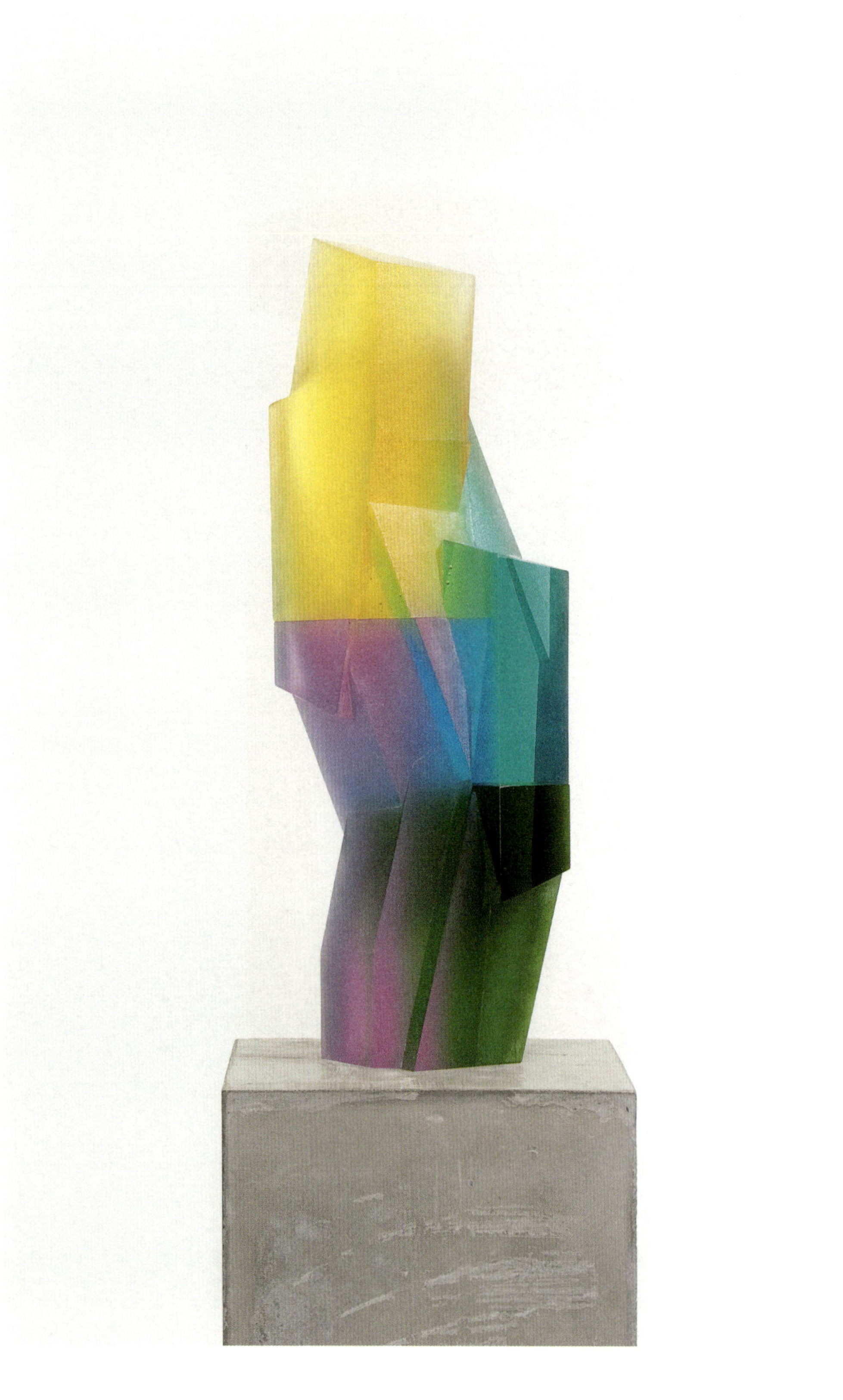

Four Colours, 2014
Glas / *Glass*
44,5 × 17 × 12 cm

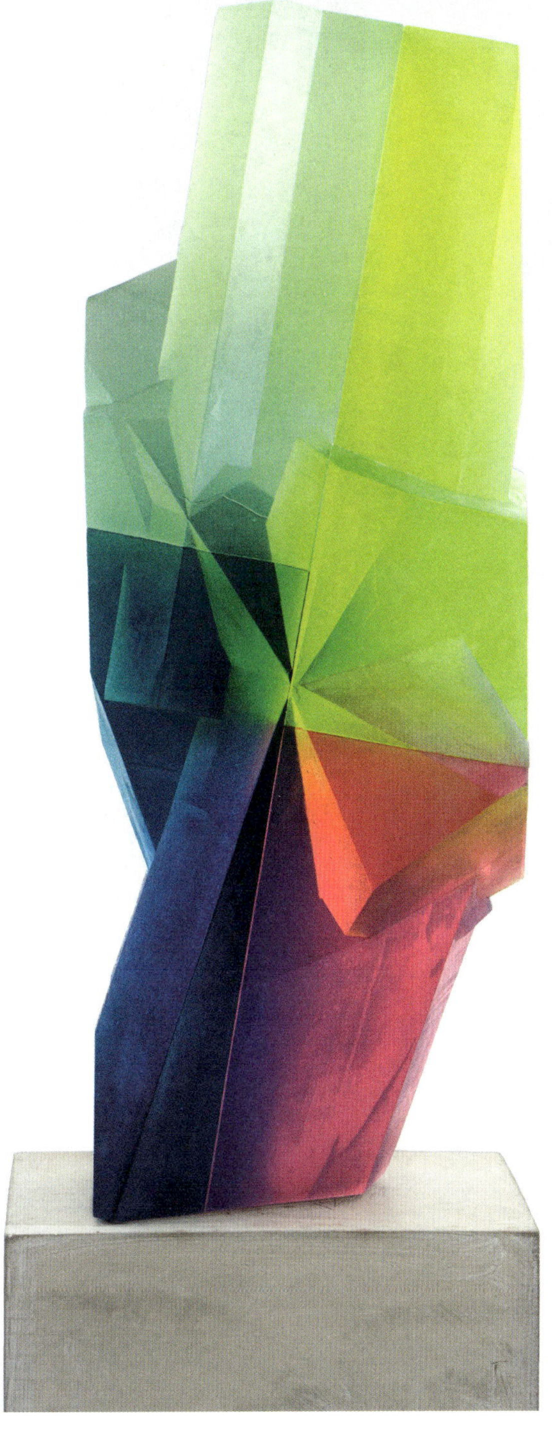

Big Four Colours II, 2015
Glas / *Glass*
82,5 × 40 × 30 cm

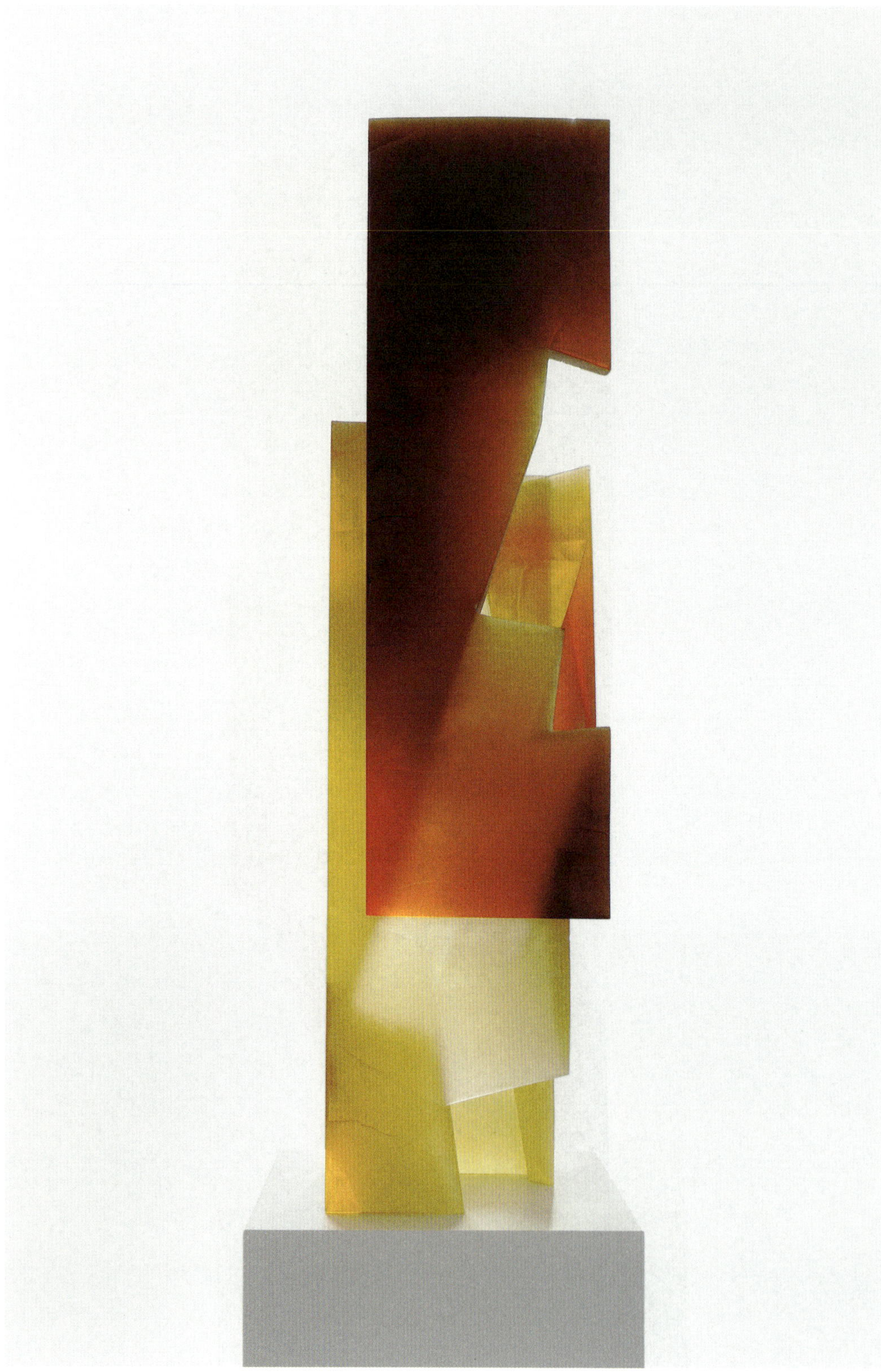

Untitled II, 2014
Glas / *Glass*
90 × 24 × 24 cm

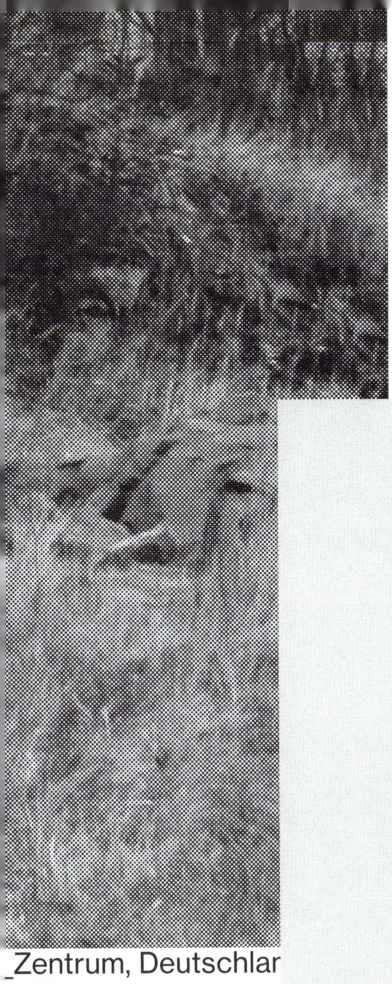

_Zentrum, Deutschlar

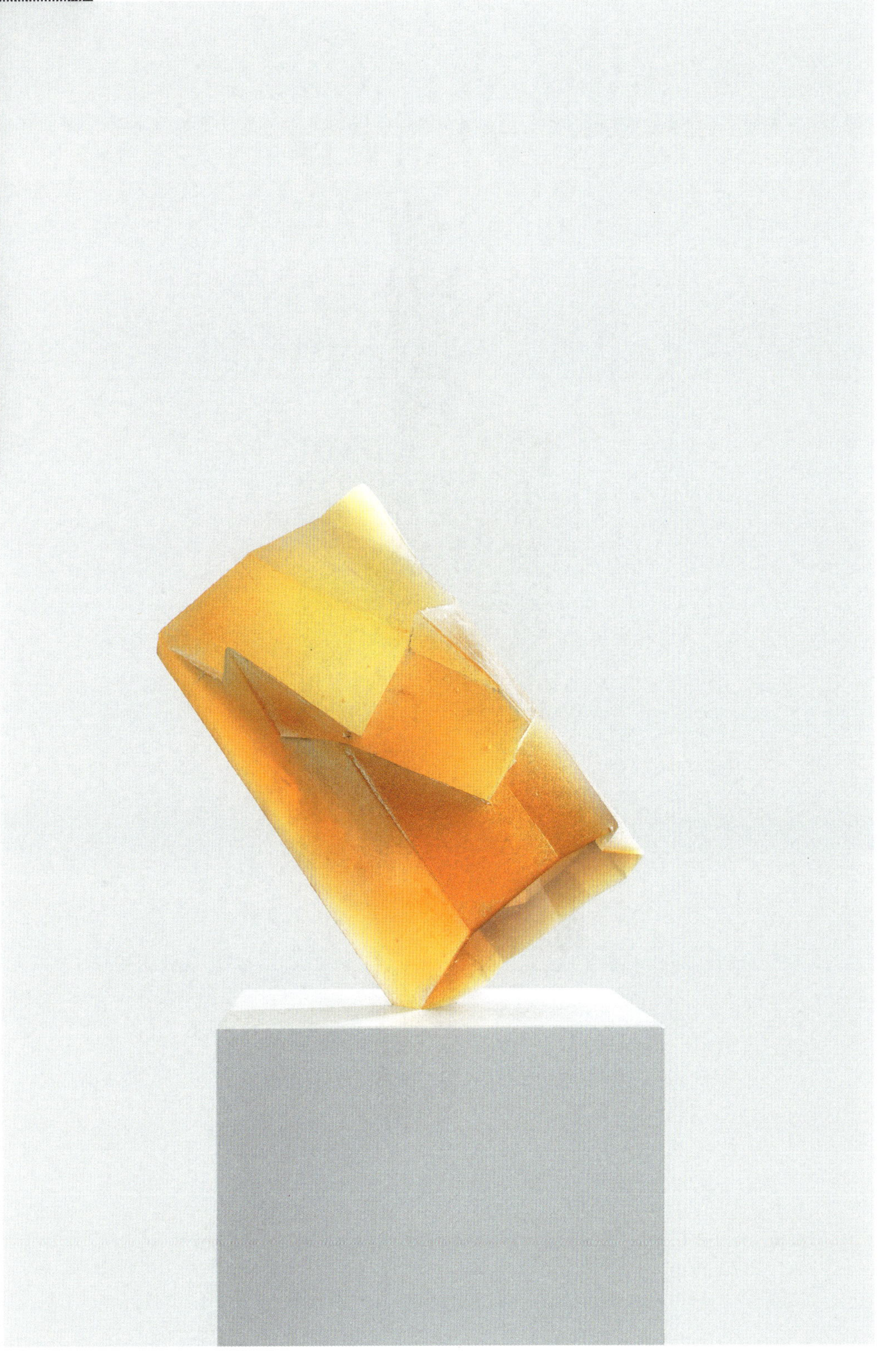

Shard, 2013
Glas / *Glass*
22 × 13 × 11,5 cm

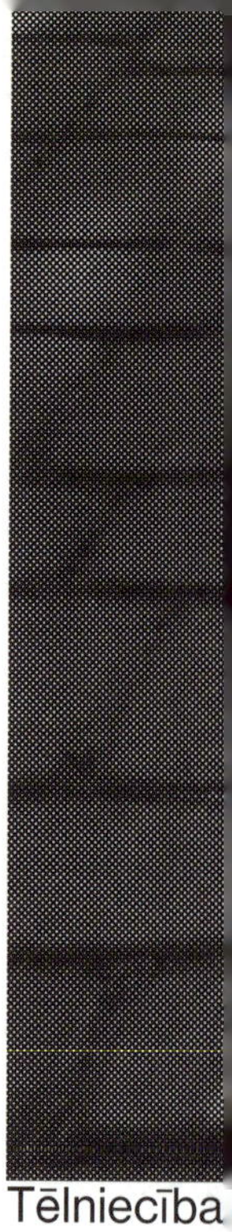

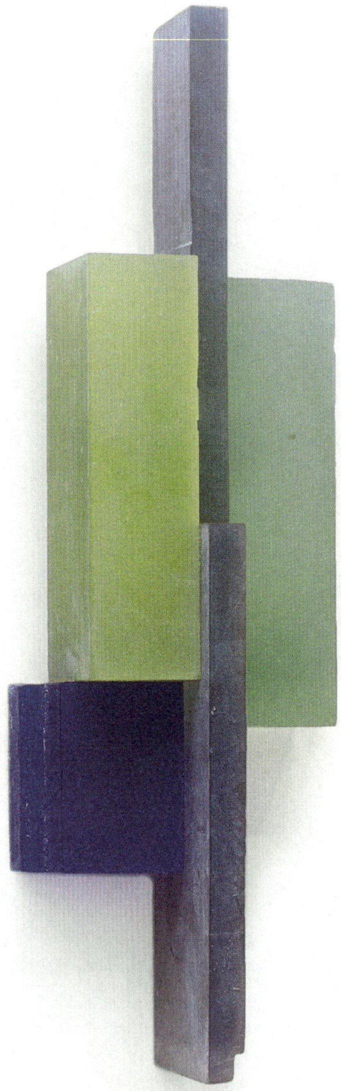

Blocks V, 2015
Glas / *Glass*
53 × 16 × 10,5 cm

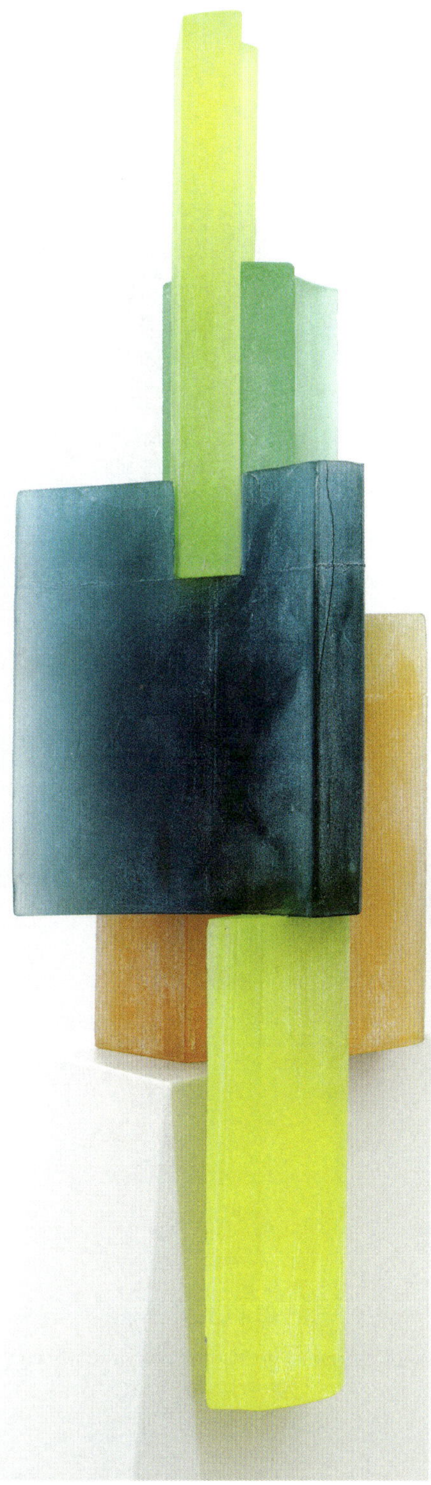

Wings of Colour, 2013
Glas / *Glass*
51 × 15 × 20 cm

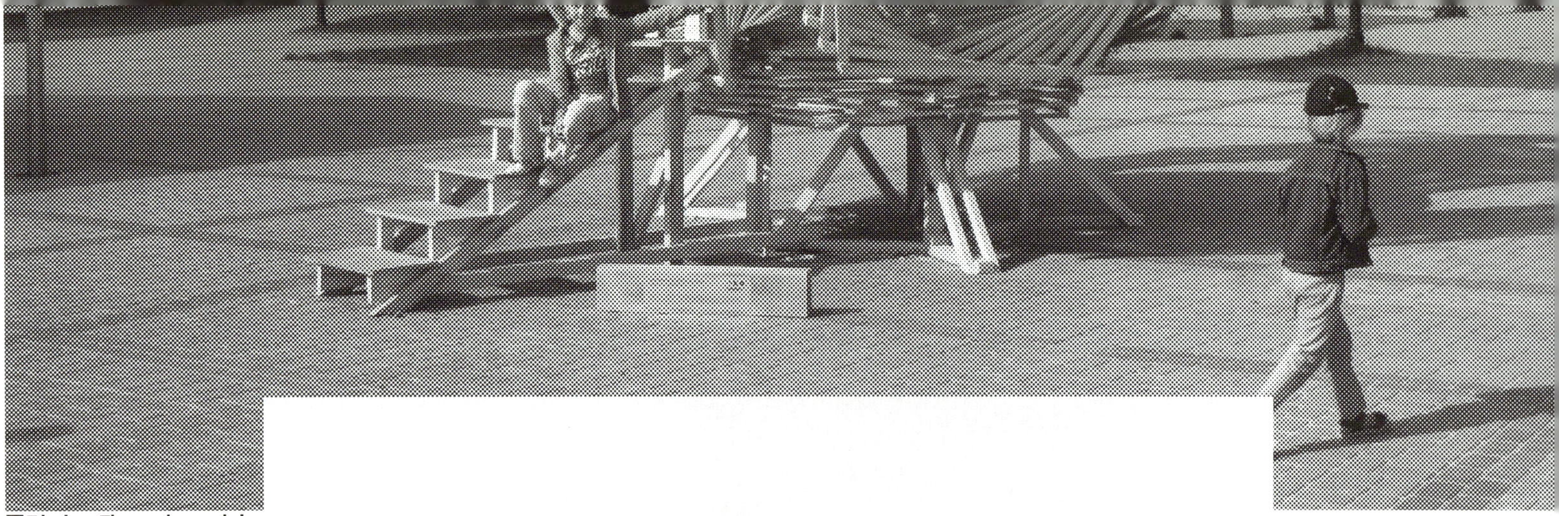

Tēlniecības kvadrie

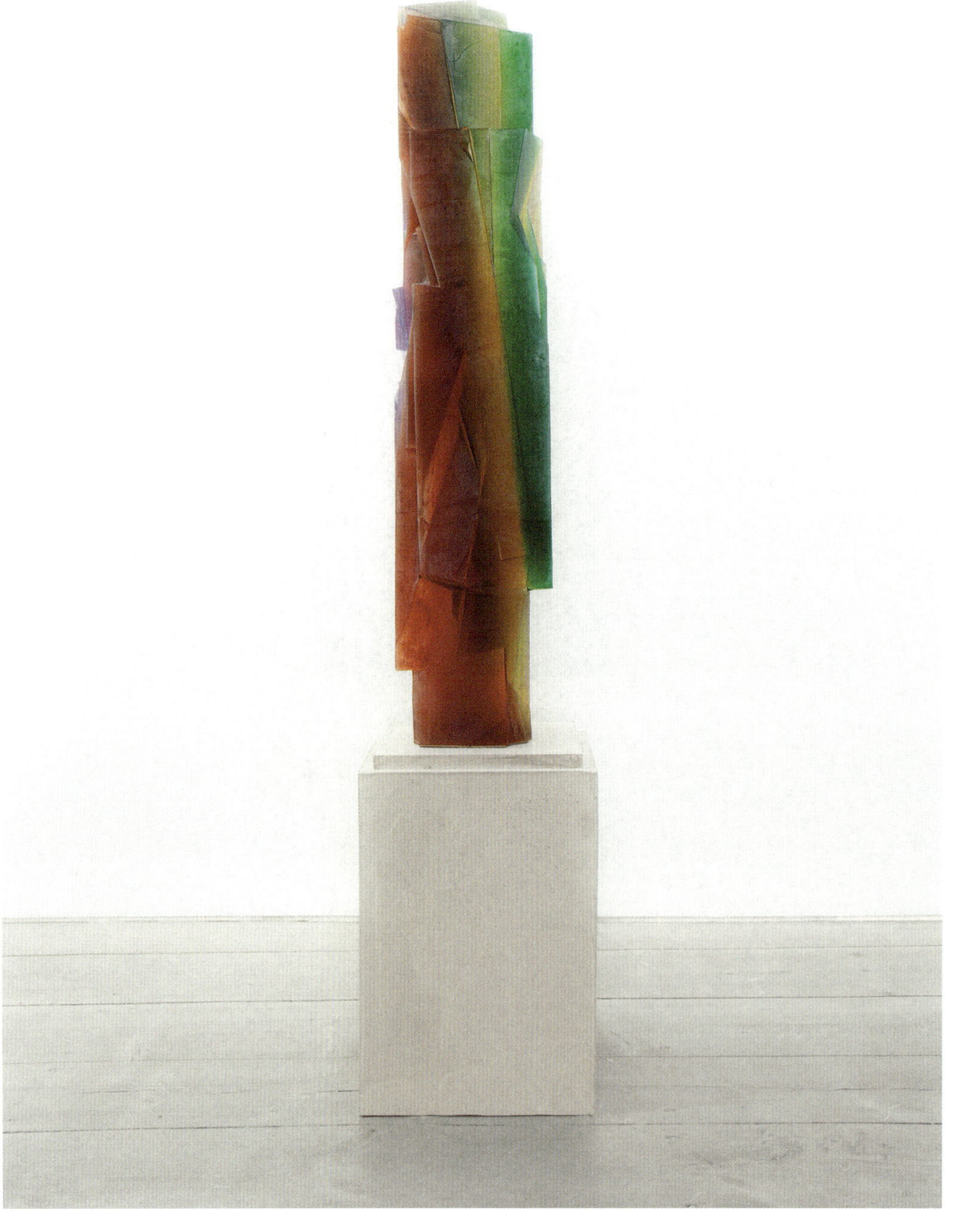

Säule I, 2016
Glas / *Glass*
112 × 24 × 23 cm

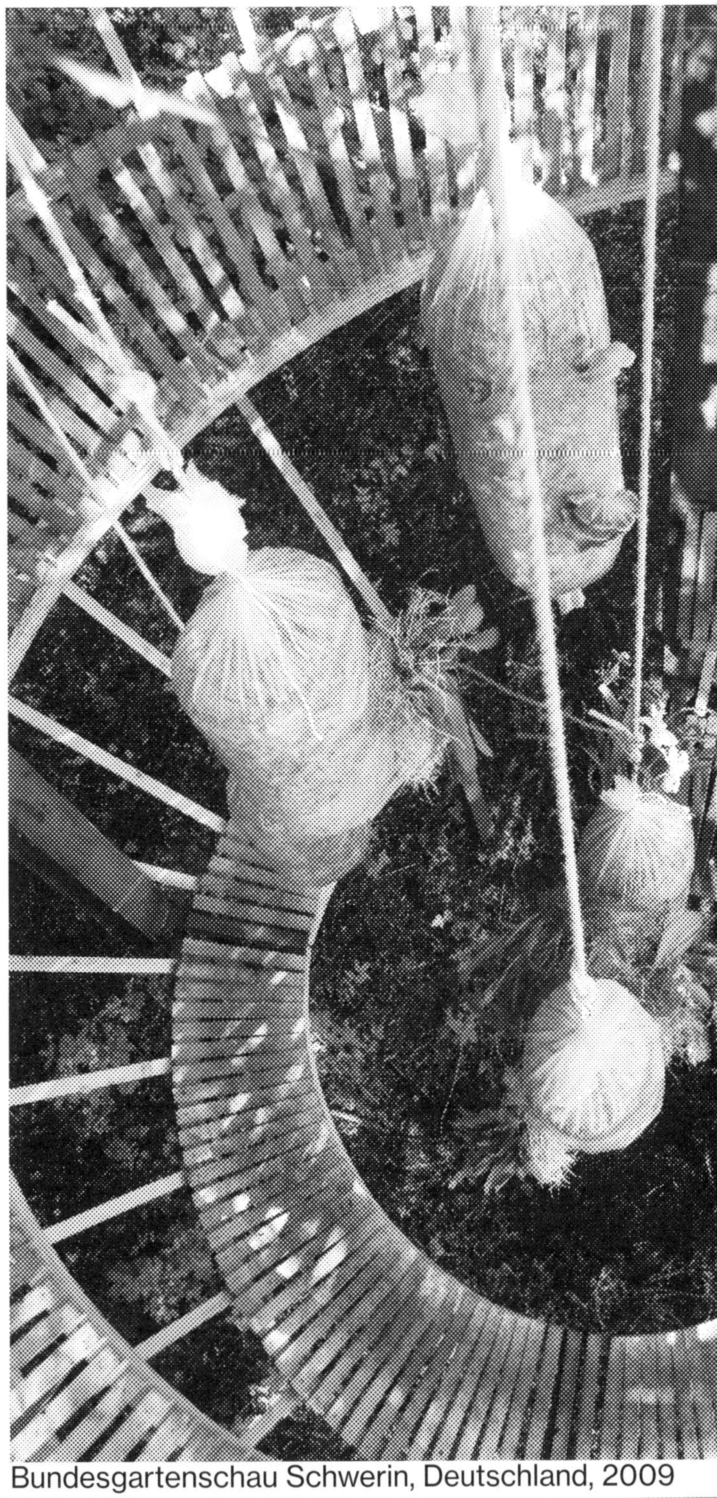

Bundesgartenschau Schwerin, Deutschland, 2009

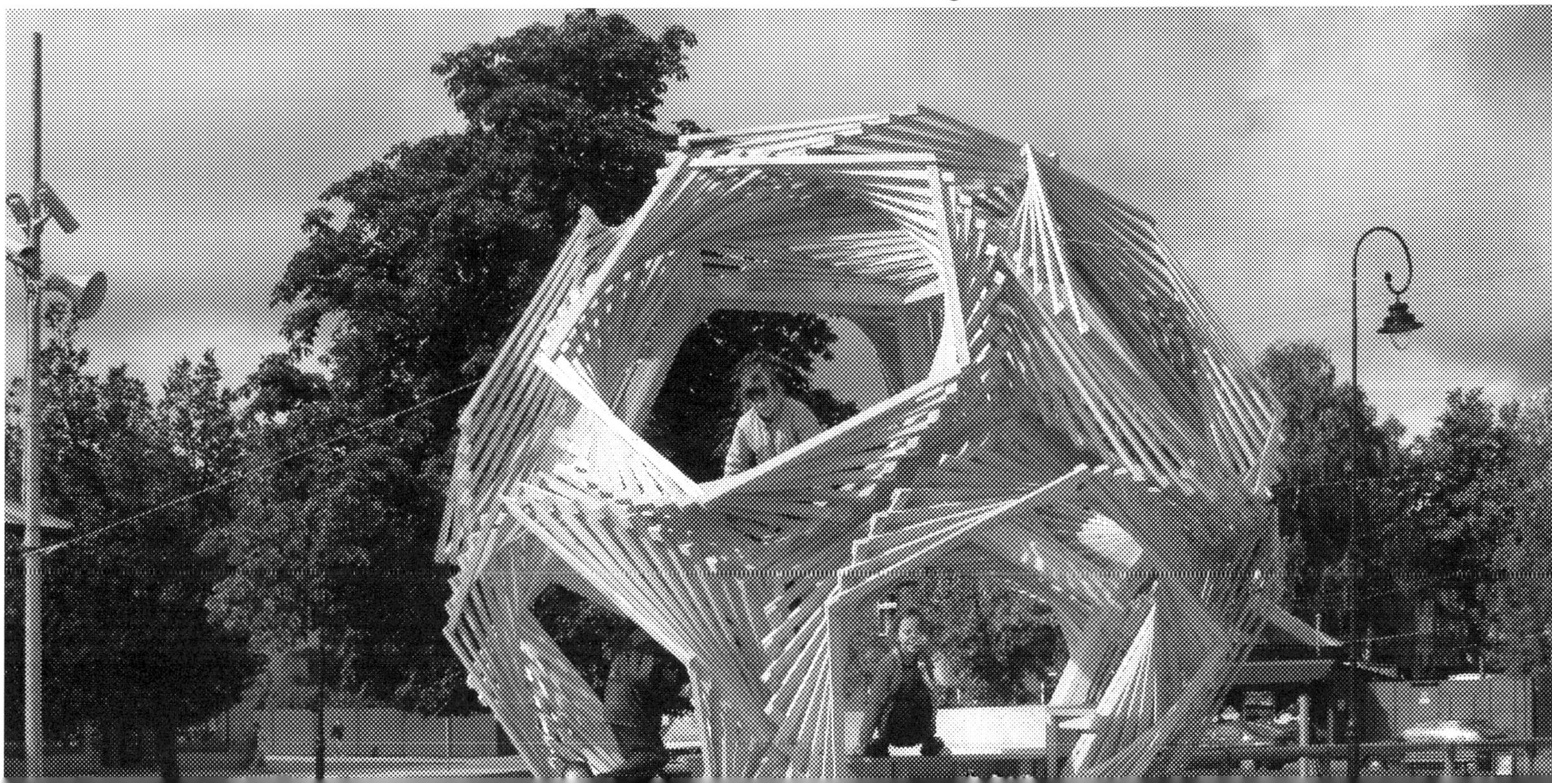

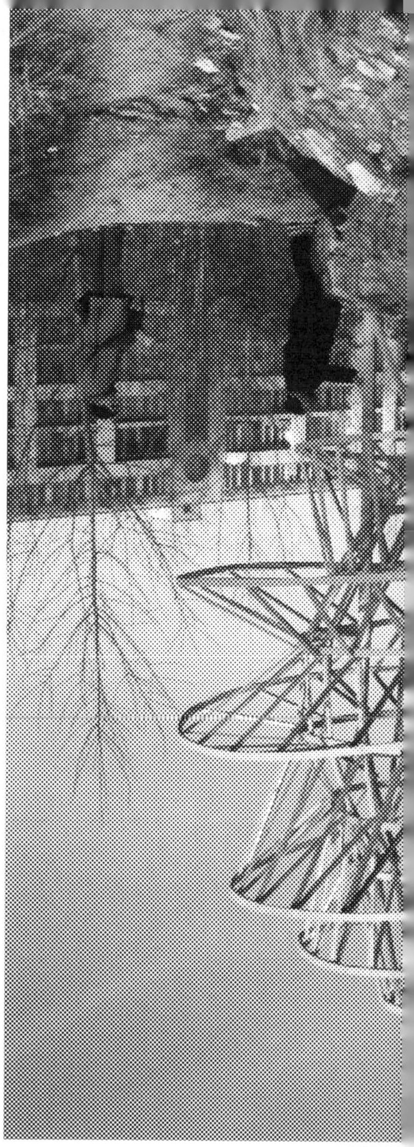

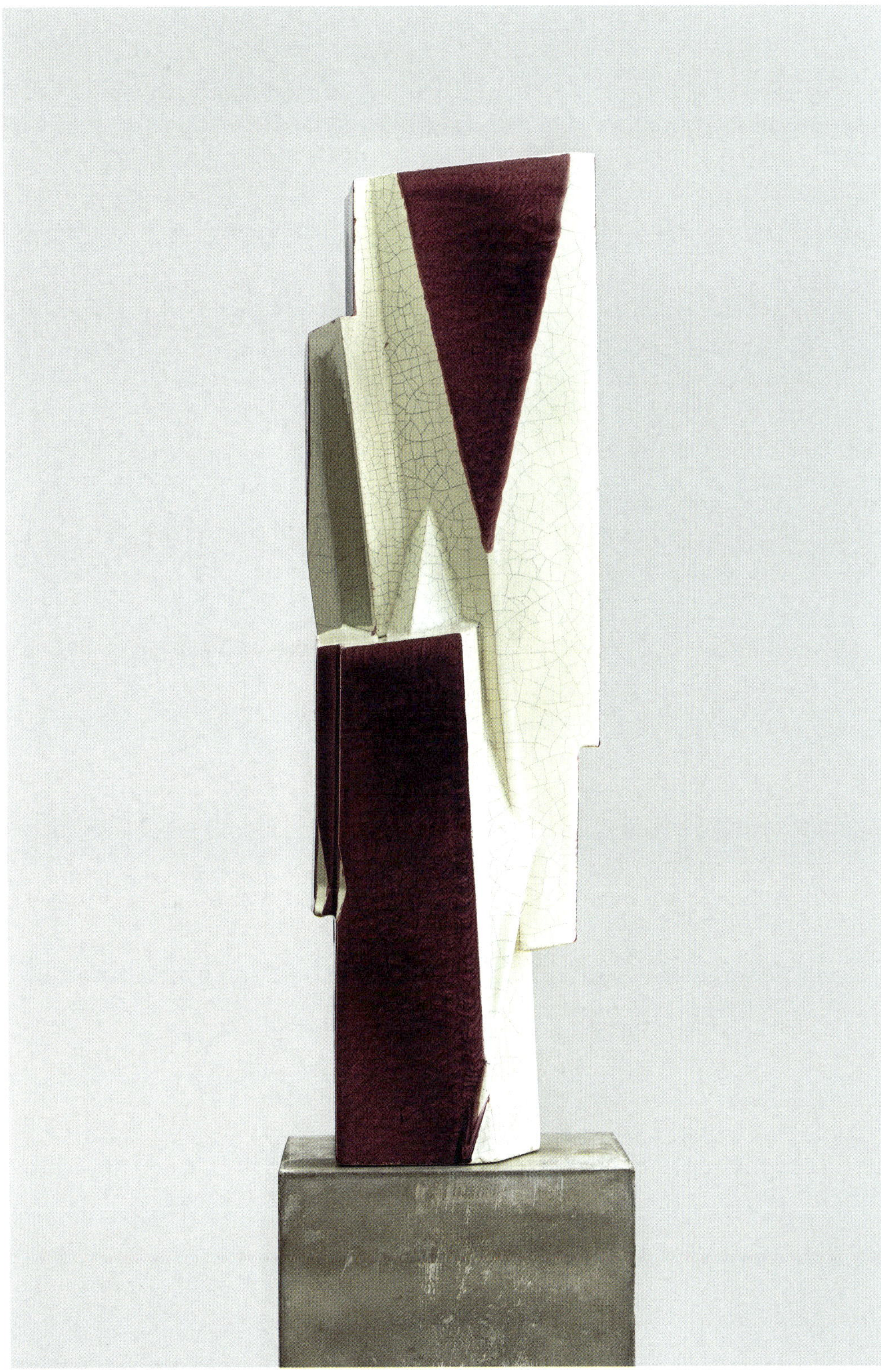

Shapeshifter red / white, 2016
Engobe Keramik / *Ceramic*
62 × 17 × 18 cm

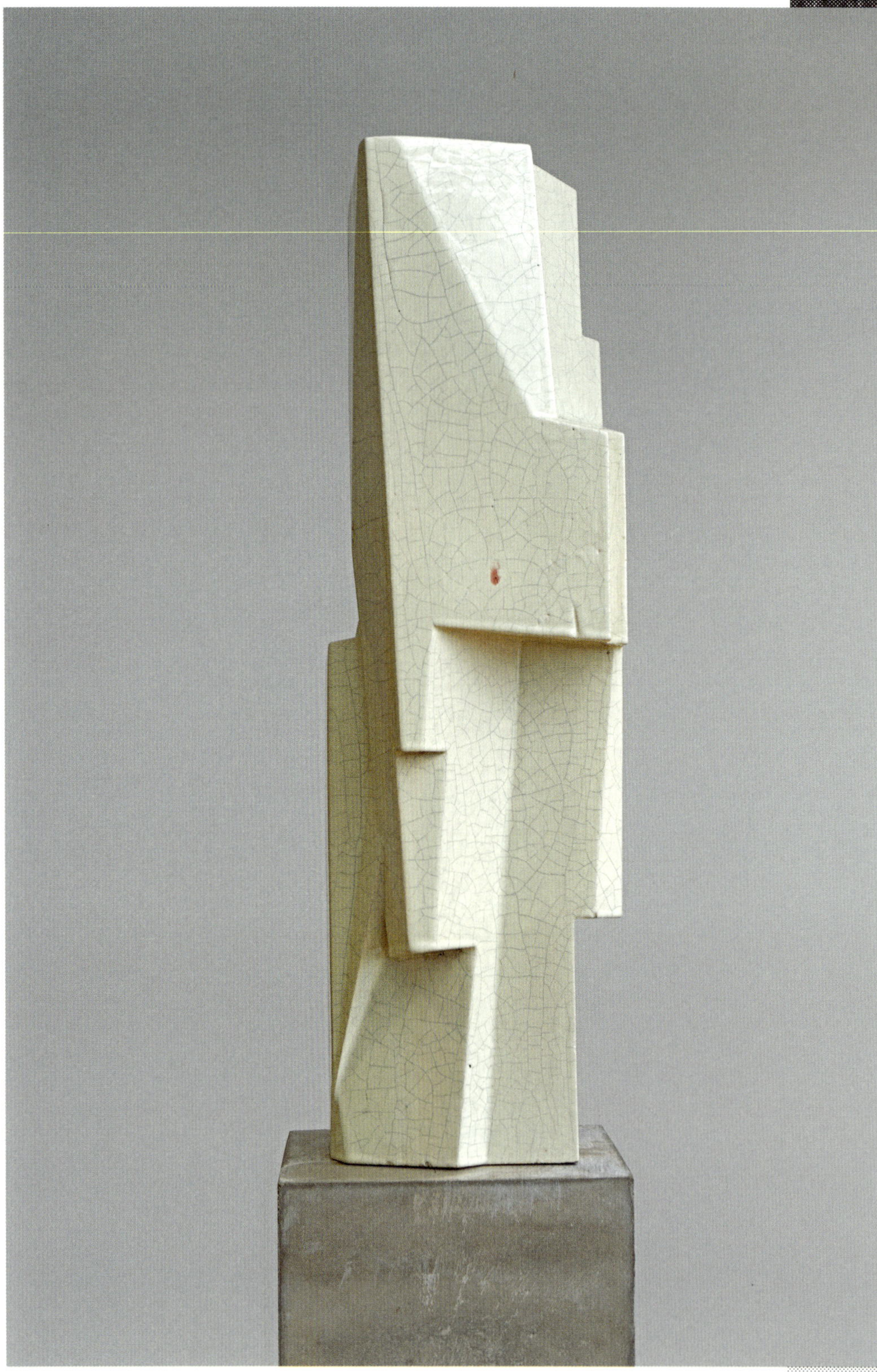

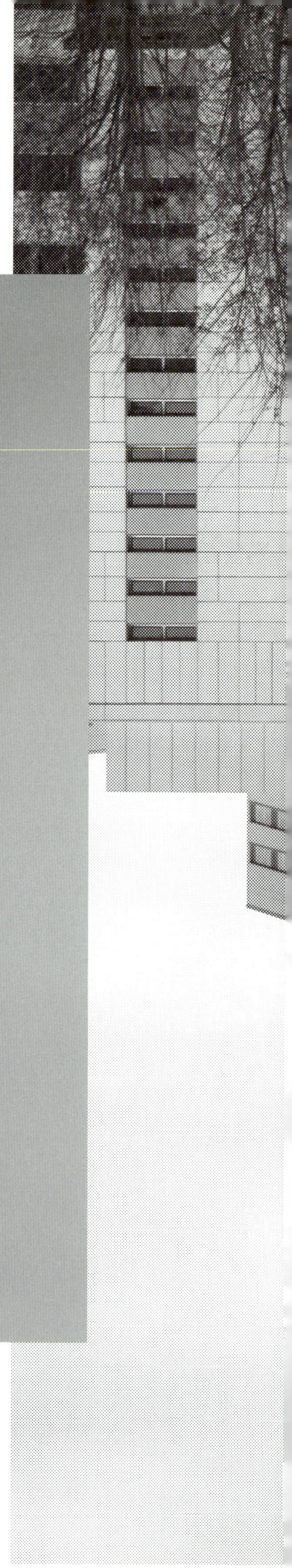

Shapeshifter II, 2016
Engobe Keramik / *Ceramic*
62 × 17 × 18 cm

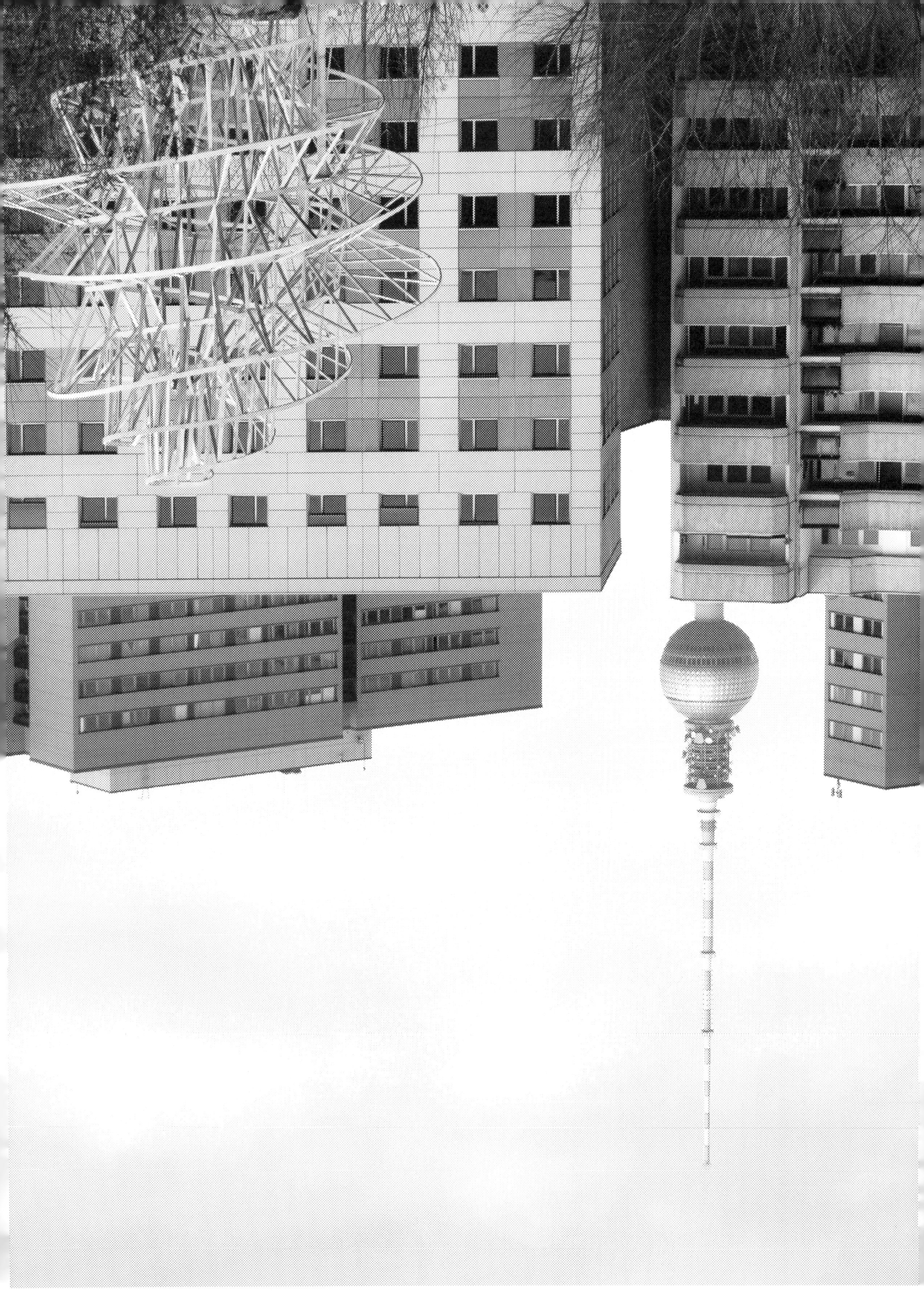

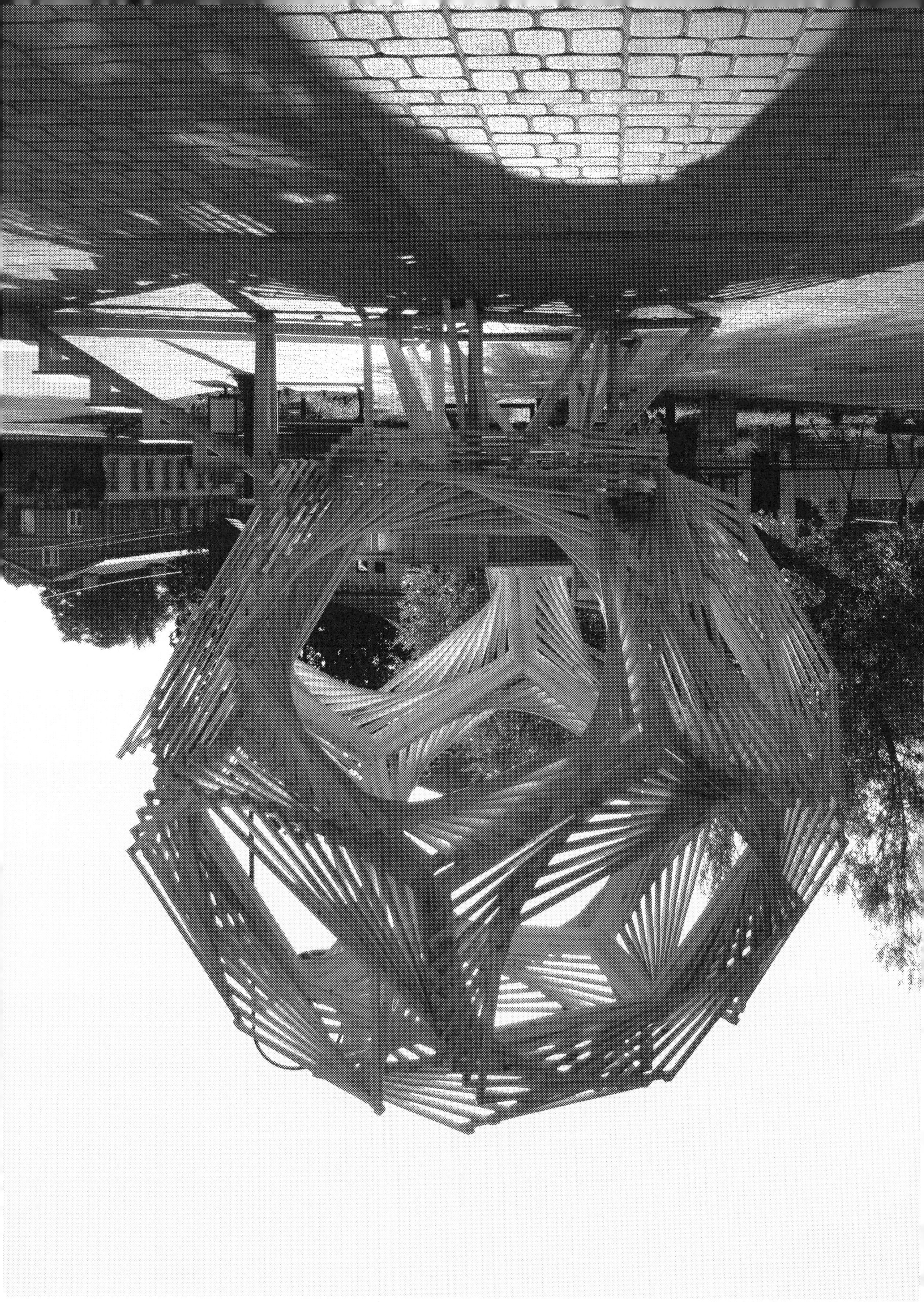

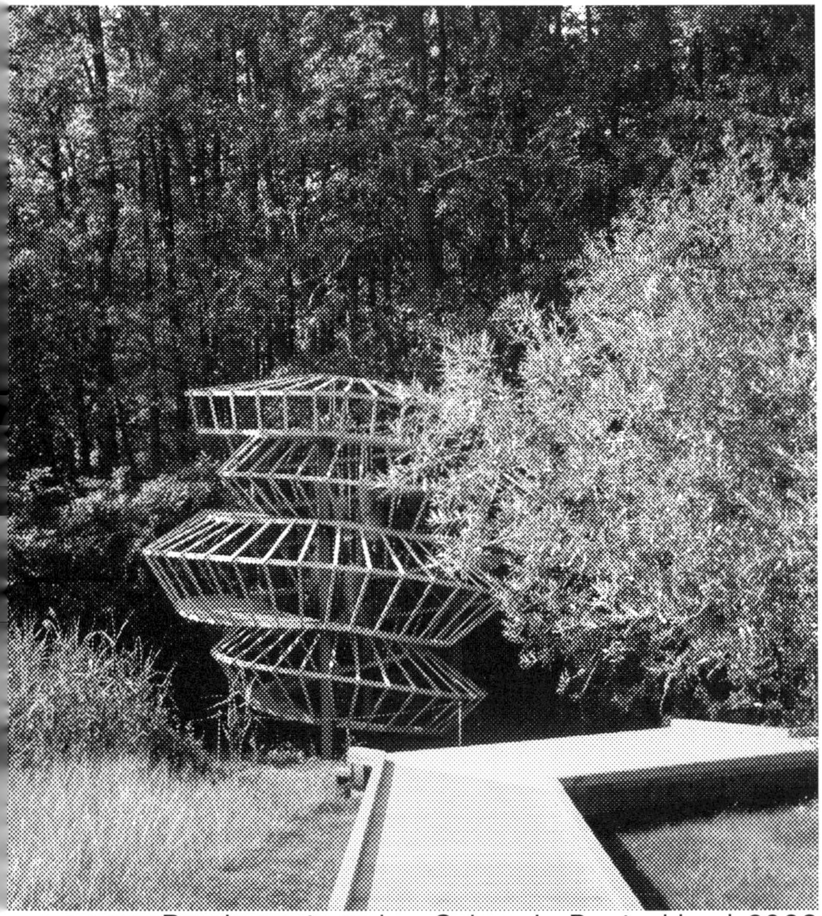

Bundesgartenschau Schwerin, Deutschland, 2009

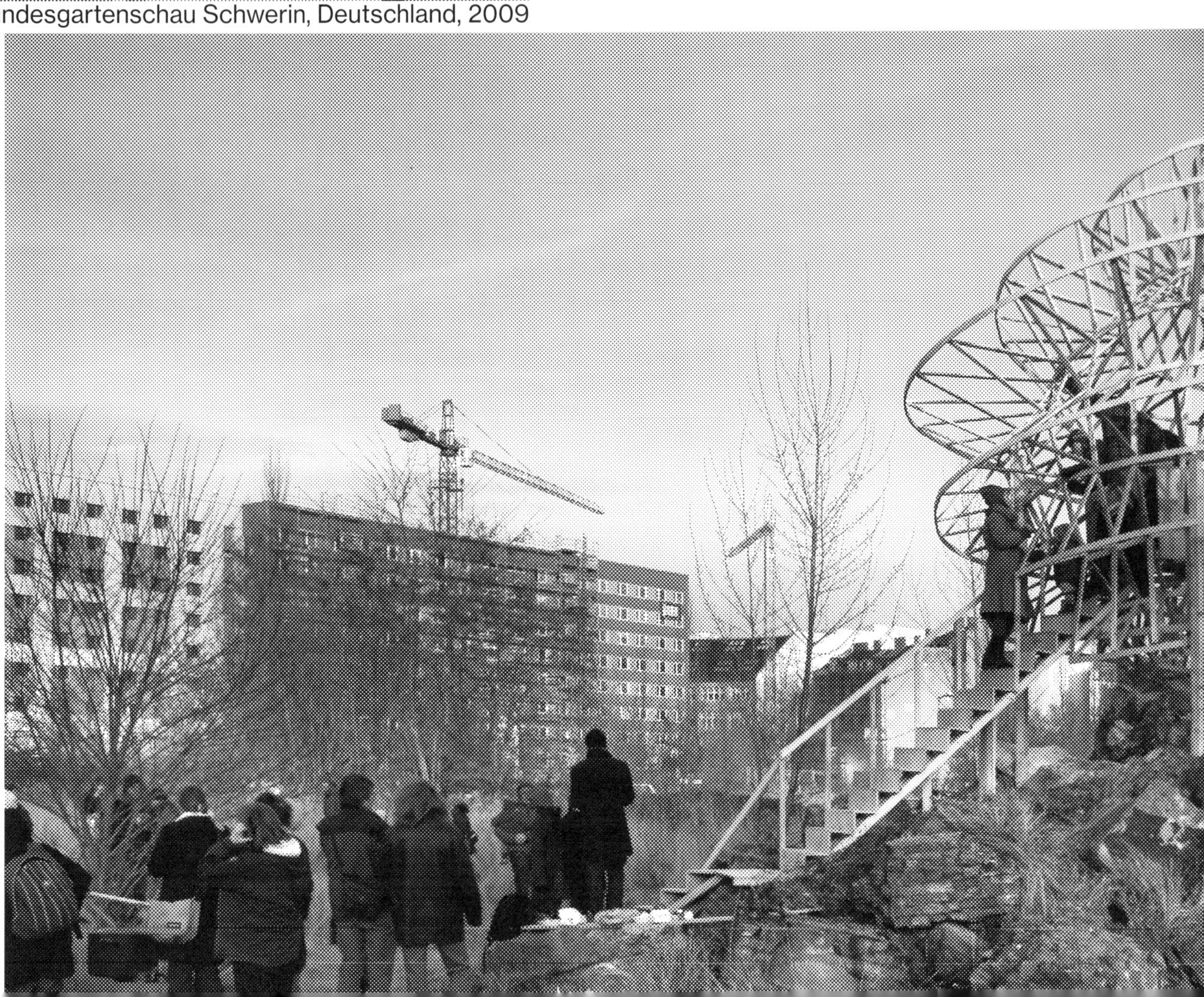

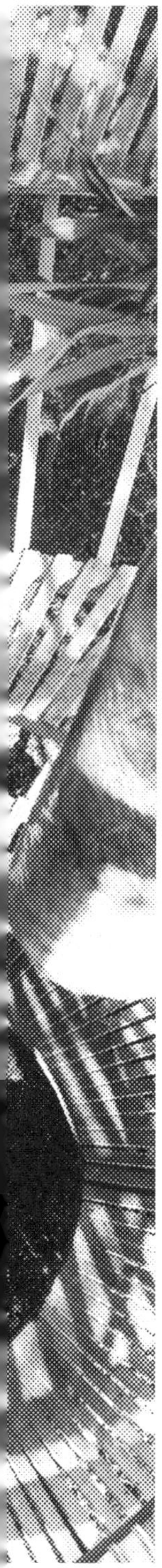

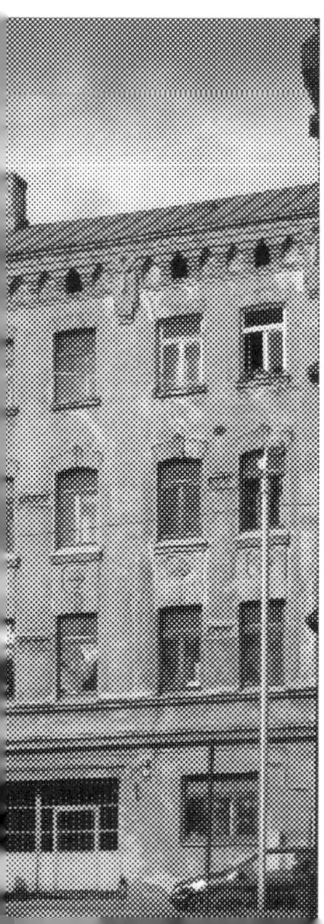

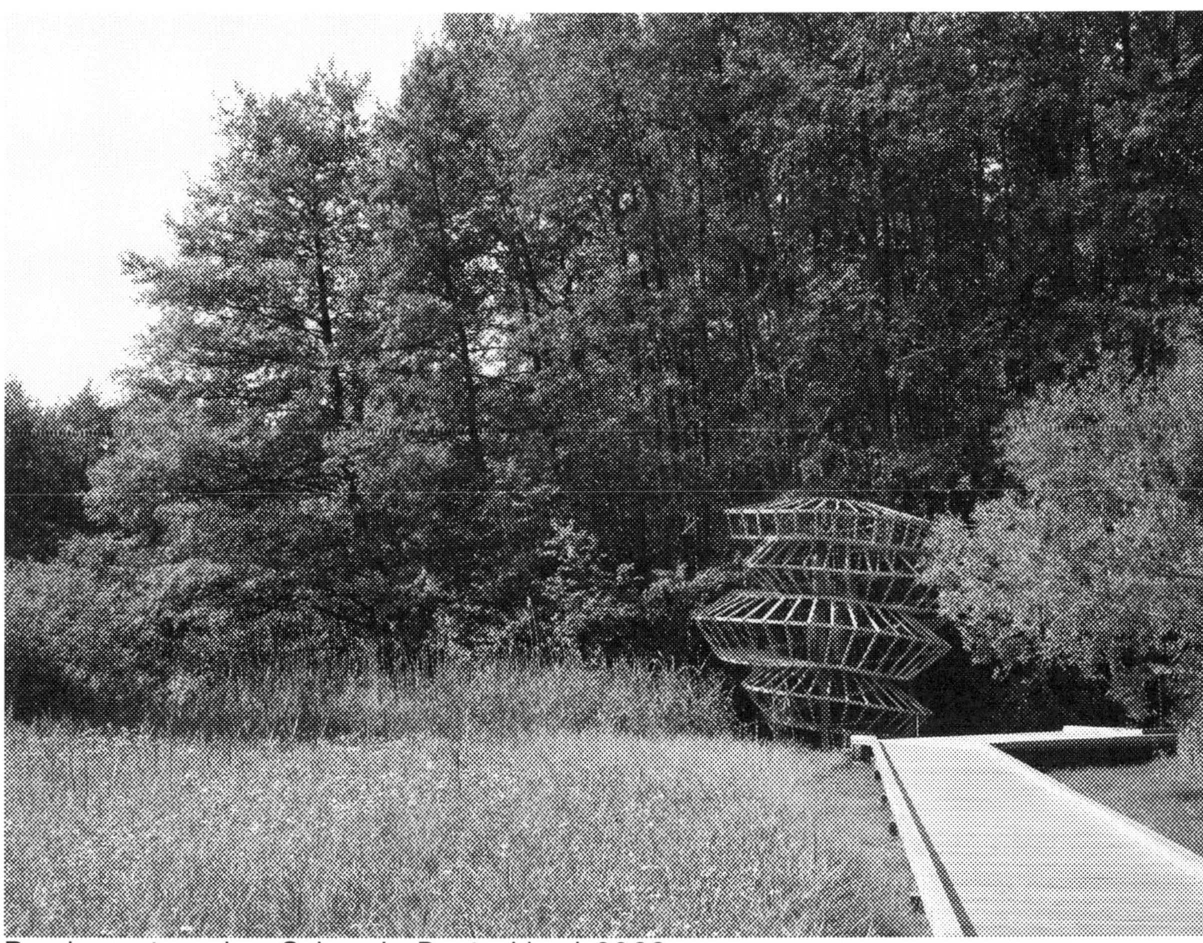

Bundesgartenschau Schwerin, Deutschland, 2009

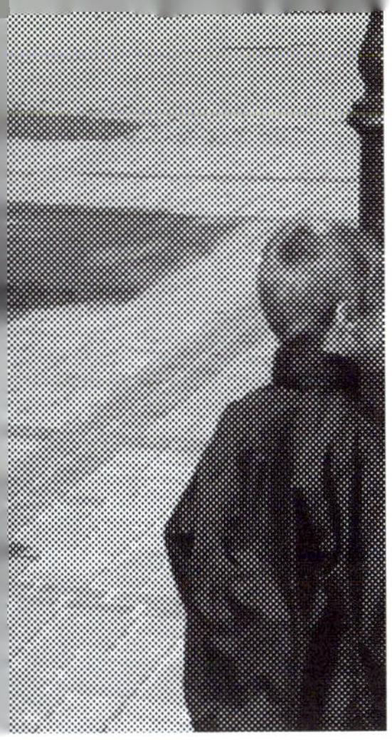

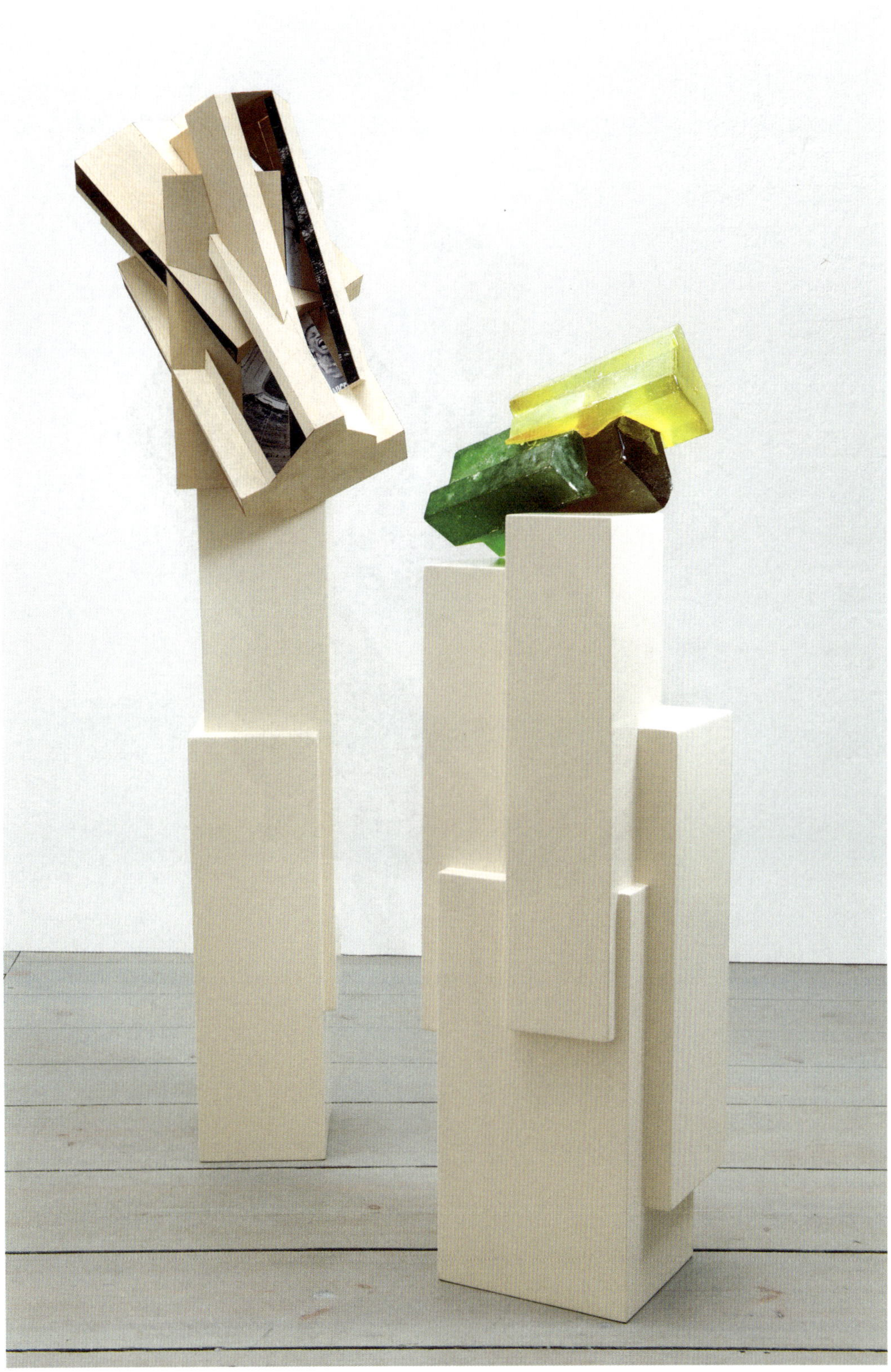

We Are All Buildings!, 2013
Sperrholz, Gouache, Acryl / *Plywood, gouache, acrylic*
60 × 35 × 35 cm

Crystal Chamber II, 2014
Glas / *Glass*
19 × 45 × 21 cm

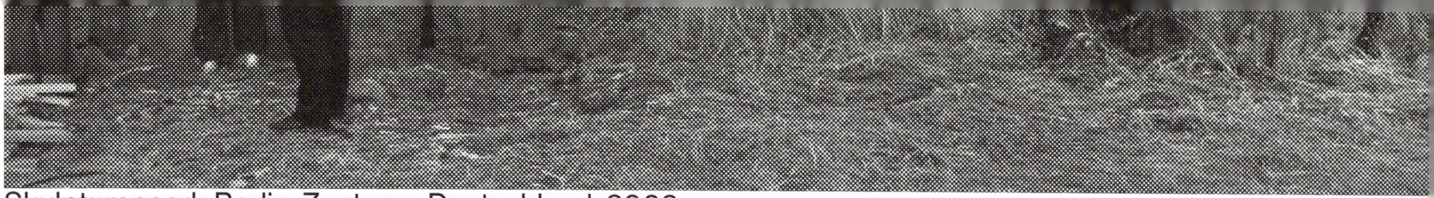

Skulpturenpark Berlin_Zentrum, Deutschland, 2008

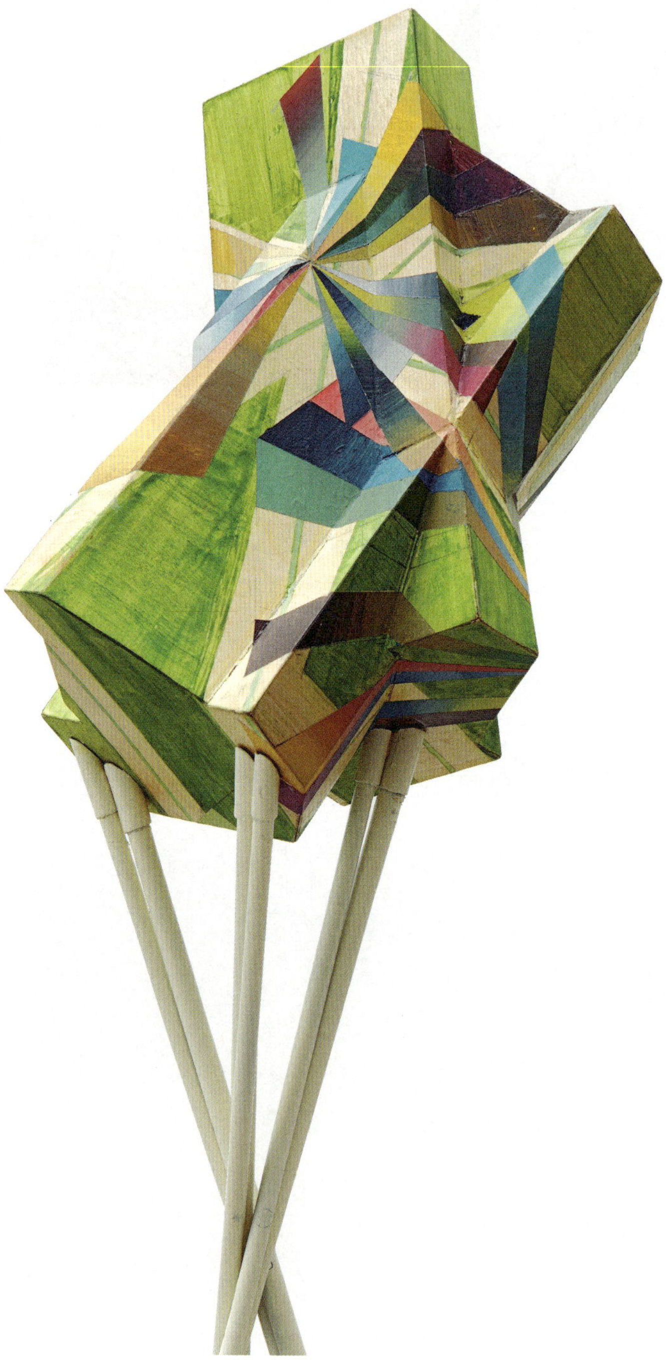

Cloaked Debris VI, 2013
Sperrholz, Gouache, Bleistift / *Plywood, gouache, pencil*
26 × 22 × 18 cm

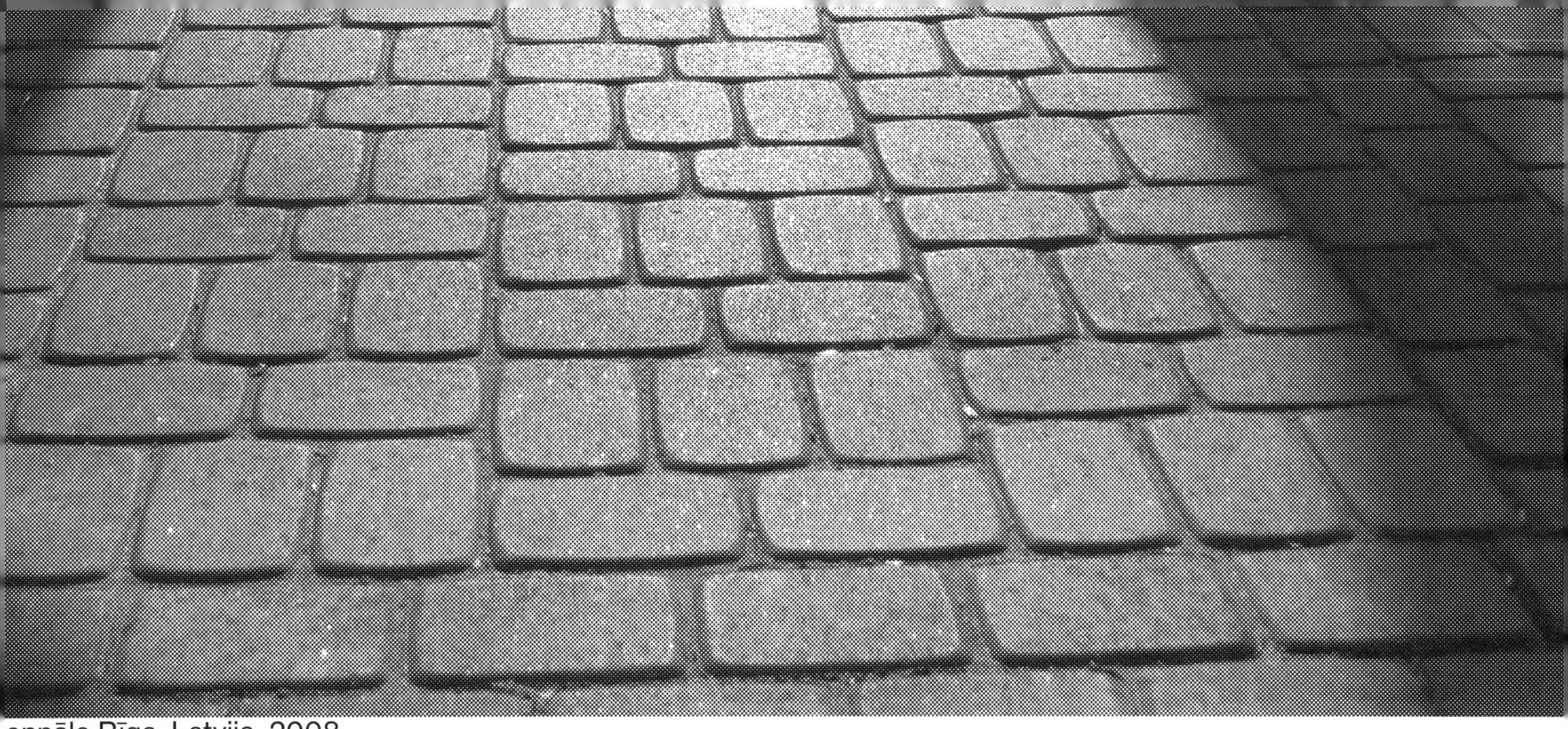

ennāle Rīga, Latvija, 2008

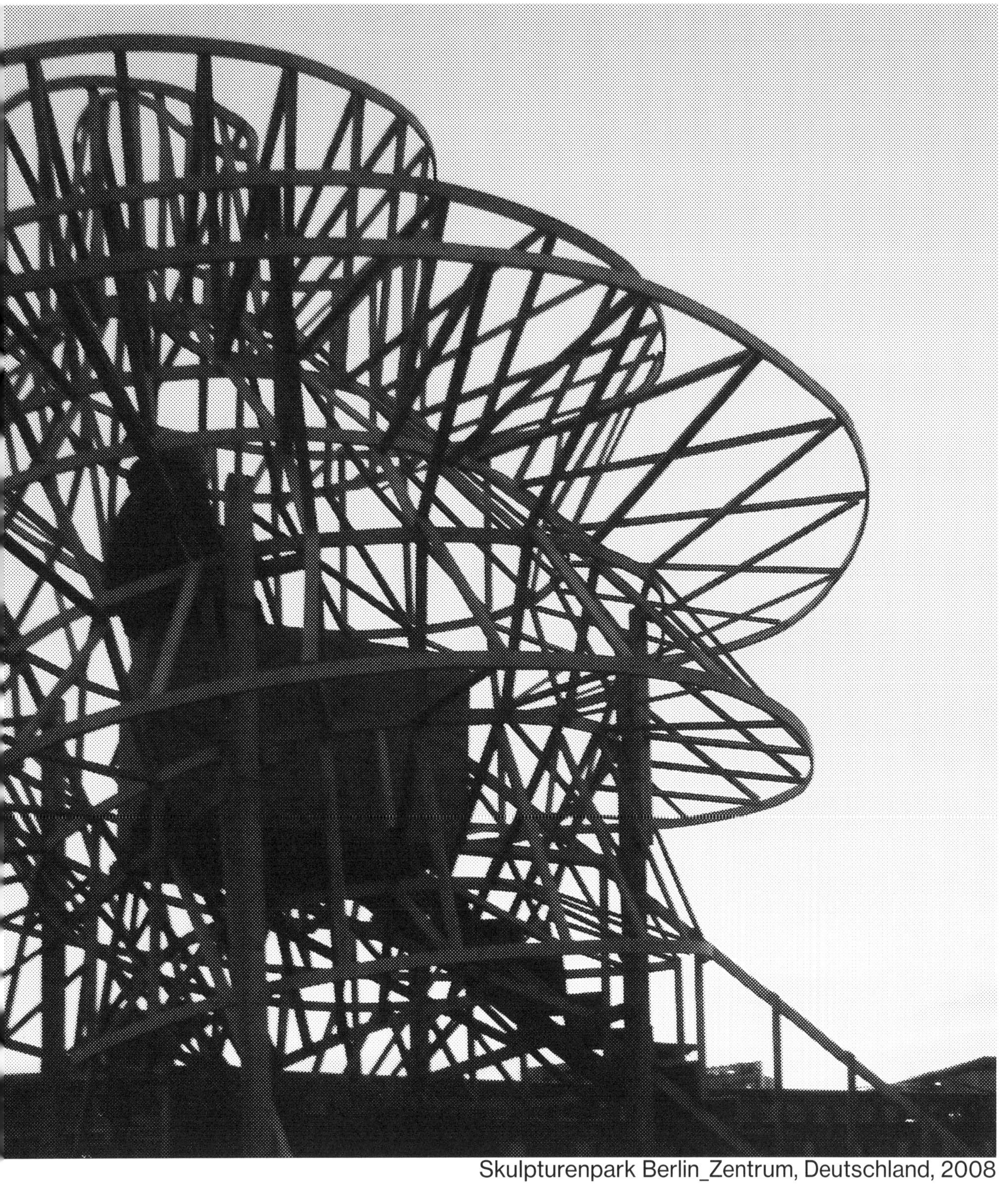

Skulpturenpark Berlin_Zentrum, Deutschland, 2008

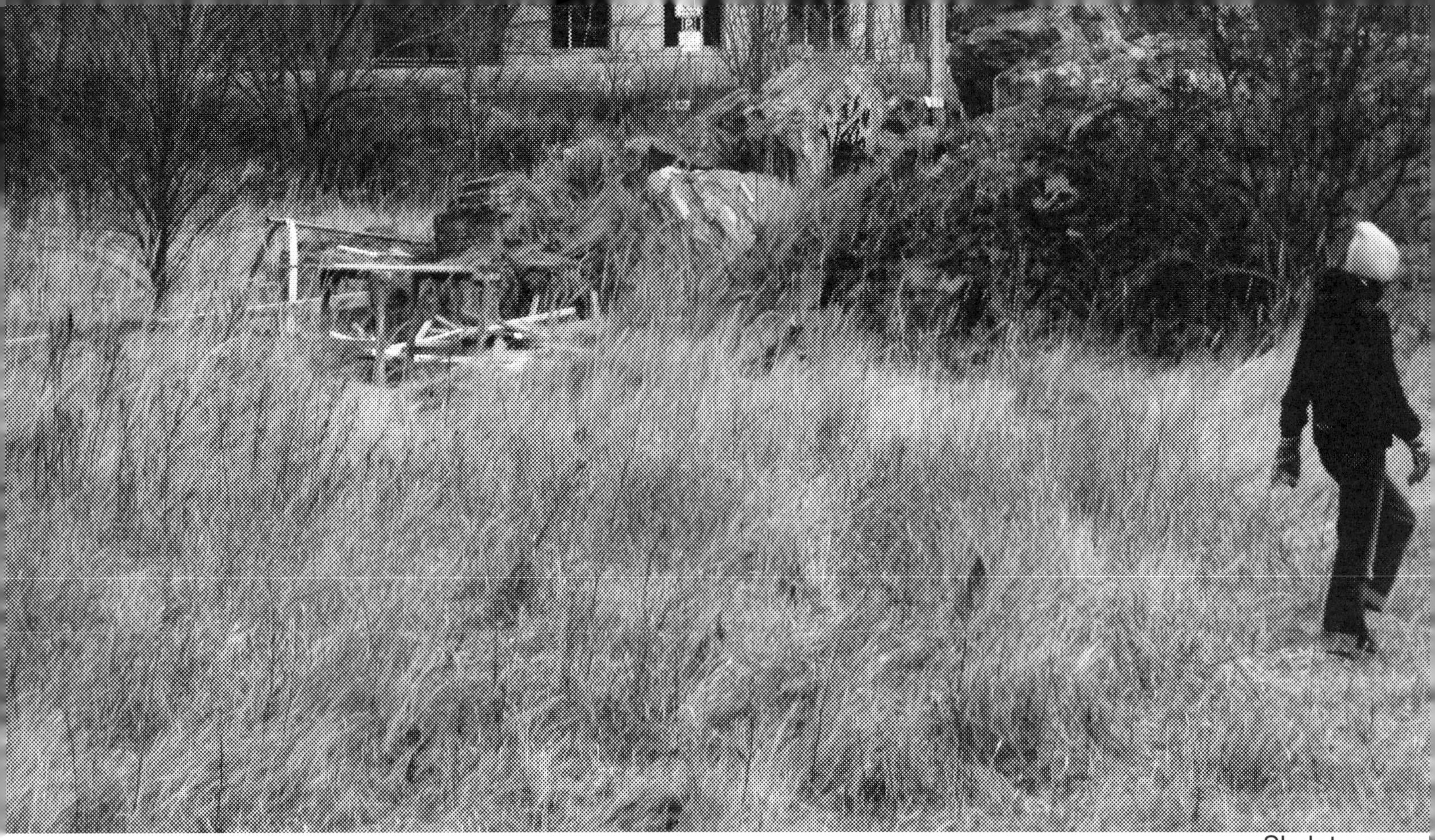

Skulpturenpar

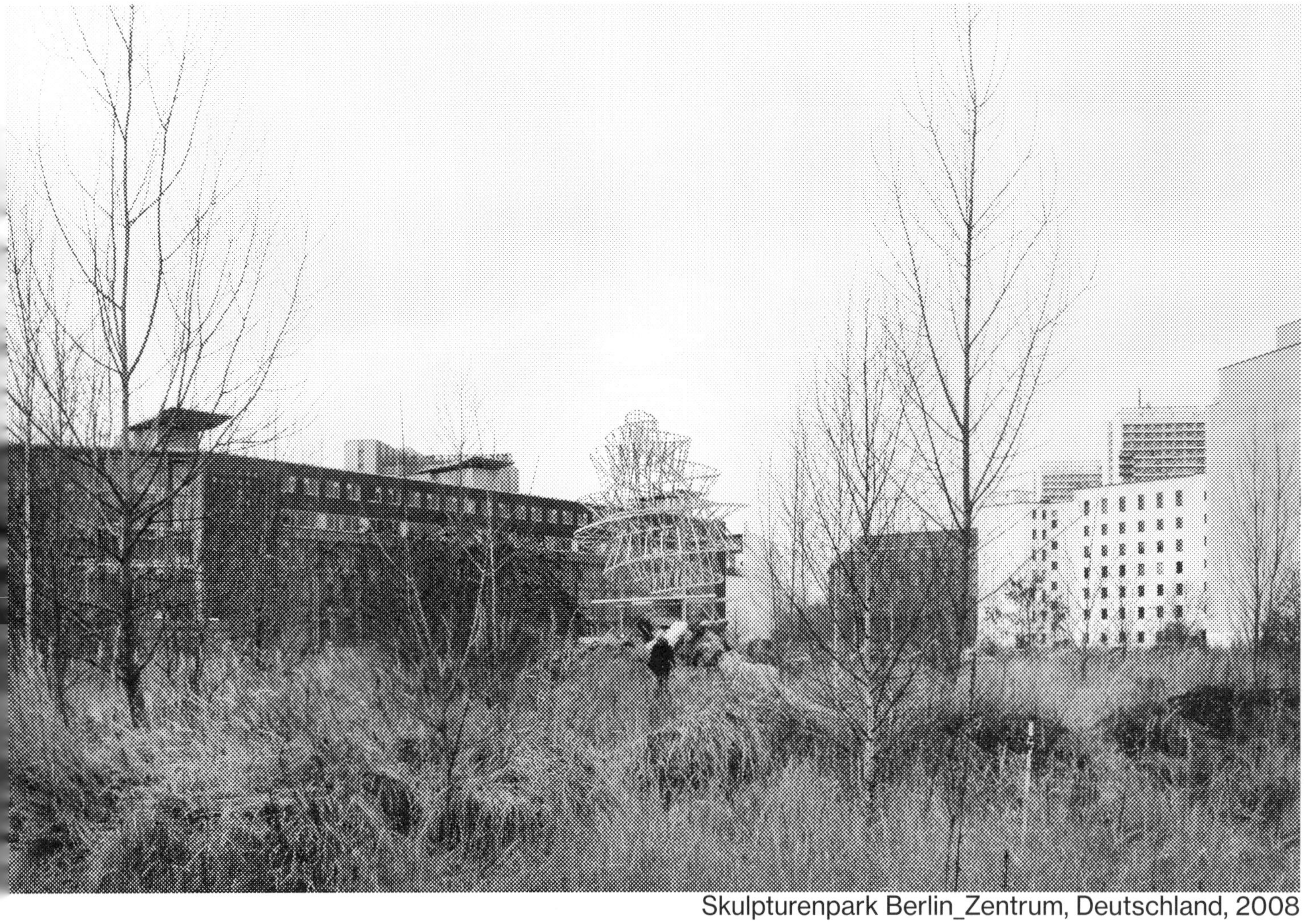

Skulpturenpark Berlin_Zentrum, Deutschland, 2008

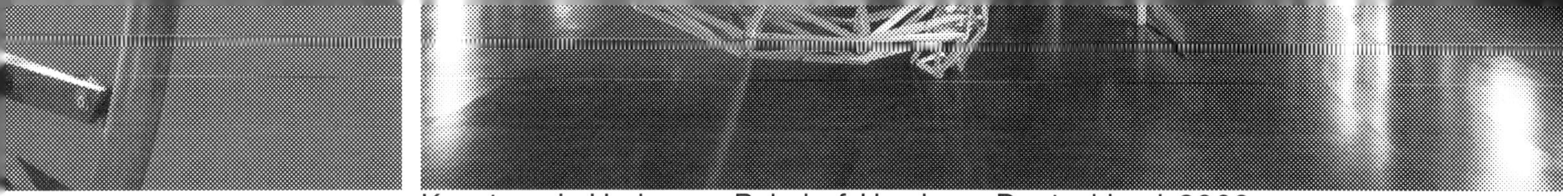

Kunstverein Harburger Bahnhof, Hamburg, Deutschland, 2009

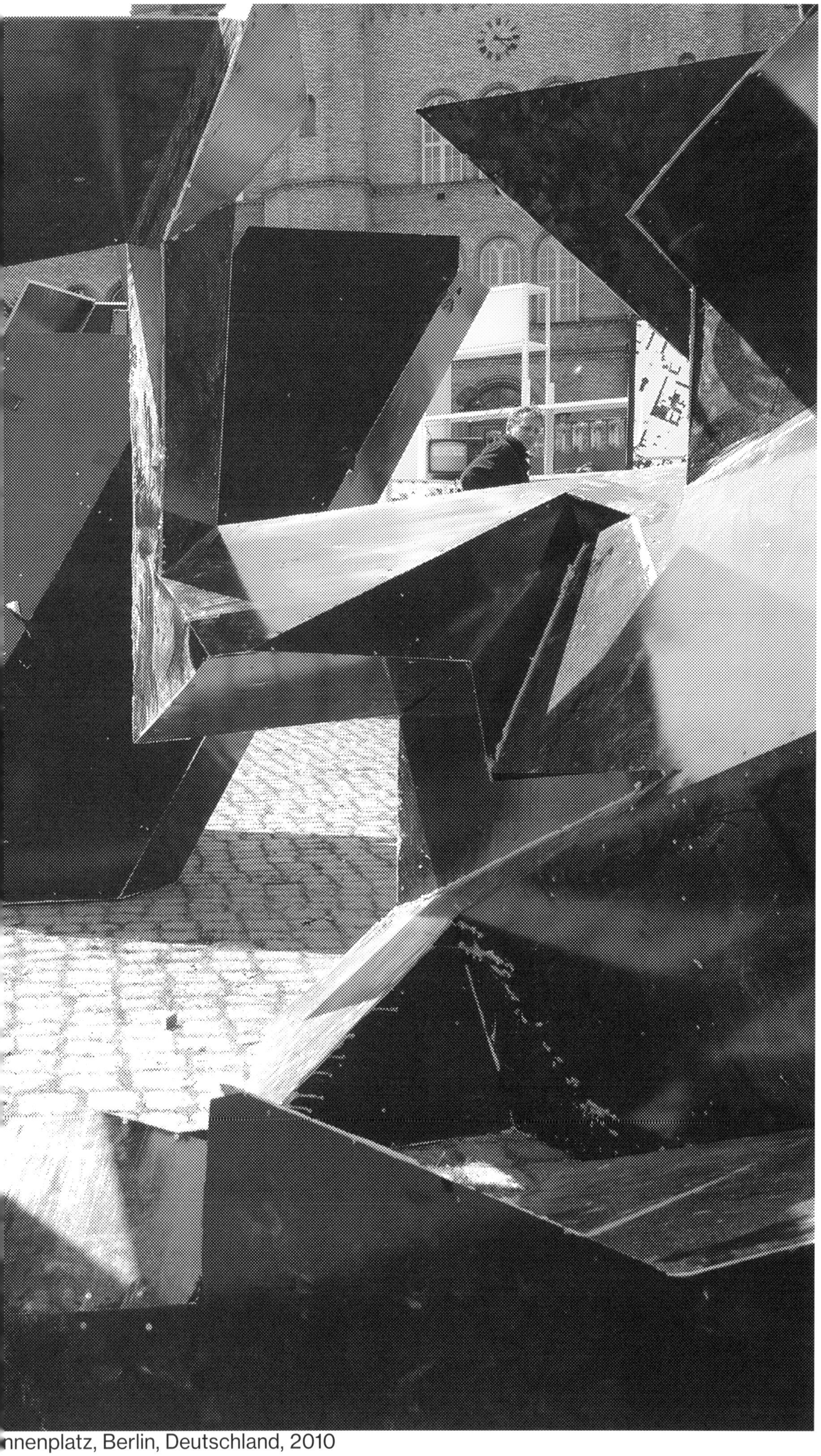

nnenplatz, Berlin, Deutschland, 2010

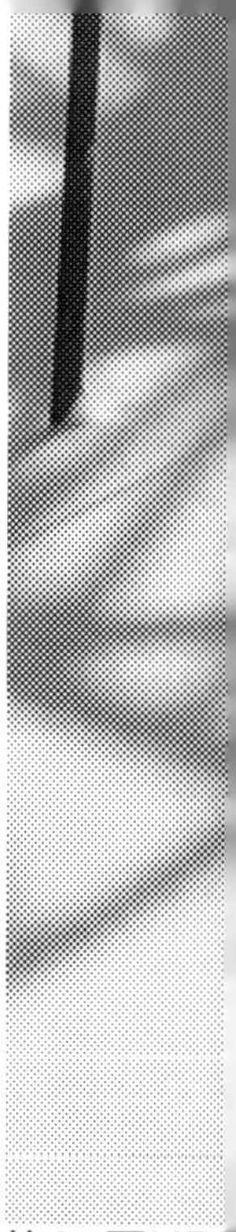

第24回UB

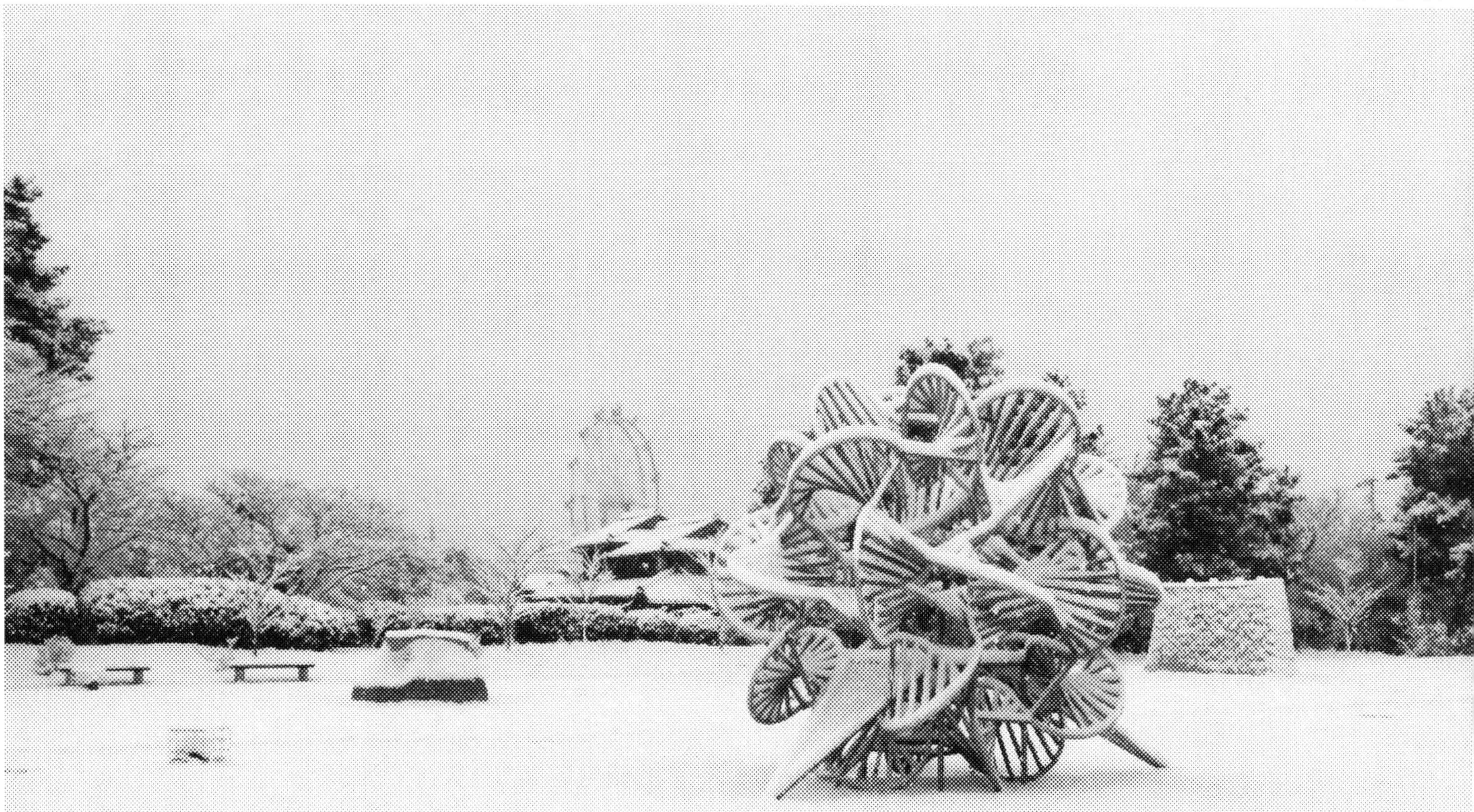

第24回UBEビエンナーレ (現代日本彫刻展), 日本, 2011

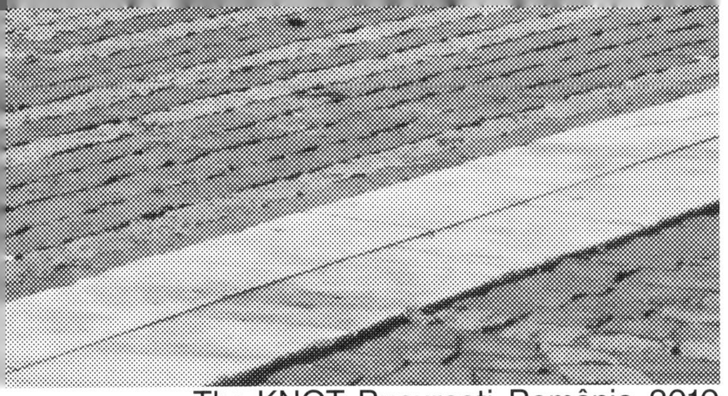

The KNOT, București, România, 2010

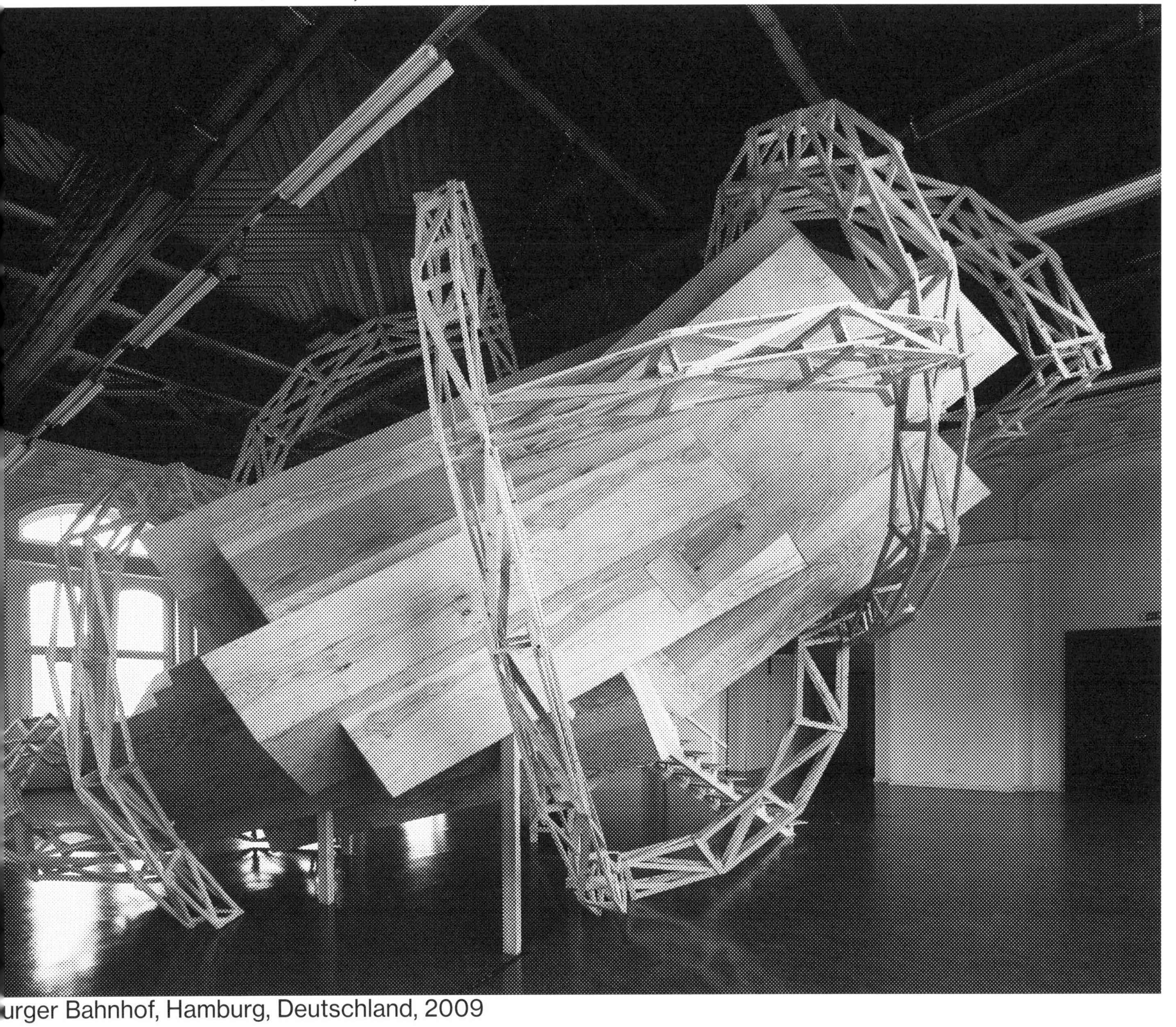

urger Bahnhof, Hamburg, Deutschland, 2009

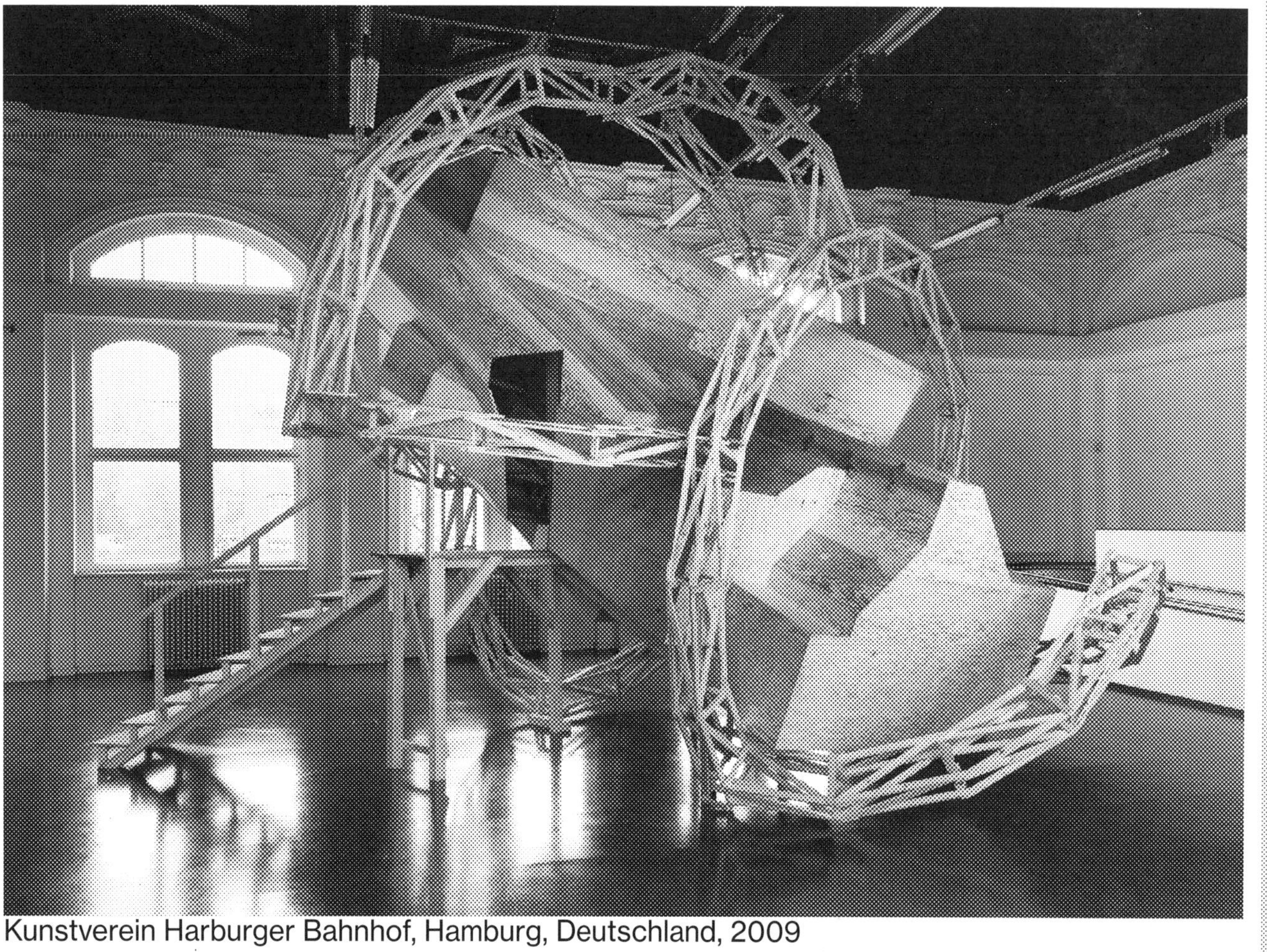

Kunstverein Harburger Bahnhof, Hamburg, Deutschland, 2009

第24回UBEビエンナーレ（現代日本彫刻展），日本，2011

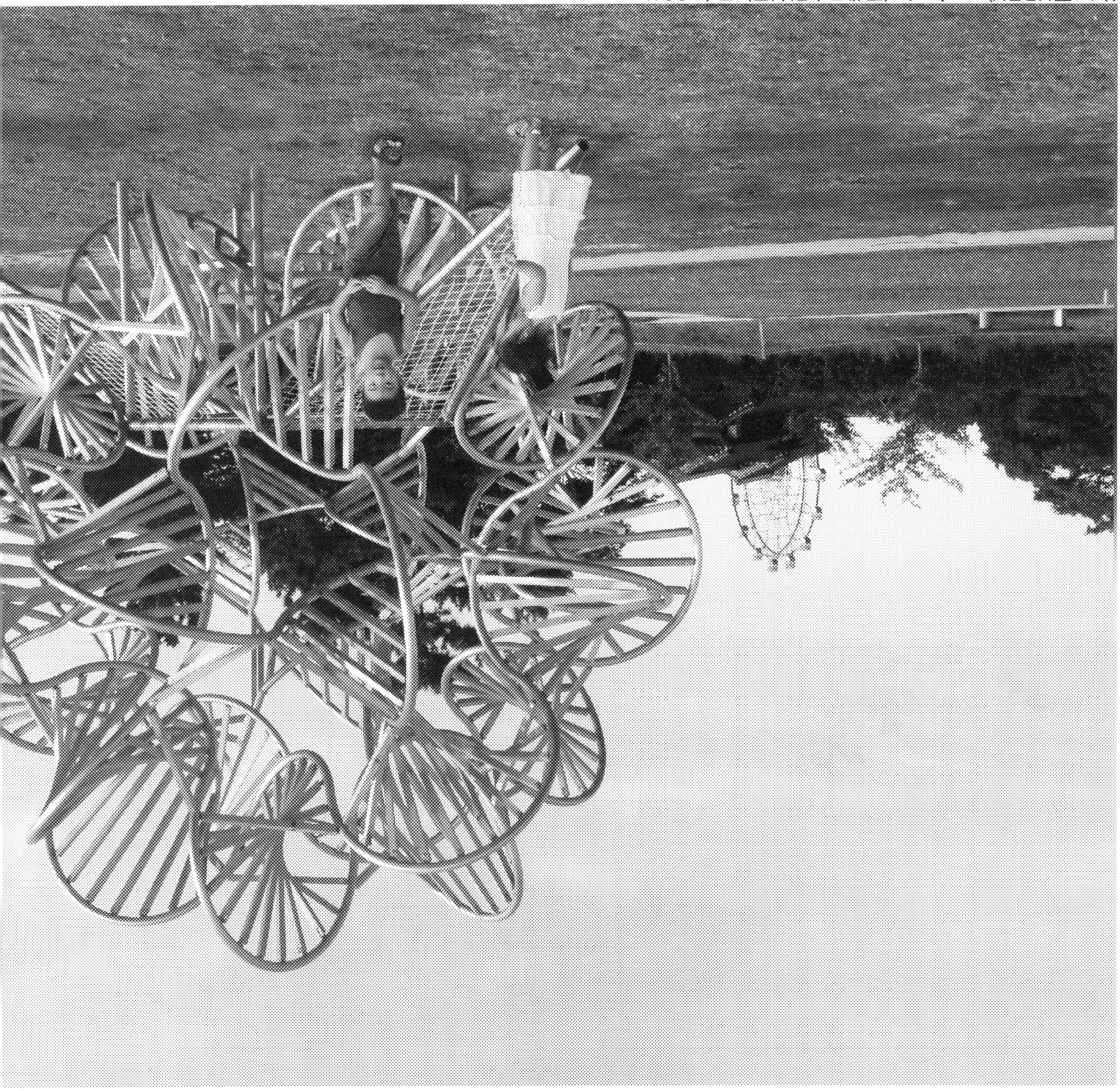

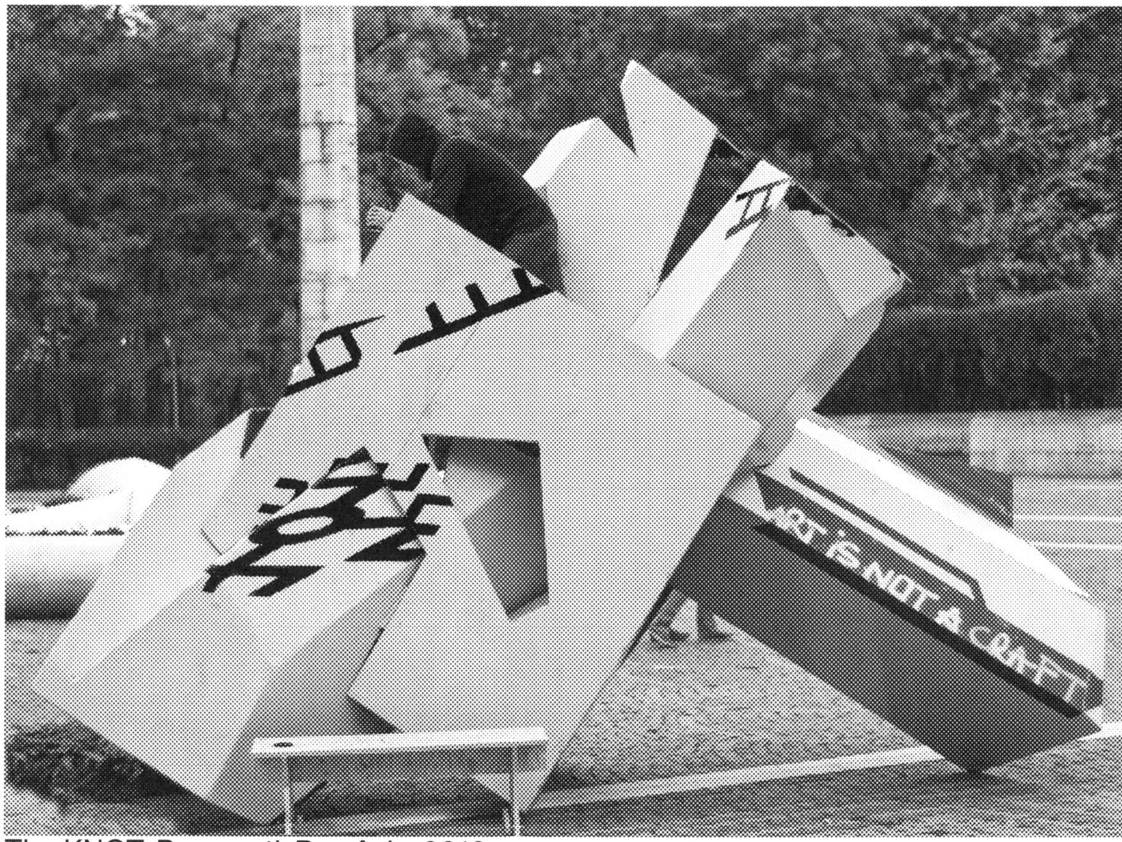

The KNOT, București, România, 2010

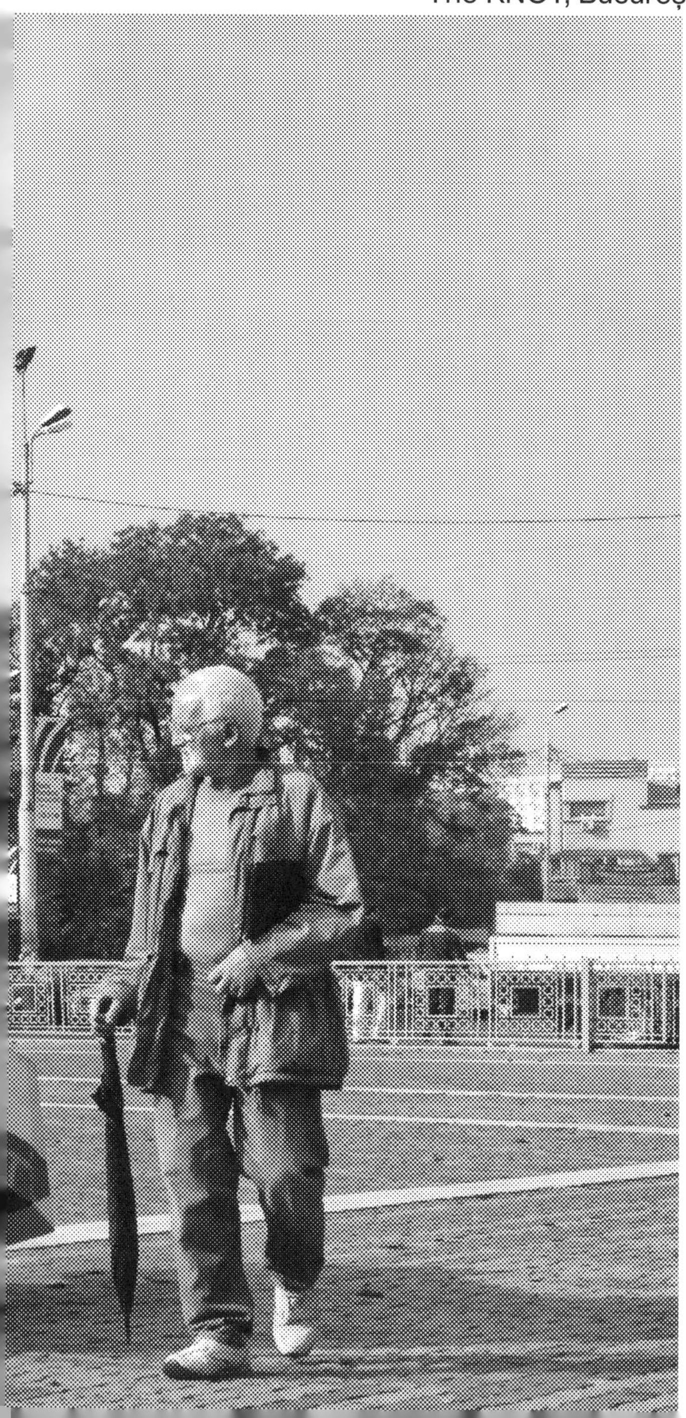

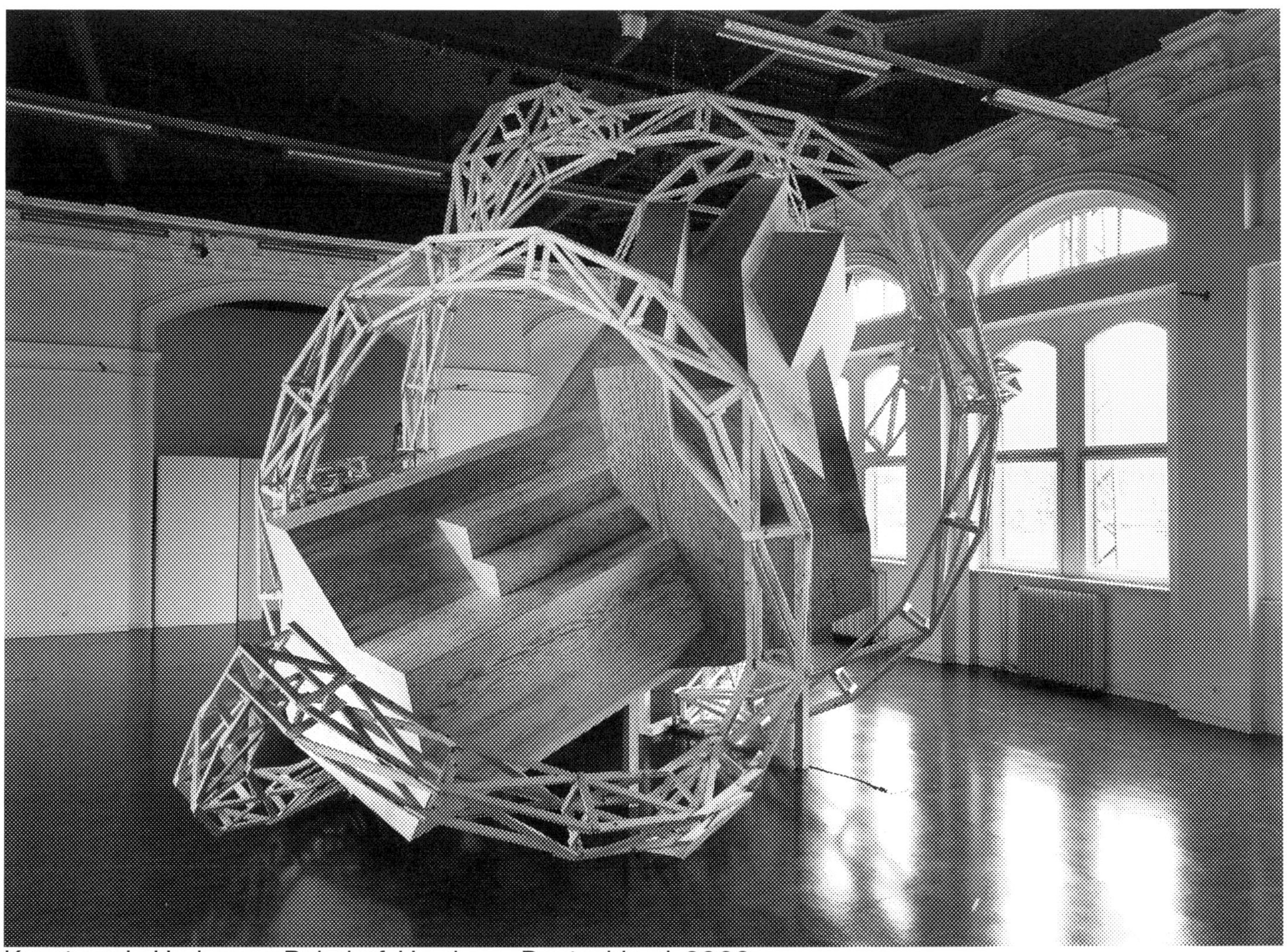

Kunstverein Harburger Bahnhof, Hamburg, Deutschland, 2009

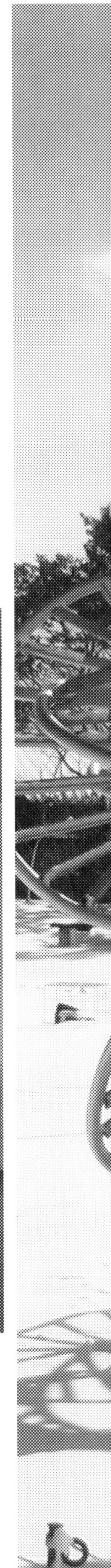

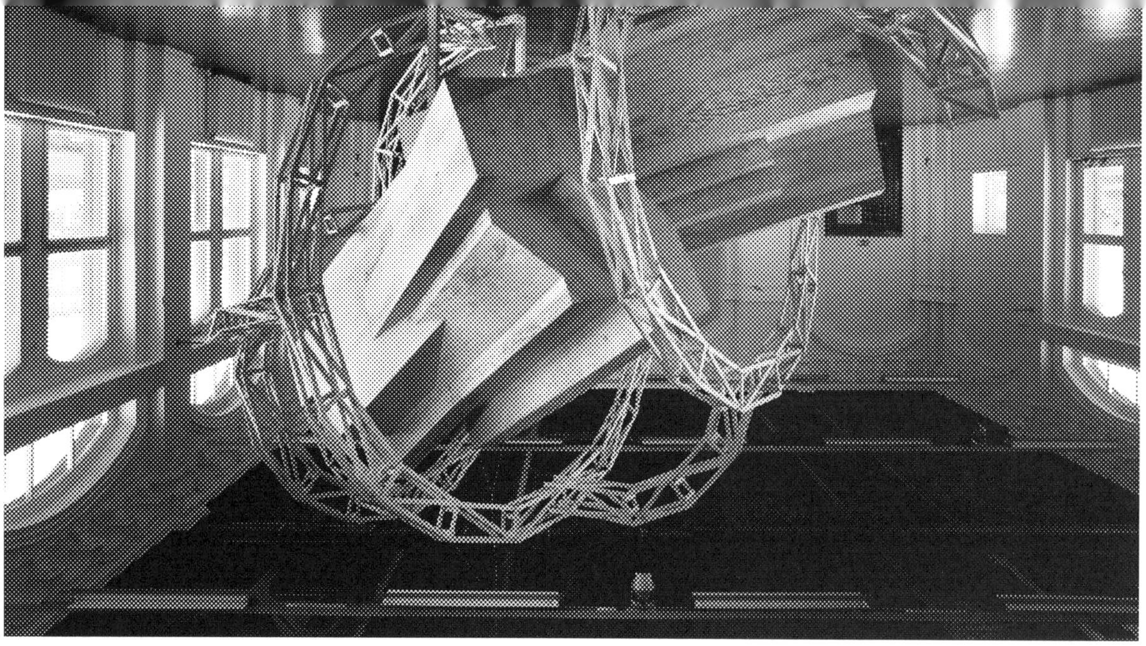

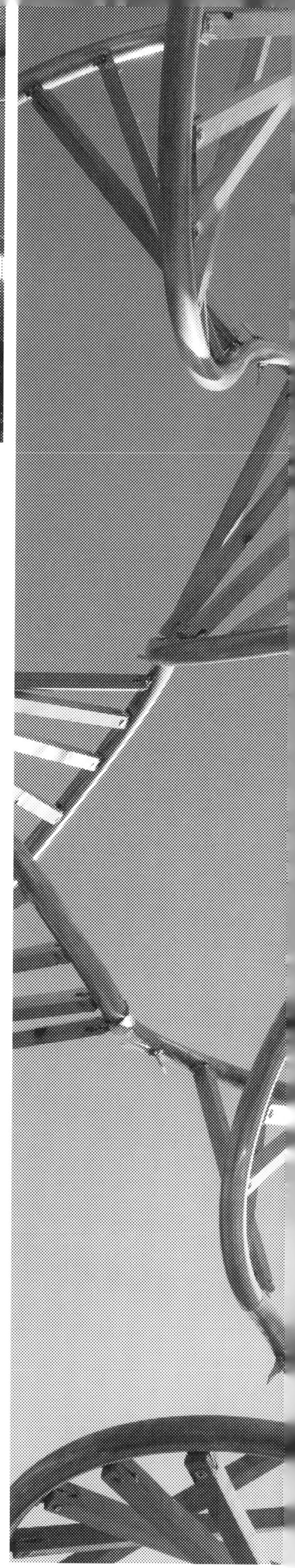

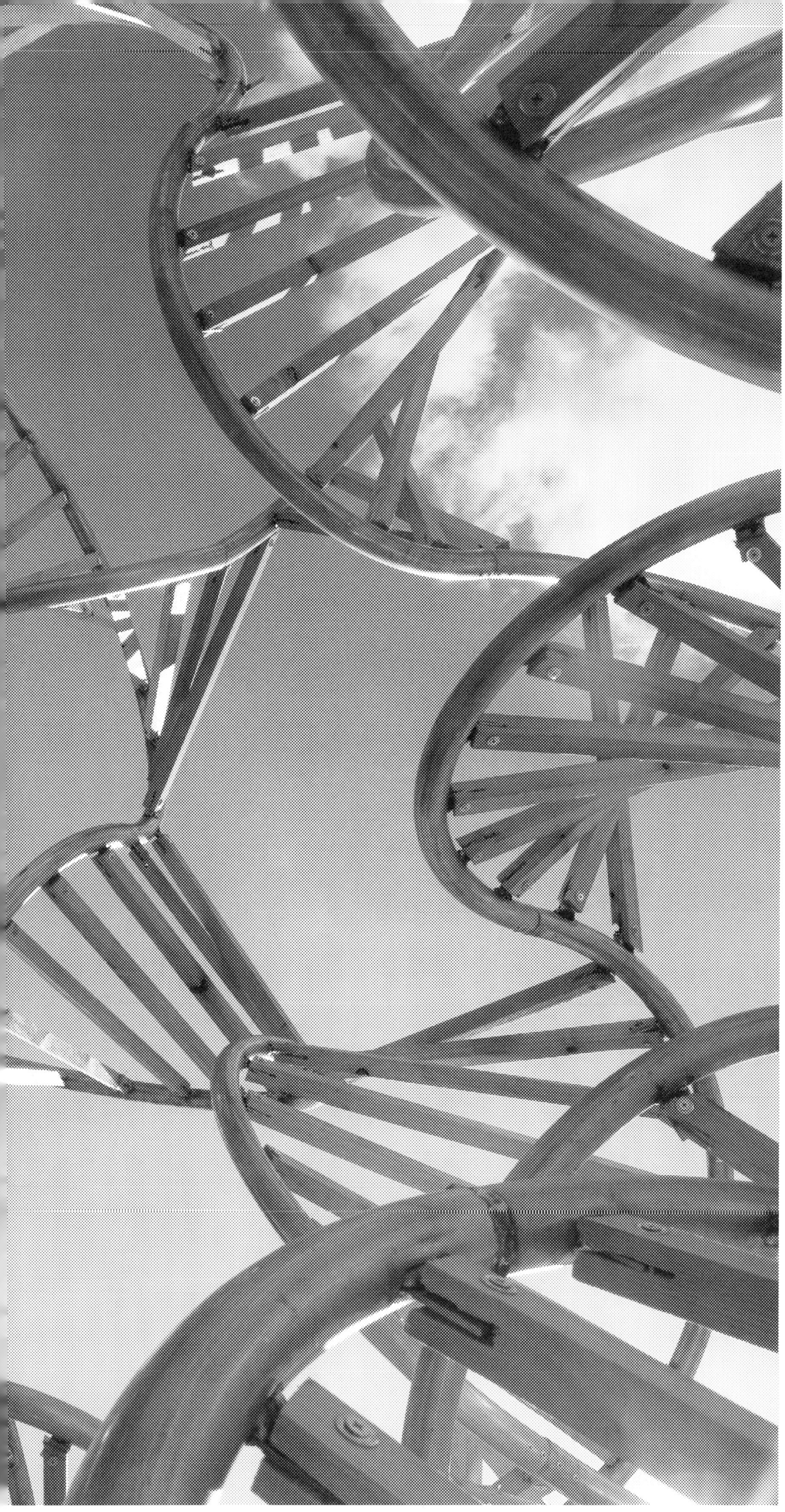

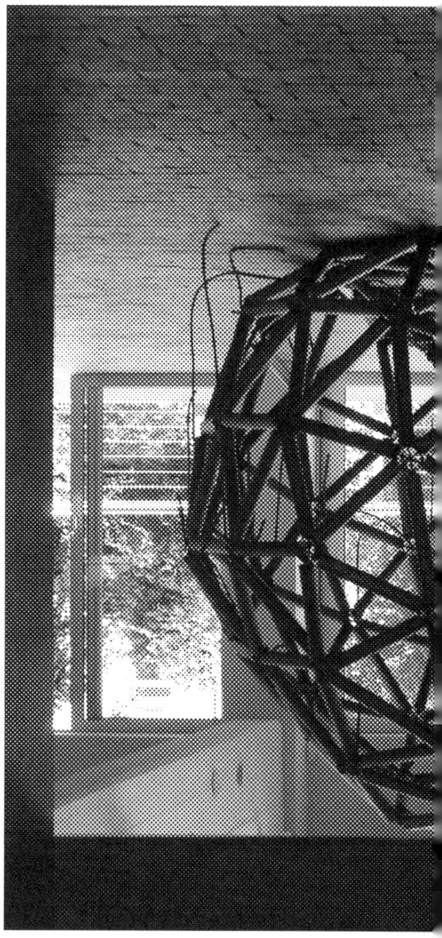

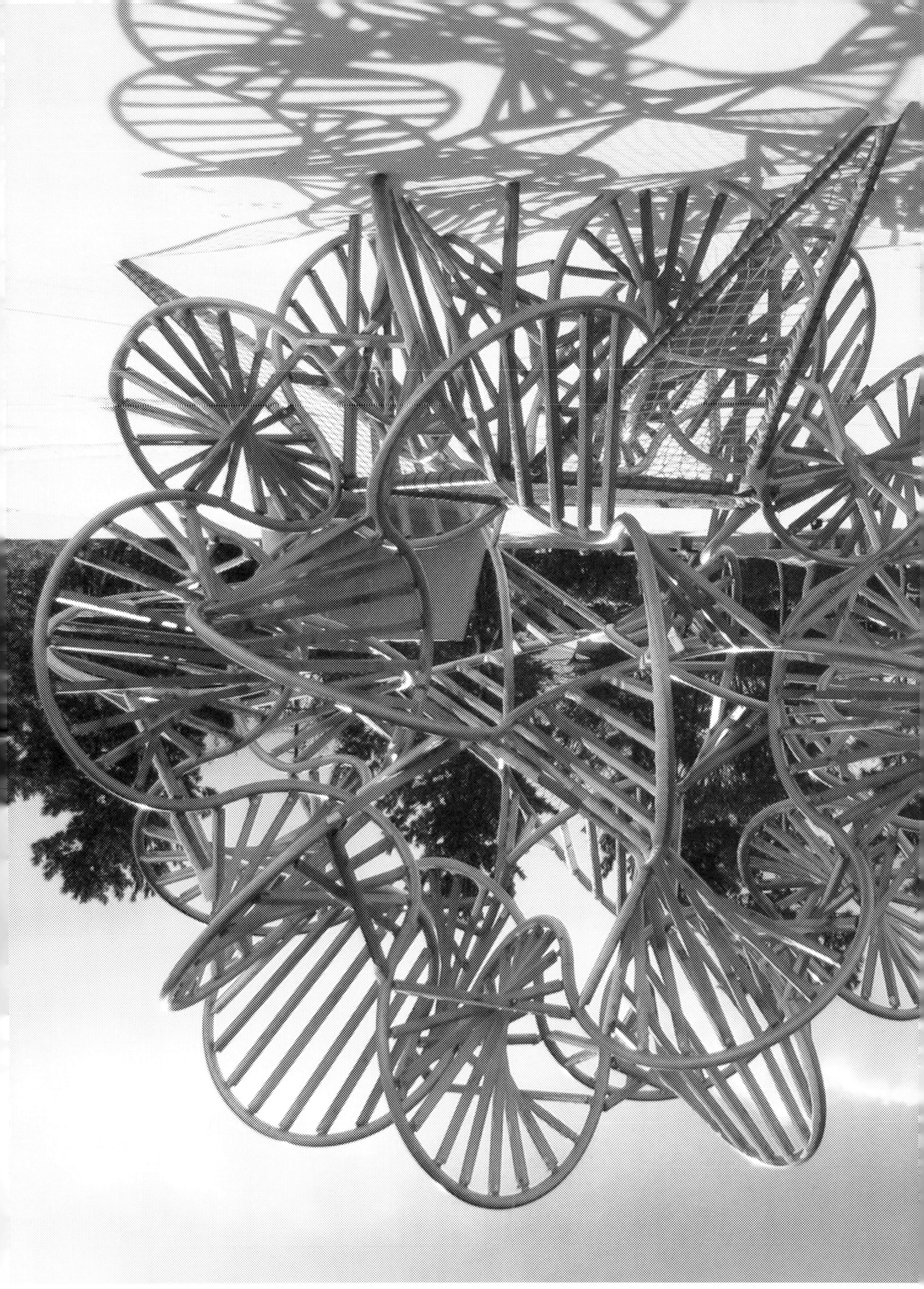

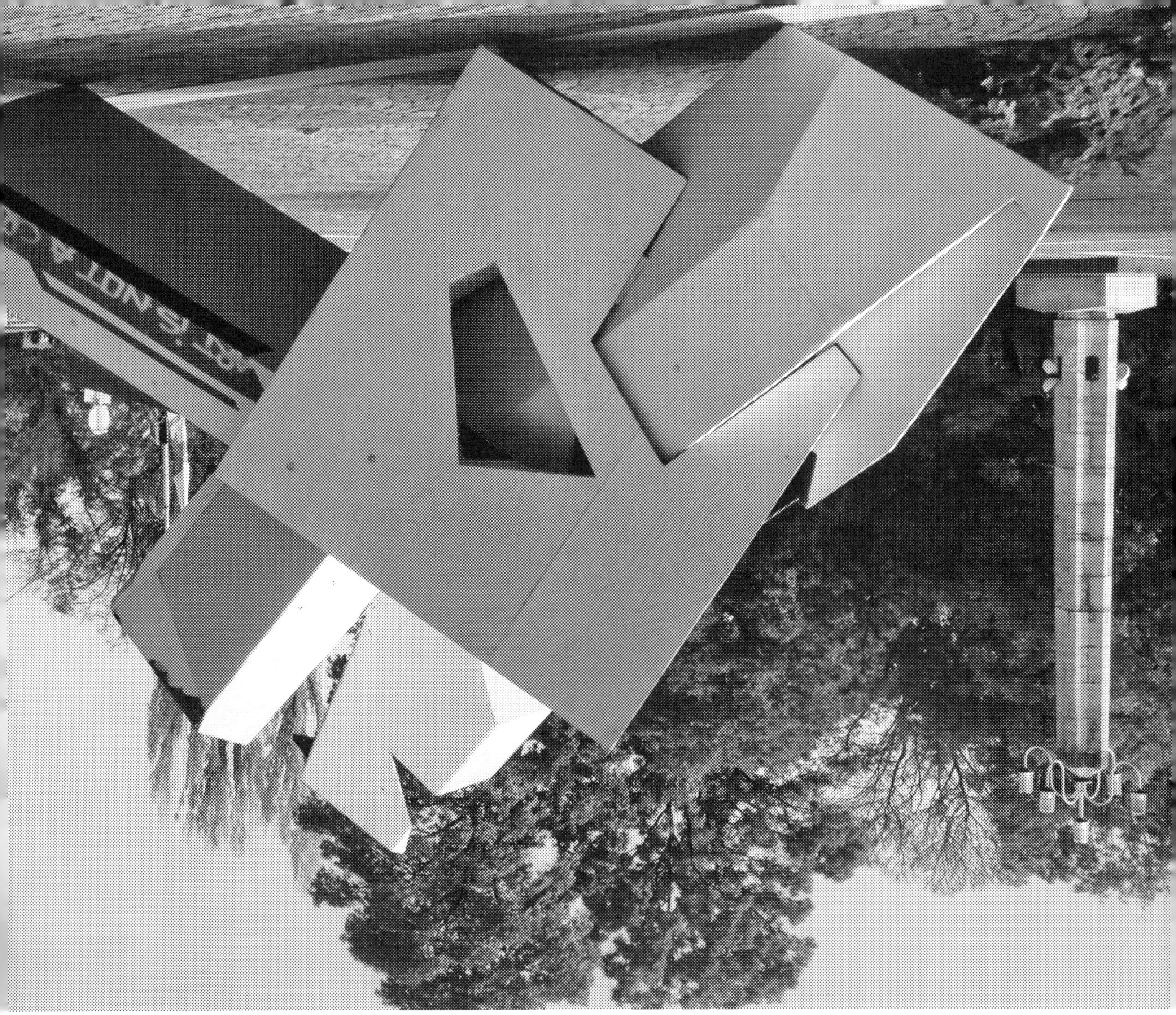

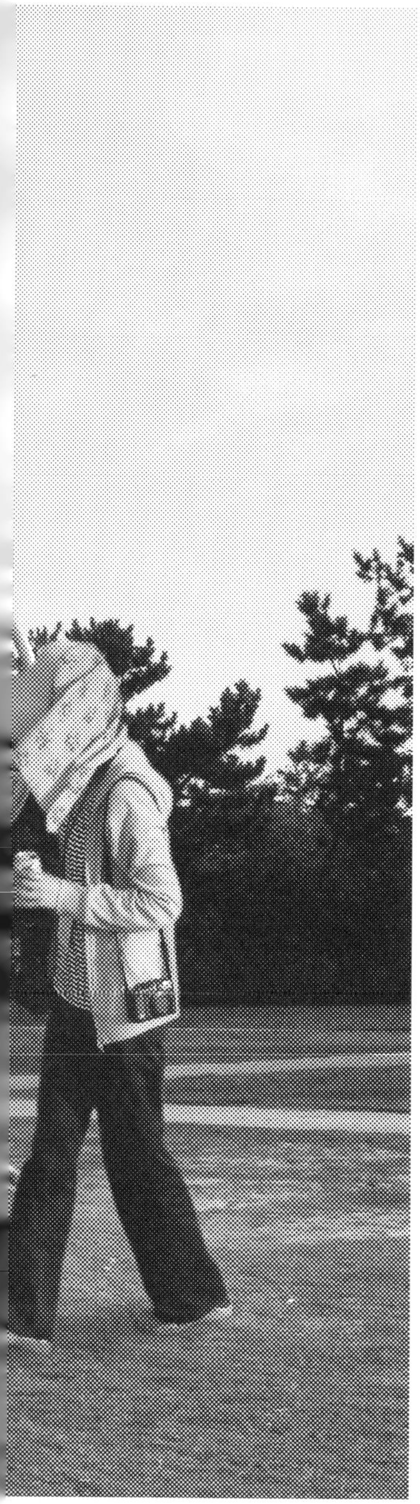

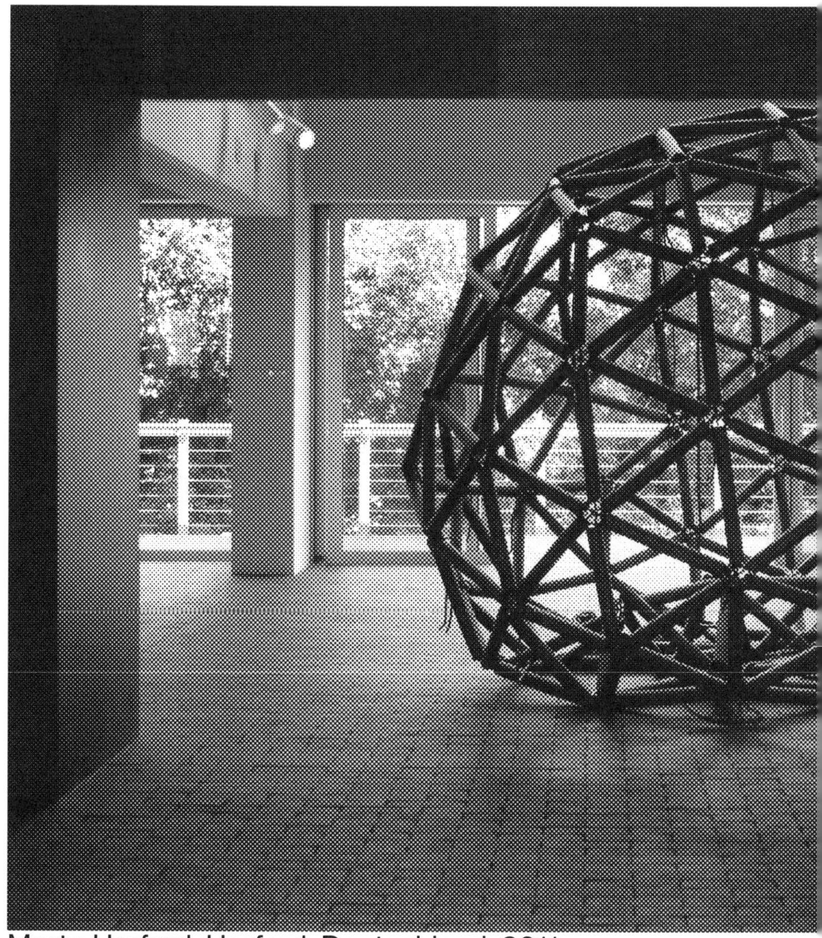

Marta Herford, Herford, Deutschland, 2011

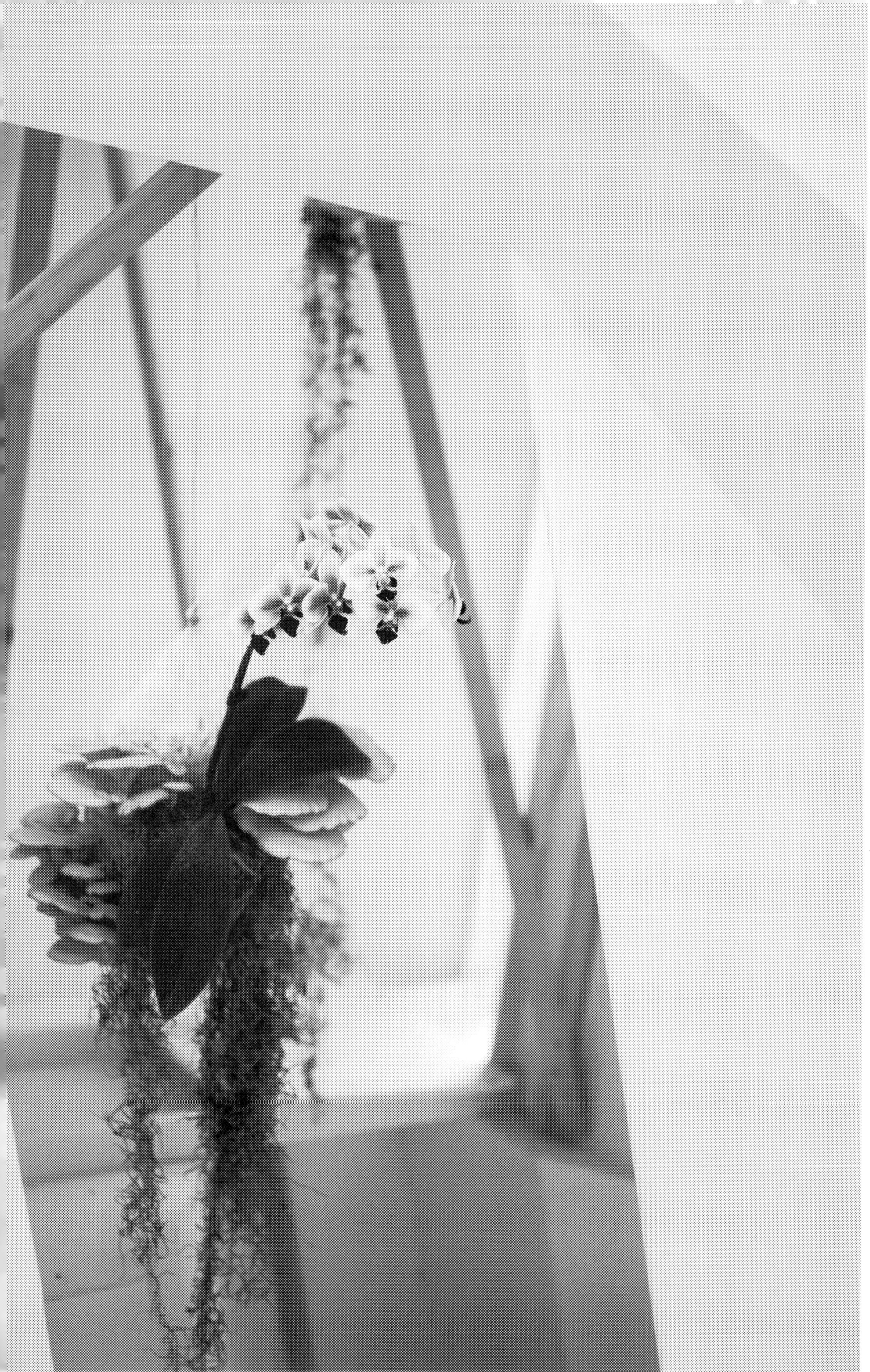

Gallery, New York, 2010

The KNOT, Fl

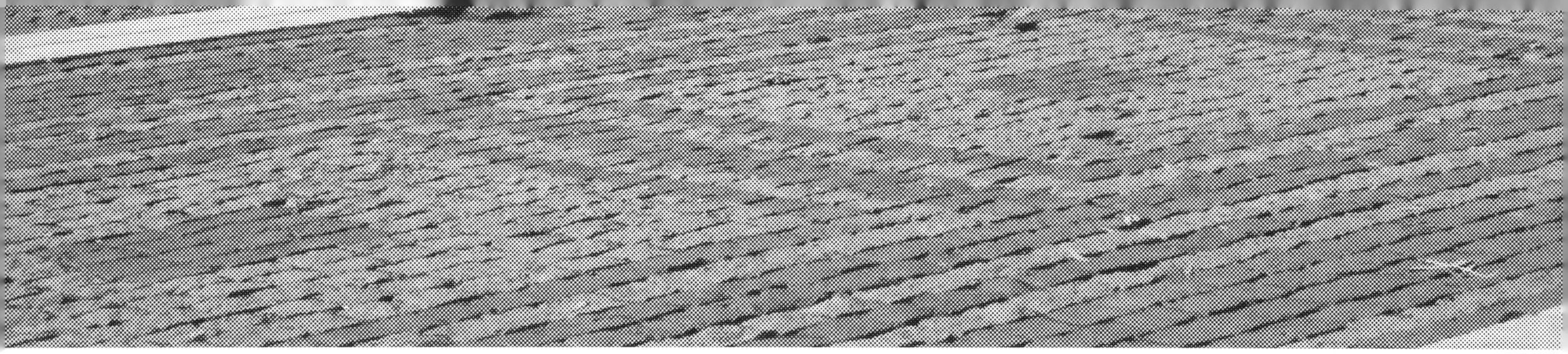

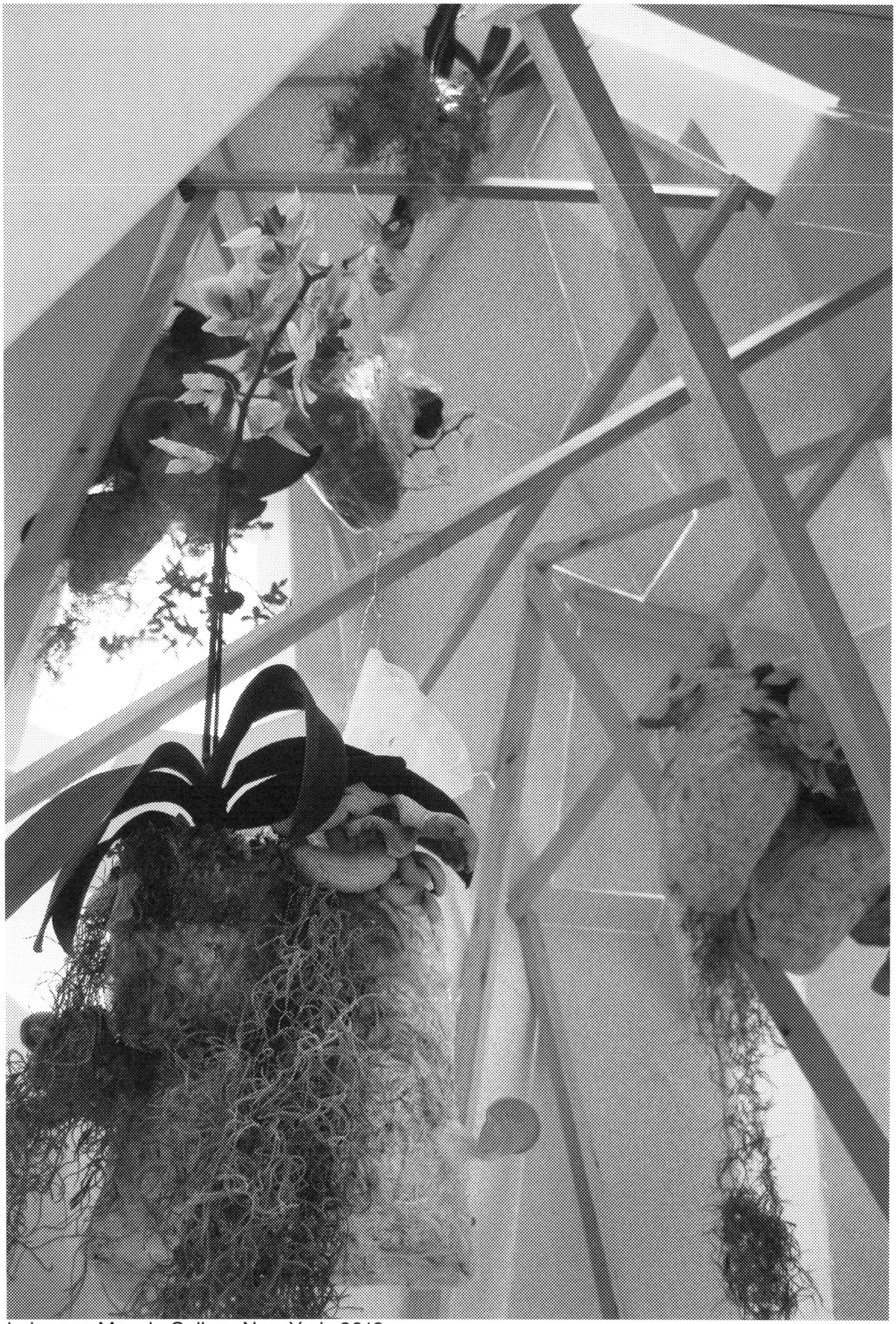

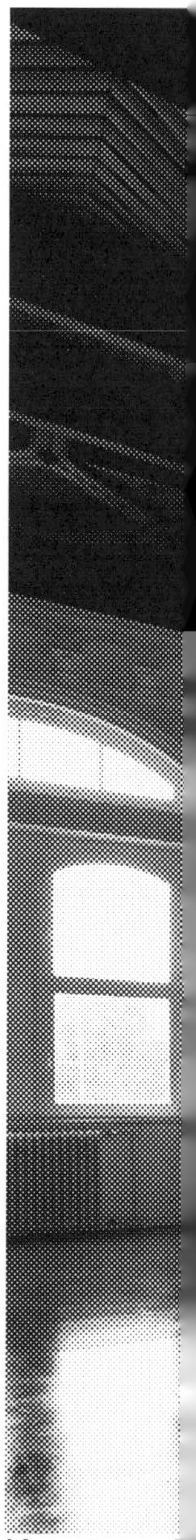

Kunstverei

Lehmann Maupin Gallery, New York, 2010

ナーレ (現代日本彫刻展), 日本, 2011

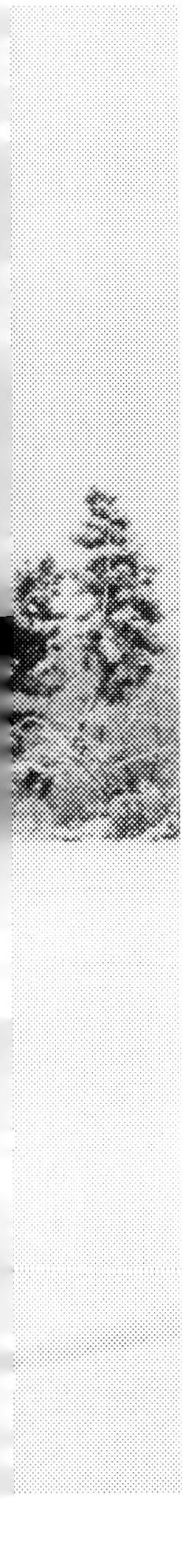

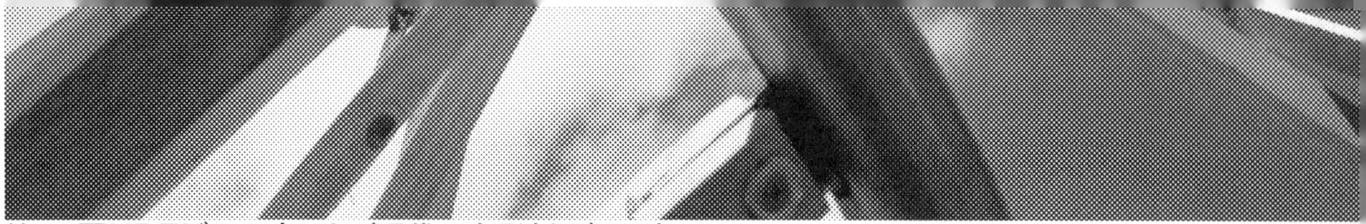

第24回UBEビエンナーレ (現代日本彫刻展), 日本, 2011

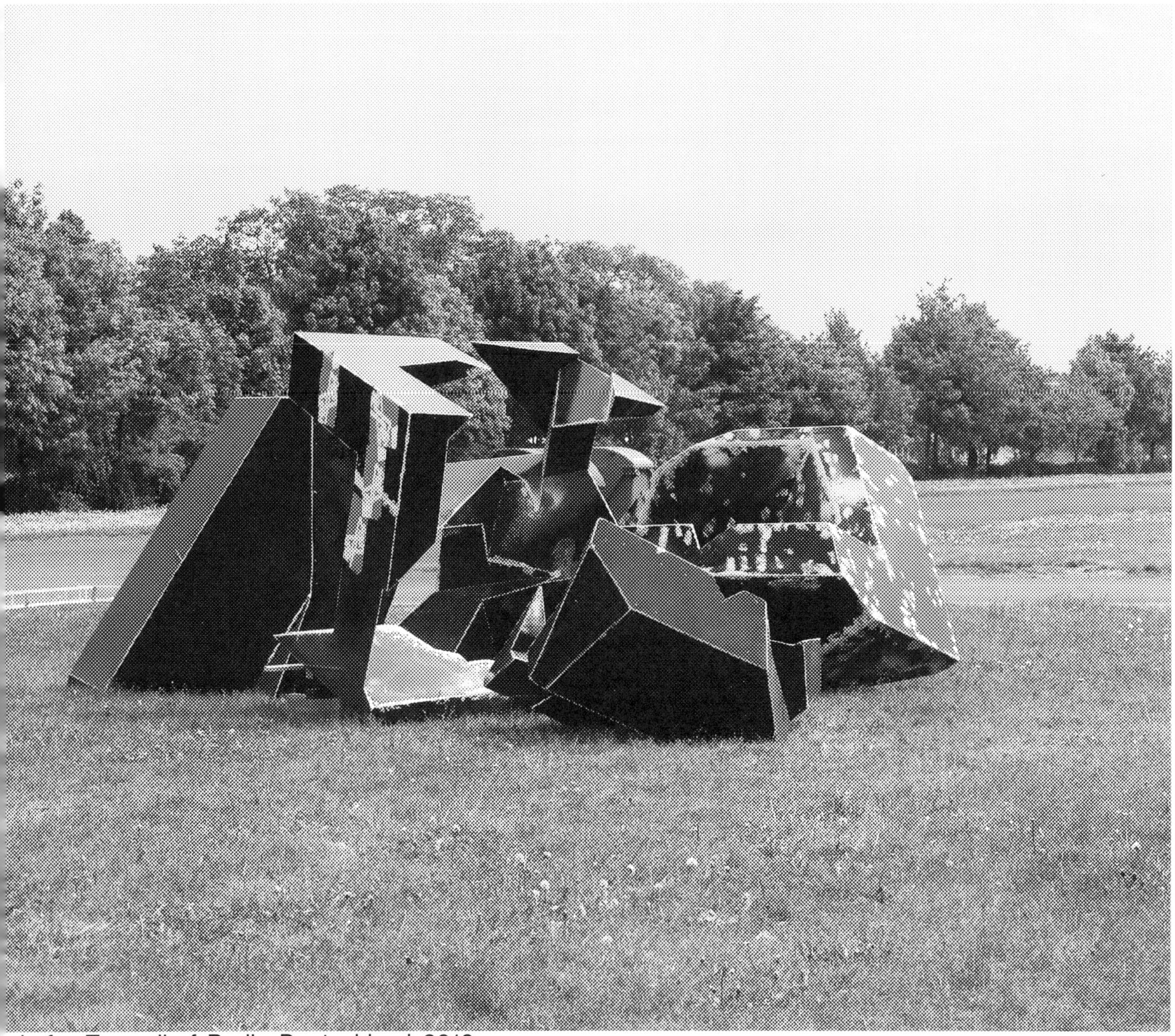

ghafen Tempelhof, Berlin, Deutschland, 2010

The KNOT

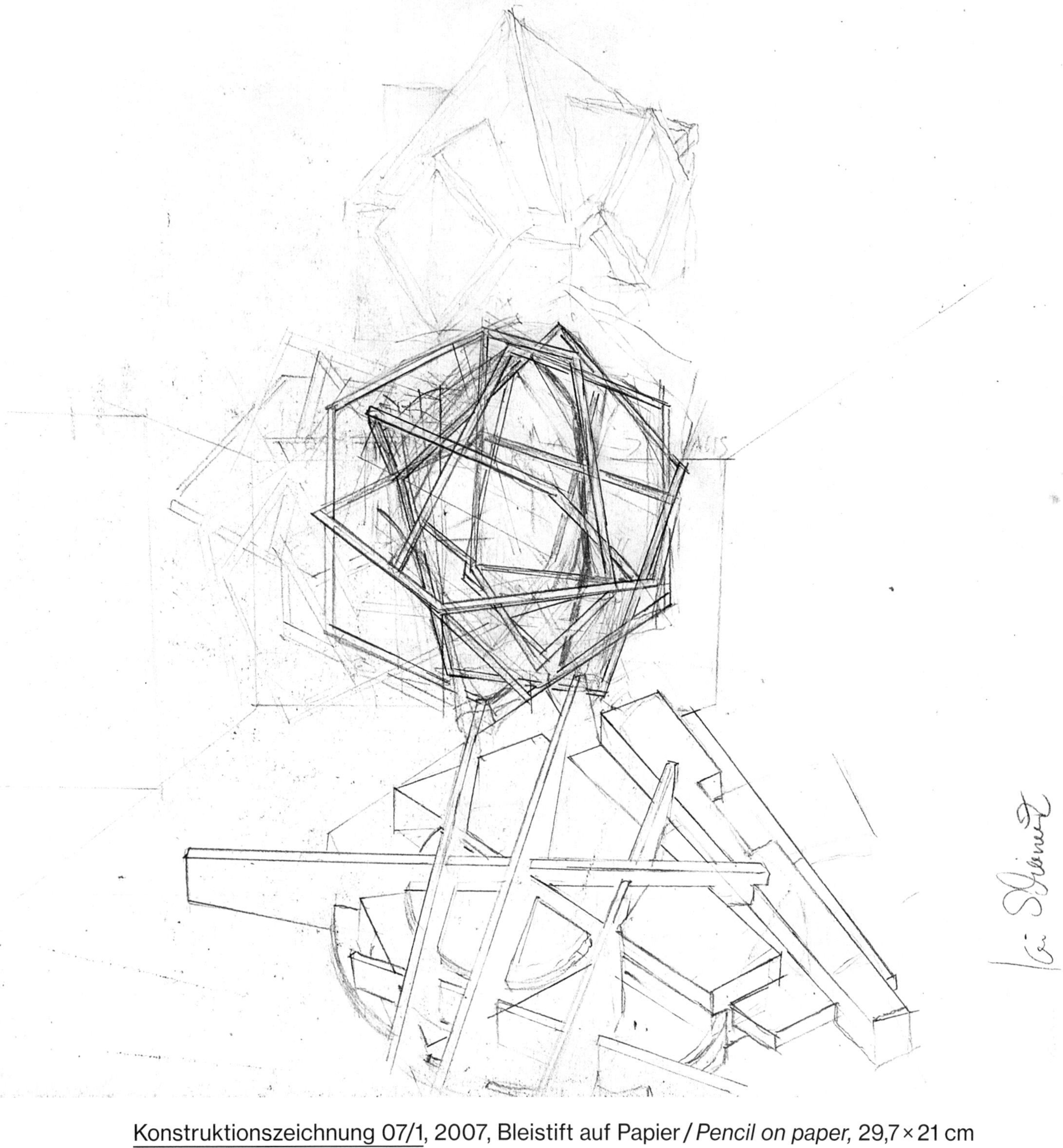

Konstruktionszeichnung 07/1, 2007, Bleistift auf Papier / *Pencil on paper,* 29,7 × 21 cm

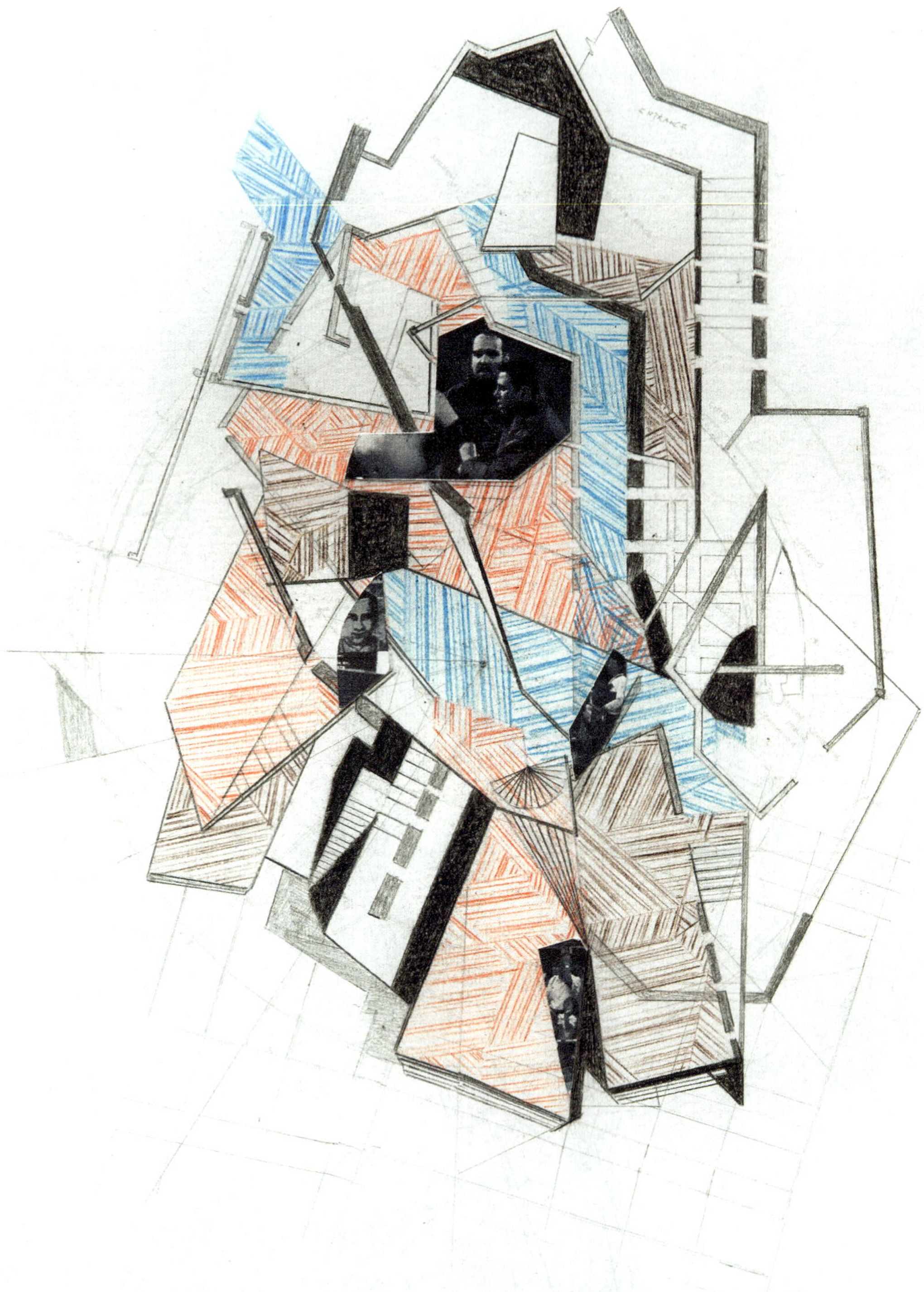

Grundrisse II, 2012,
G2 Bleistift, Buntstift, Farbkopien auf Papier / *Pencil, crayon, colour copies on paper,* 29,7 × 21 cm

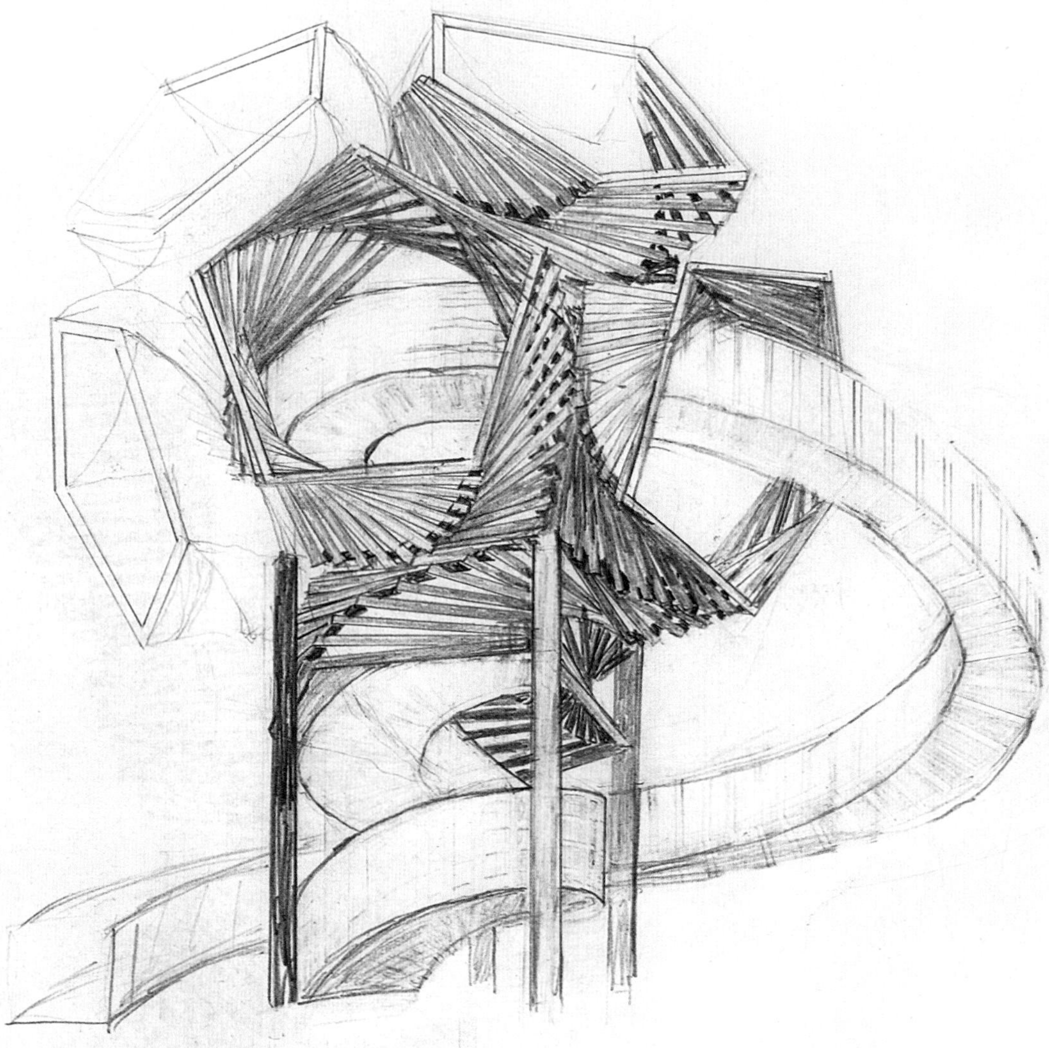

Konstruktionszeichnung 08/1, 2008, Bleistift auf Papier / *Pencil on paper,* 29,7 × 21 cm

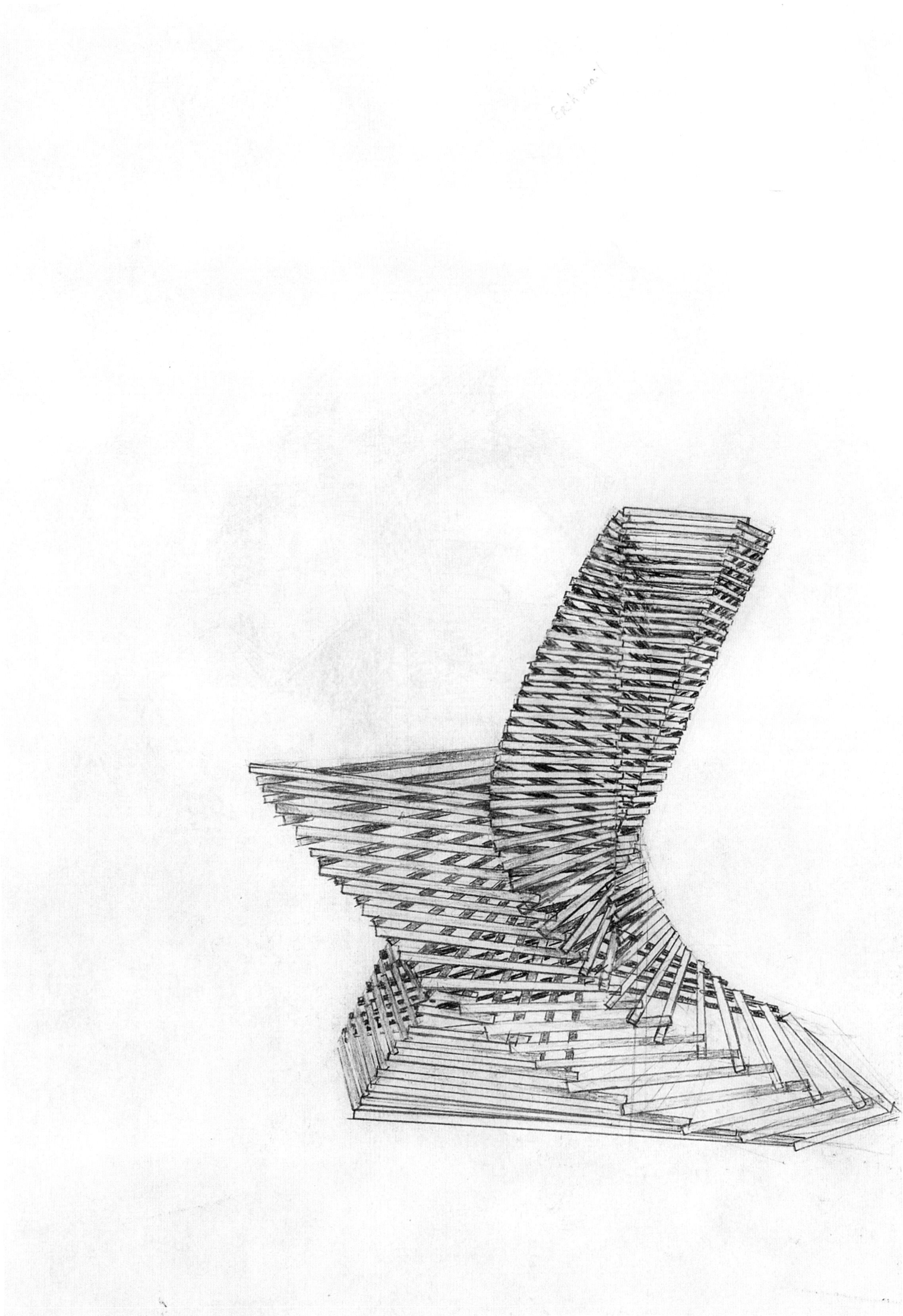

G4 Konstruktionszeichnung 08/2, 2008, Bleistift auf Papier / *Pencil on paper,* 29,7 × 21 cm

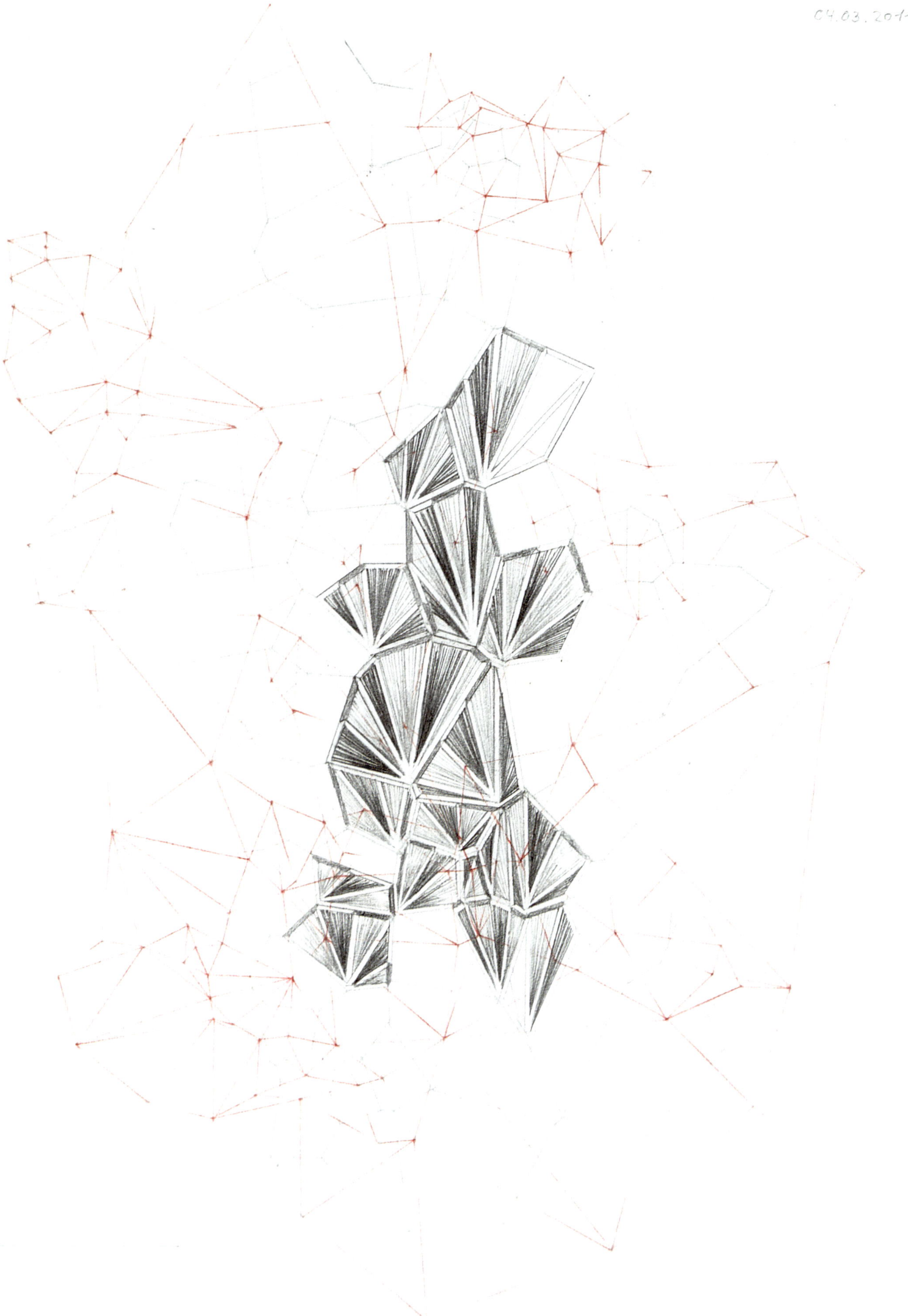

Oderbruch, Der Geograph, 2011, Bleistift, Buntstift auf Papier / *Pencil, crayon on paper,* 29,5 × 21 cm G5

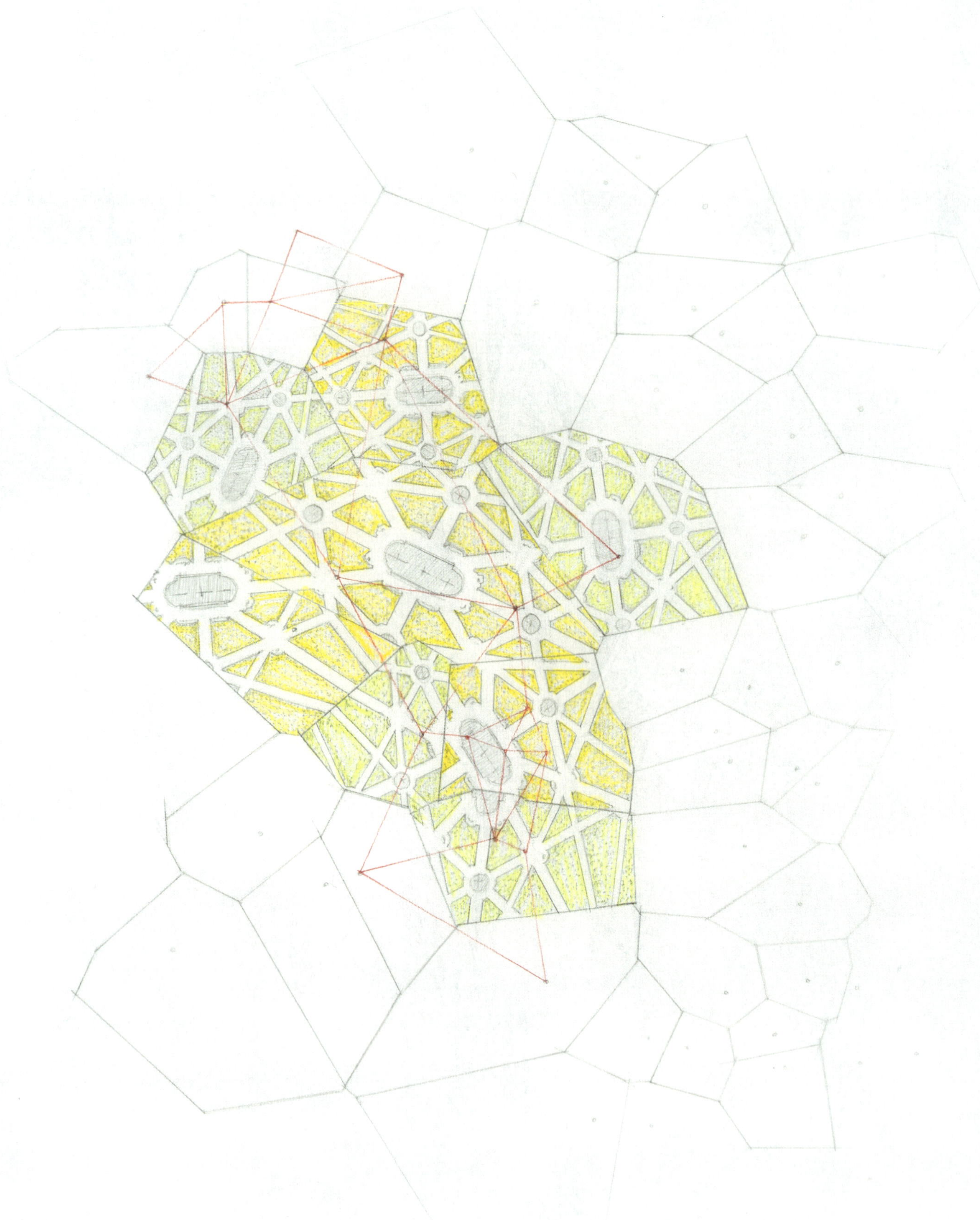

G6 Przelom Odry II, 2014, Buntstift auf Papier / *Crayon on paper,* 29,7 × 21 cm

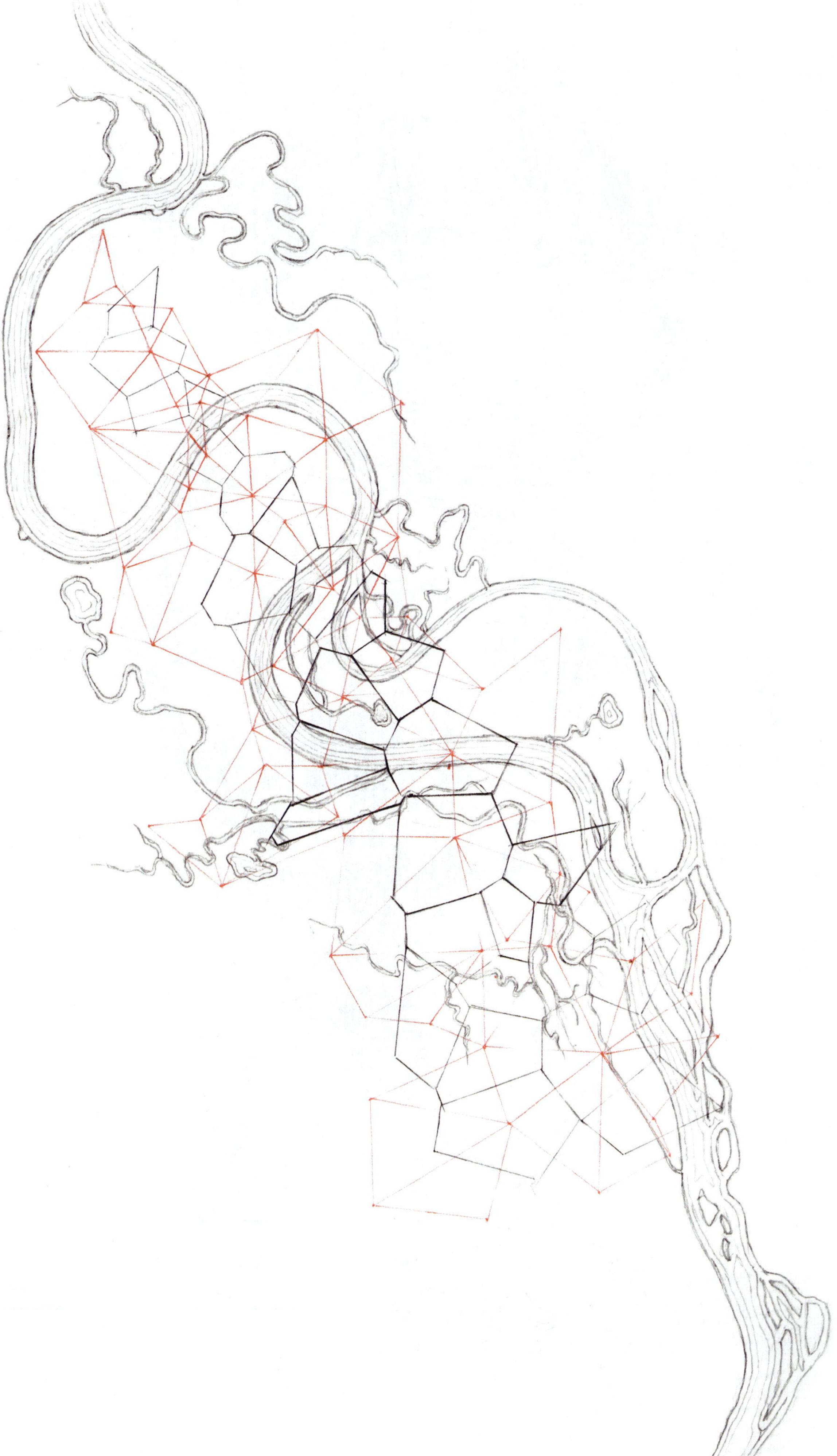

Przelom Odry I, 2014, Buntstift auf Papier / *Crayon on paper,* 29,7 × 21 cm

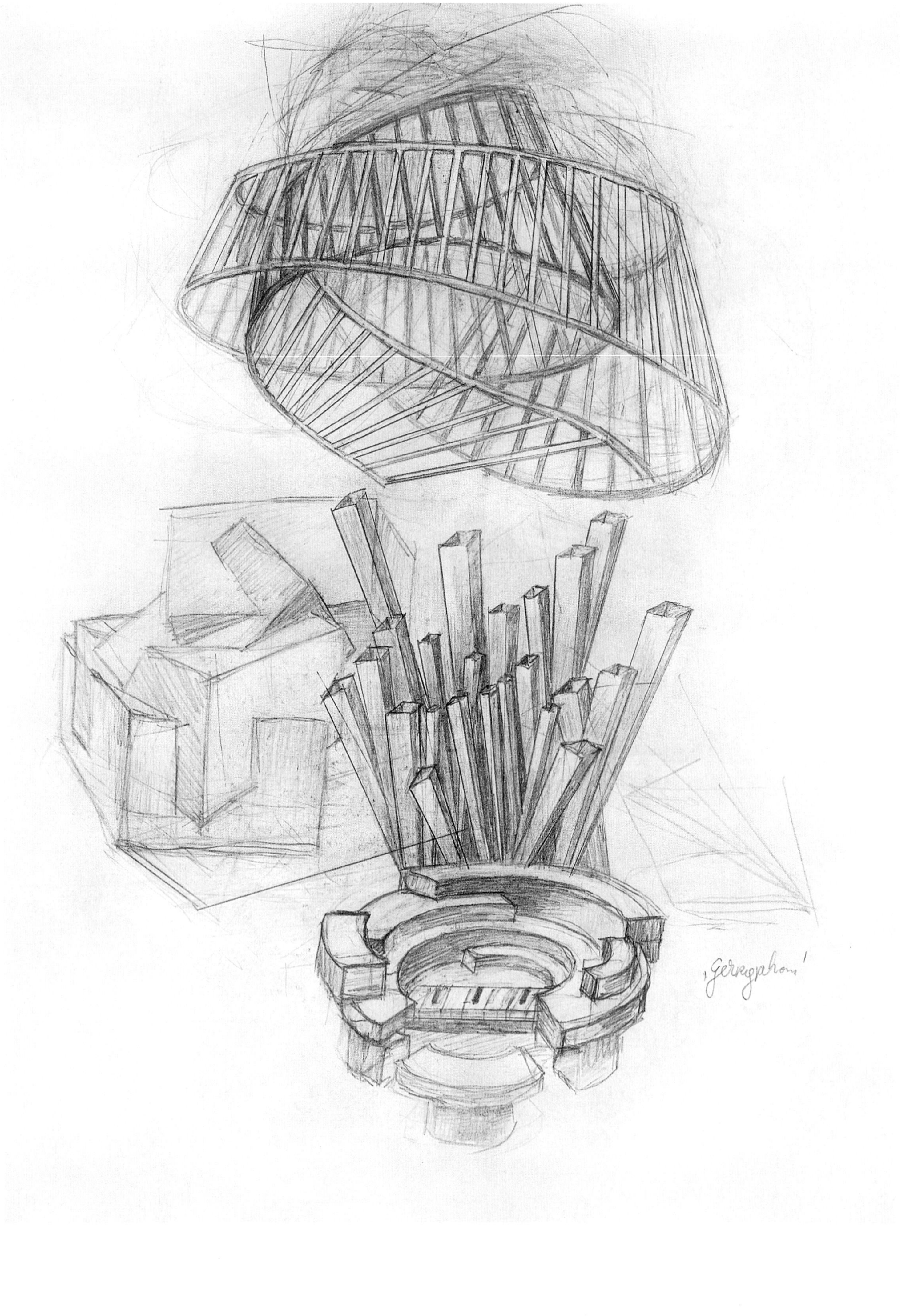

G8 Konstruktionszeichnung 06/1, 2006, Bleistift auf Papier / *Pencil on paper,* 29,7 × 21 cm

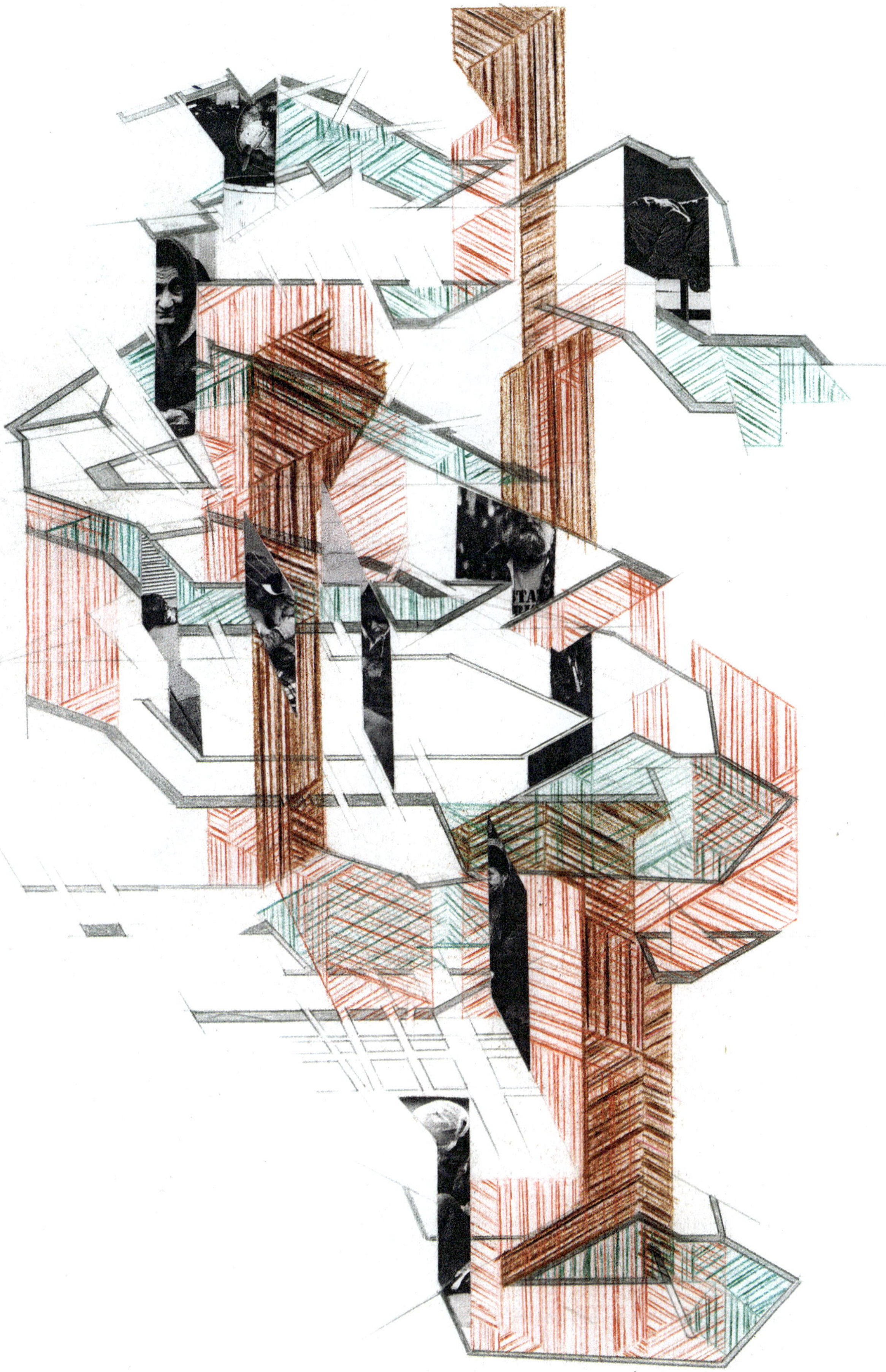

Grundrisse III, 2012,
Bleistift, Buntstift, Farbkopien auf Papier / *Pencil, crayon, colour copies on paper,* 29,7 × 21 cm

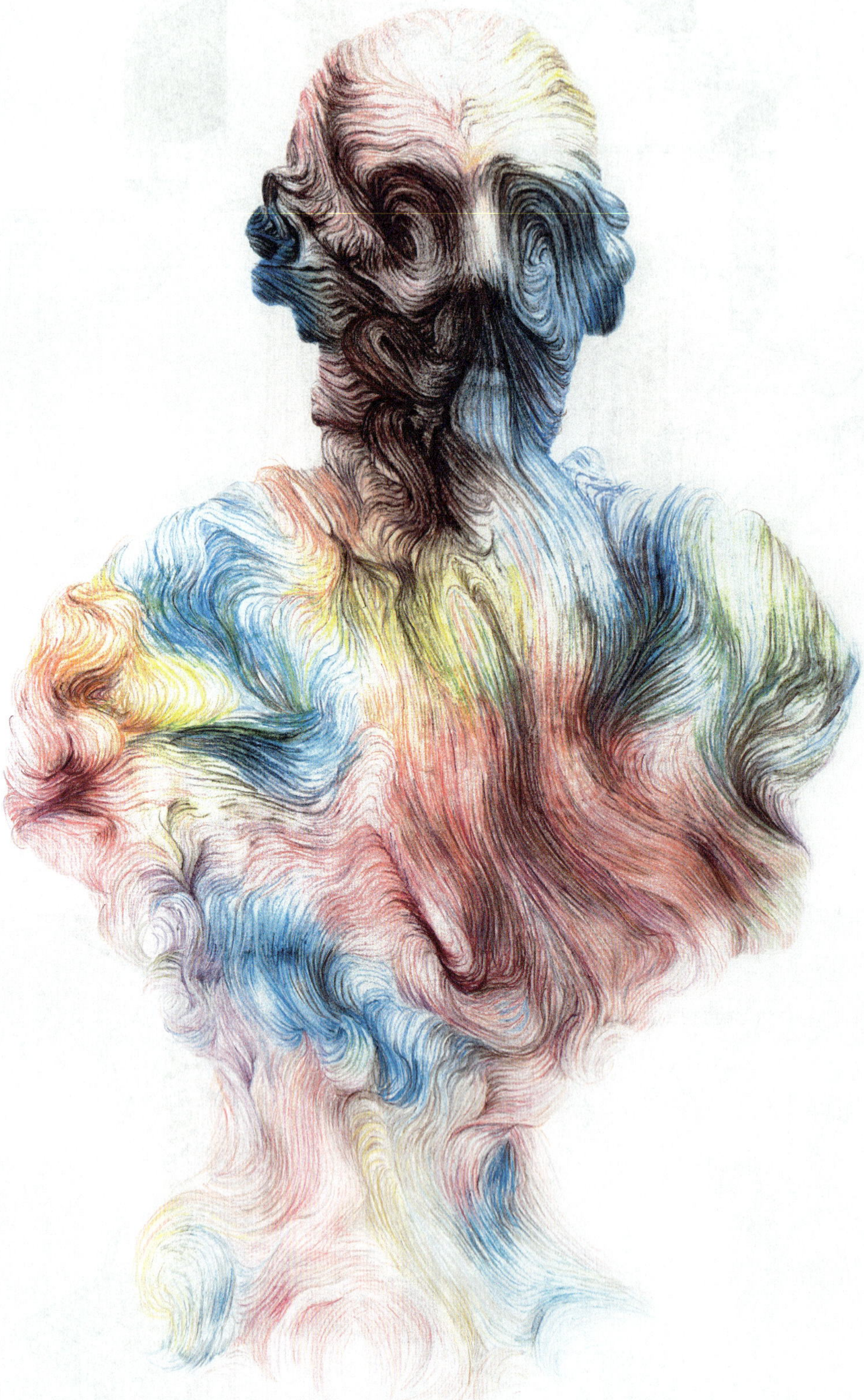

Veiled Frederick III nach F. E. Meyer, 2013,
Bleistift, Buntstift auf Papier / *Pencil, crayon on paper,* 29,7 × 21 cm

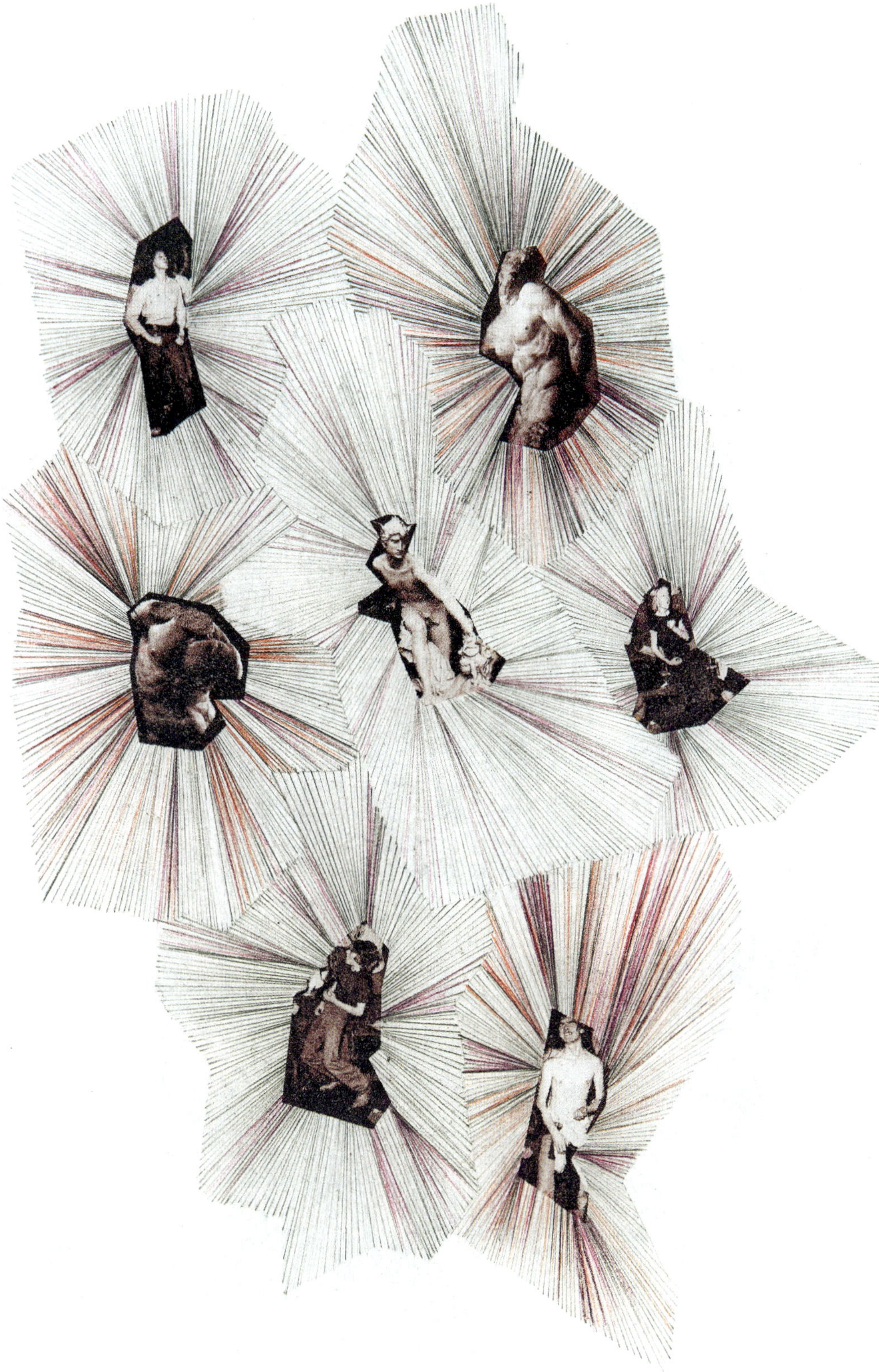

Followers I, 2013,
Bleistift, Buntstift, Farbkopien auf Papier / *Pencil, crayon, colour copies on paper,* 29,7 × 21 cm

G11

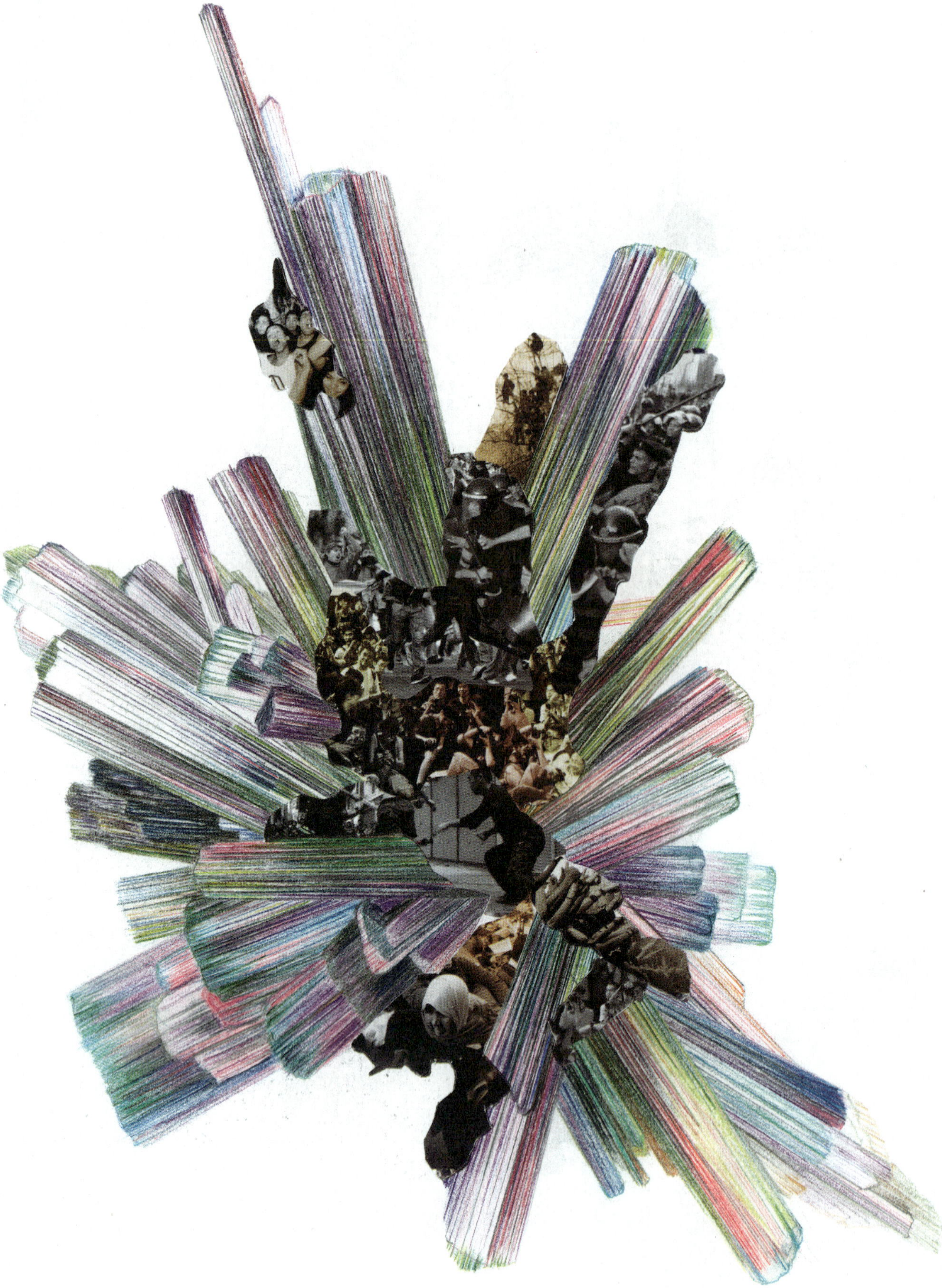

Crystal Mass II, 2013,
G12 Bleistift, Buntstift, Farbkopien auf Papier / *Pencil, crayon, colour copies on paper,* 29,7 × 21 cm

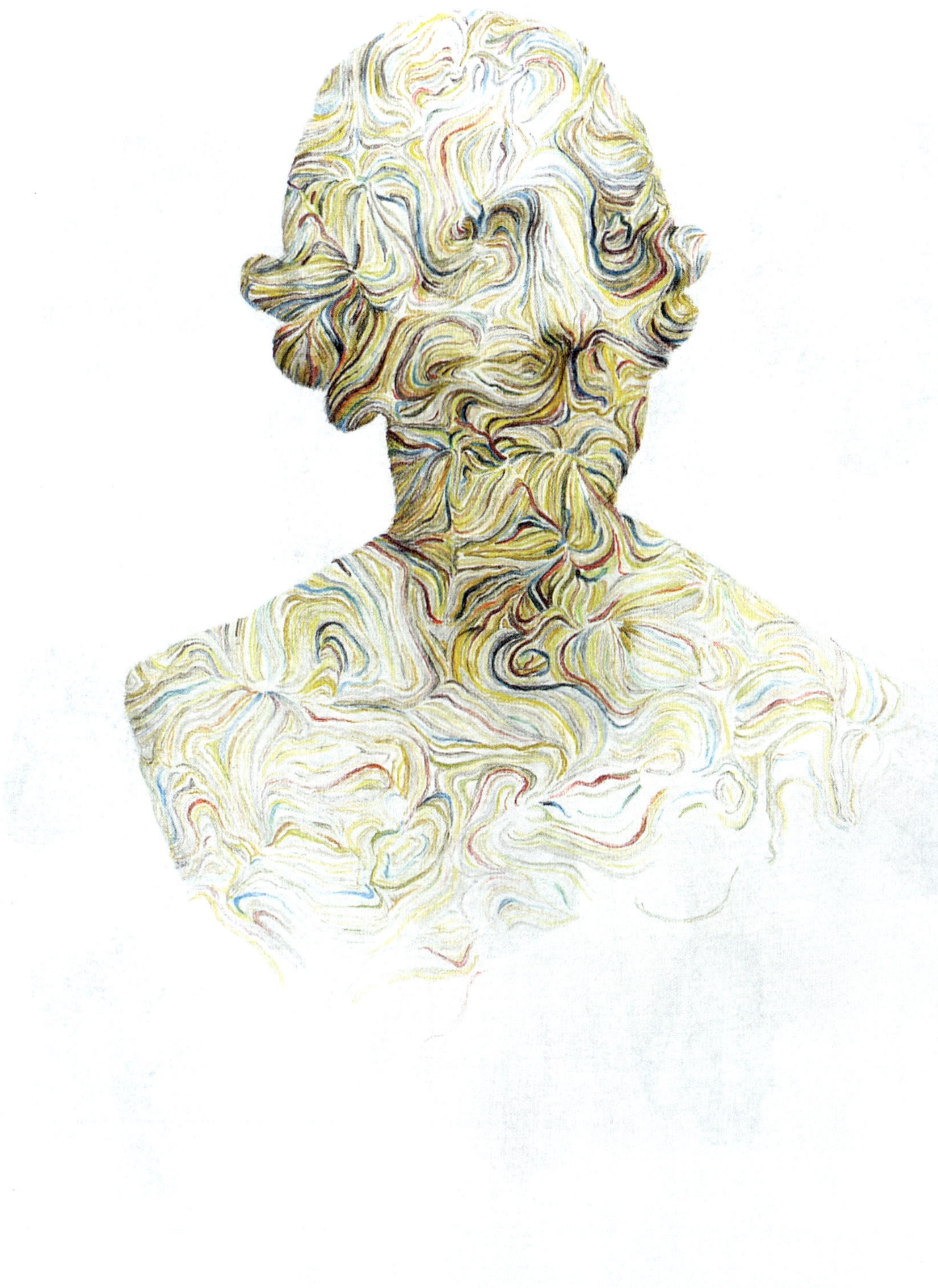

Veiled Frederick IV, 2013, Buntstift auf Papier / *Crayon on paper,* 29,7 × 21,1 cm

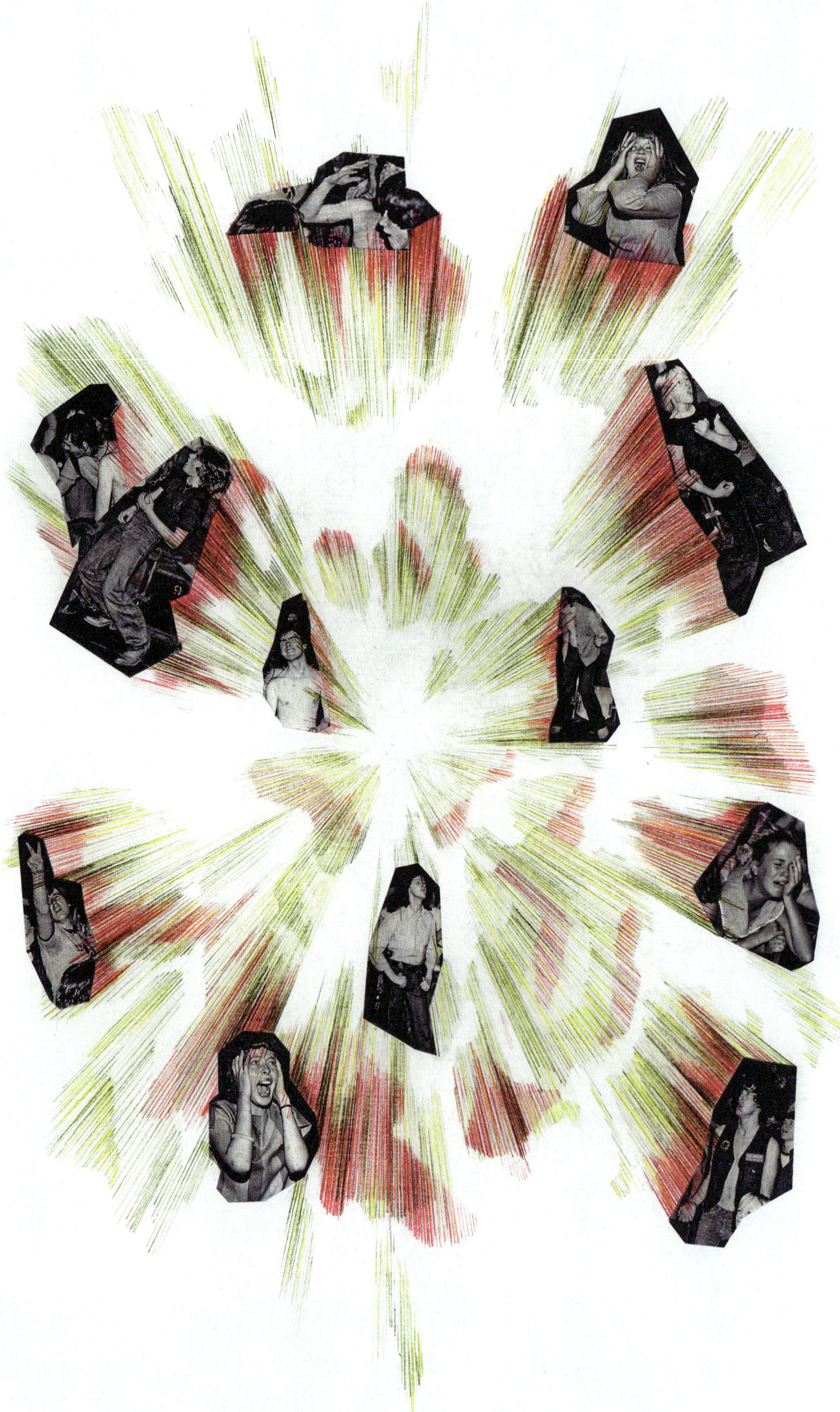

G14

Posterity IV, 2013,
Buntstift, Farbkopien auf Papier / *Crayon, colour copies on paper,* 42 × 29,7 cm

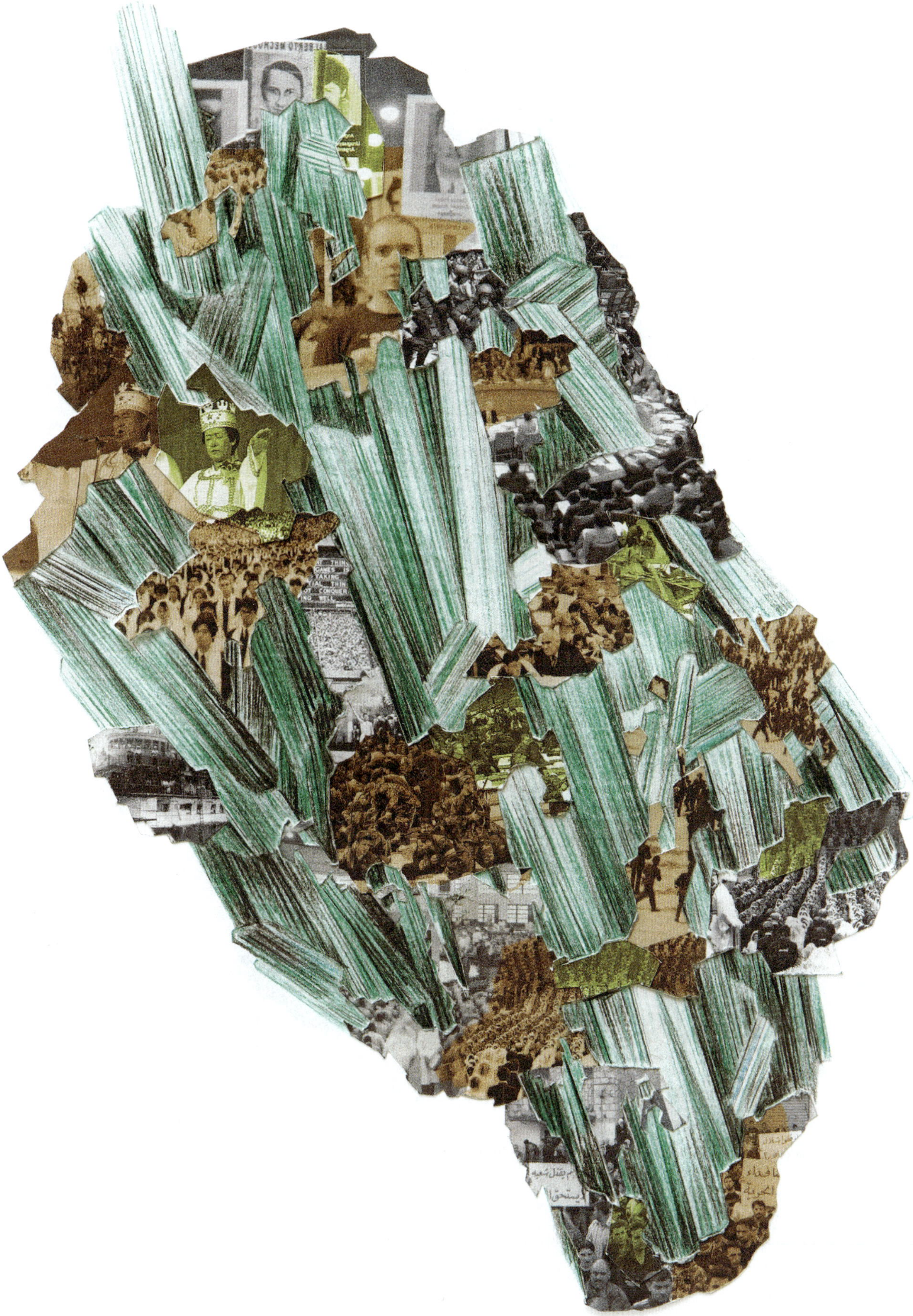

Crystal Mass, 2013,
Bleistift, Buntstift, Farbkopien auf Papier / *Pencil, crayon, colour copies on paper,* 29,7 × 21 cm G15

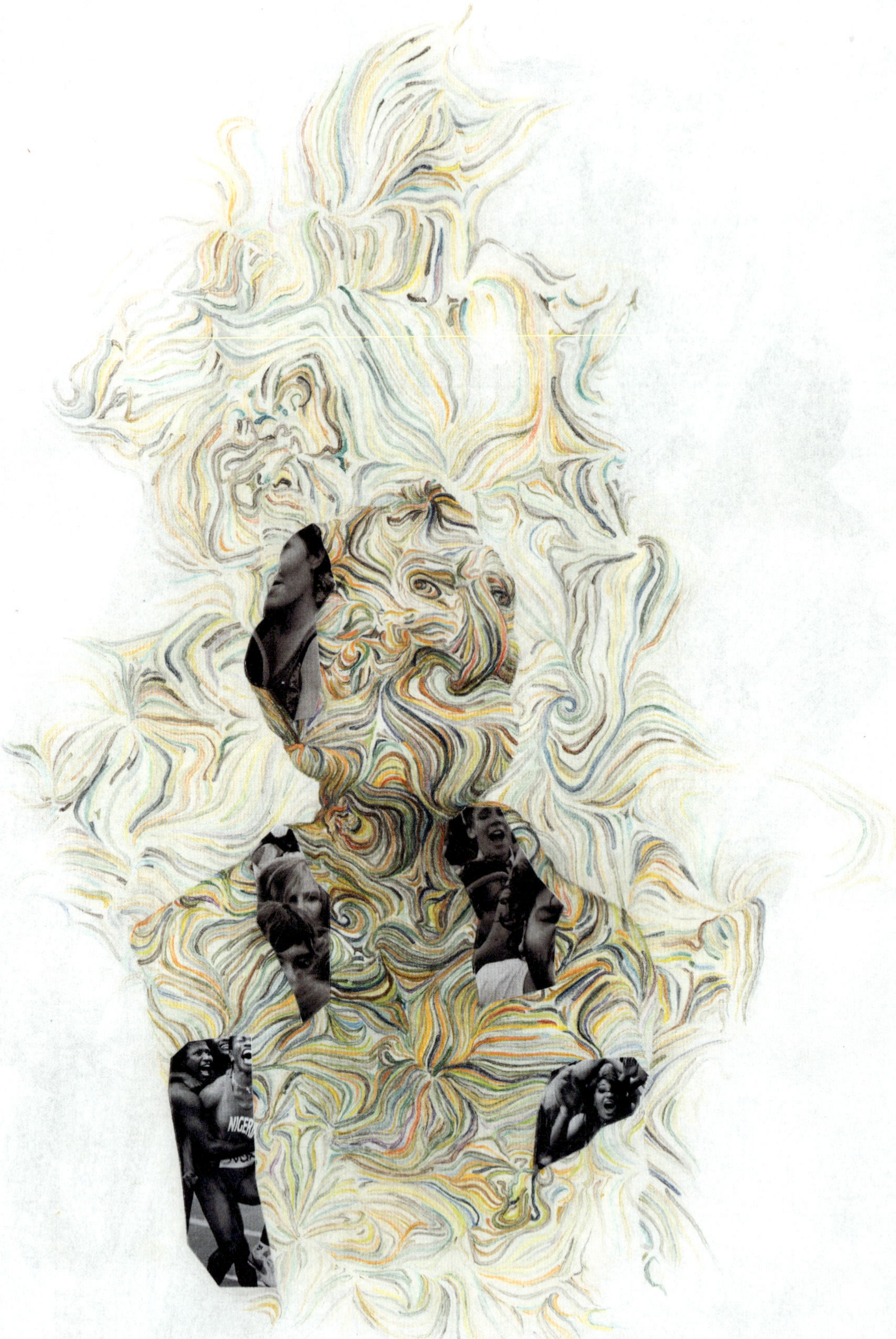

Heinrich Heine nach Gerresheim, 2014,
Buntstift, Farbkopien auf Papier / *Crayon, colour copies on paper,* 35 × 24,5 cm

FREIE PLATZWAHL
Die Stadion-Entwürfe von Kai Schiemenz

Sebastian Jaehn

Die Effekte von Architektur auf den Menschen sind das Hauptthema der Arbeiten von Kai Schiemenz. Die Funktionen und Befehle, die von einer gebauten Umwelt ausgehen, bestimmen unsere Handlungen. Sie erzeugen Bewegungsmuster und bilden Linien, die sich zu Narrationen des Alltäglichen verbinden. Über diese Effekte Auskunft zu geben – nicht anhand von Karten, sondern im Experiment, in der modellhaften Erfahrung im Raum –, ist das wesentliche Motiv der Architekturen von Kai Schiemenz.

Ohne Titel (Arena) war 2003 die erste einer Folge von skulpturalen Architekturen, die von der Frage angetrieben waren, wie es gelingen kann, den Betrachter in den Raum zu involvieren. Die Arbeit setzt eine Wegmarke im künstlerischen Schaffen von Kai Schiemenz und ist Initialzündung einer ganzen Reihe von Werken mit ähnlicher Fragestellung. Entstanden ist diese erste Modellarena im Rahmen einer Ausstellungsreihe des Neuen Berliner Kunstvereins, bei der Kunstkritiker als Gastkuratoren auftraten. Unter dem Titel ‚Critic's Choice 1: 1:1' lud der Kulturtheoretiker und Kunstkritiker Knut Ebeling zum Auftakt der Reihe Kai Schiemenz ein. Der Ansatz des gemeinsamen Projekts war, das Aufeinandertreffen von Kunst und Kritik als eine Art Schaukampf im Ausstellungsraum zu inszenieren und, über diese Partie hinaus, temporär einen Ort der Begegnung und des Austausches zu etablieren. Das raumgreifende Zentrum der Ausstellung bildete die 600 × 550 × 320 cm große Skulptur Ohne Titel (Arena). Das Stadionrund öffnete sich u-förmig in den Ausstellungsraum, dessen Zugang es zugleich erschwerte. Die Arena von Schiemenz war ebenso als eigenständige Skulptur präsent wie als Architektur benutzbar. Sie diente als Forum für eine Folge von Veranstaltungsformaten wie Podiumsdiskussion, Diavortag und Performance.

Mit den markanten Pfeilern, welche die nach oben hin ausgedehnten Ränge entlang der Außenbahnen stützen, orientiert sich seine Arena formal an der Architektur des 1923 in der Bronx gebauten und 2010 abgerissenen Yankee-Stadiums. Den drei überdachten Zuschauerdecks des New Yorker Stadions entsprechen die drei Ränge im Innern der aus wiederverwerteten Span- und Sperrholzplatten gefertigten Modellarena. Die Entscheidung, ein Baseballstadion aus den 1920er Jahren als Vorlage für seine Arena zu nehmen, wirkt bewusst einer Verengung des Stadiondiskurses auf die antike olympische und römische Tradition solcher Bauten entgegen. Der Name ‚Arena' verweist noch auf dessen Herkunft als sandbestreuter Kampfplatz altrömischer Amphitheater. Mit dem Yankee-Stadium wählt der Künstler allerdings eine Ikone des amerikanischen zeitgenössischen Sportevents. Der halbgeöffnete Bau mit seinen drei unterschiedlich gekrümmten Kurven liefert zudem auch unter formal-ästhetischen Gesichtspunkten eine spannungsreiche Blaupause. Die Farben der Ränge, die Innenwandung und das Dach von Ohne Titel (Arena) orientieren sich an der farblichen Markierung der Sitzreihen und Preisgruppen aus Besucherlageplänen des Stadions. Kai Schiemenz liefert damit einen Hinweis auf die hierarchisch ordnende Funktion dieser Architektur und gibt so ein genaueres Abbild der sich dort versammelnden Gesellschaft wieder, als es jedes Stadion tut, das die Illusion einer geeinigten Masse durch das Verbergen von Differenzen erzeugt.

Die Rückbindung der Erfahrung von Gemeinschaft an das Individuum, die Kai Schiemenz mit seinen Architekturentwürfen betreibt, entfernt seine Arena von dem autoritären Wesen des Stadions. Denn das Stadion zwingt die Menge in eine Form nach seinem Maß. Für die Griechen bedeutete Stadion (σταδιον) ‚durchmessbarer Abstand', ein Abstand, der durch „bloße Stellen" einen Raum im Sinne des lateinischen ‚spatium', einen Zwischenraum, „einräumt", wie Martin Heidegger in seinem Vortrag ‚Bauen Wohnen Denken' (1951) festhält. (1) Dieser Zwischenraum entsprach der Distanz des

Wettlaufs, zu dessen Zweck die ersten Stadien gebaut wurden. Liefen die Wettkämpfer zuvor zwar abgesteckte, aber Strecken unterschiedlicher Längen, setzte der hufeisenförmige Rundbau von Olympia im 8. Jahrhundert v. Chr. der Beliebigkeit der Distanzen ein Ende. (2) Die anfangs nur einfachen Geländeeintiefungen ermöglichten nicht nur die bessere Sicht auf den Wettkampf und dessen Bewertung von der Tribüne aus, sondern führten als Markierung von Distanzen eine Maßeinheit für den Raum ein.

Auf diese Weise liefert das Stadion das Maß für einen Wettstreit und bereitet diesem gleichzeitig die Bühne. In den Grenzen dieses Zwischenraums bildet sich im Wechselverhältnis von Architektur, Akteuren und Zuschauern ein selbstreferenzieller Gesamtorganismus, der von den Blicken, Klängen und Bewegungen lebt, die darin zirkulieren. Ähnliches meint Siegfried Krakauer, wenn er die im Stadion stattfindenden Tanzaufführungen der Tillergirls als „Ornamente aus Tausenden von Körpern bestehend" beschreibt, deren Mustern „die durch die Tribünen gegliederte Menge" zujubelt. (3) Dieses autopoietische System, das sich von seinen Rändern her definiert und vergessen macht, was es ausschließt, ist der ideale Austragungsort einer ‚Gesellschaft des Spektakels'. In letzter Konsequenz ist es gleichgültig, welches Szenario in das Stadion eingespeist wird, ob Wettlauf, Spiel oder Aufmarsch. Die Menge betrachtet sich selbst und produziert darüber ihr eigenes Spektakel im Rausch seiner sichtbar gemachten Präsenz. Im Stadionrund gibt sich die Masse geschlossen und unausweichlich zu sehen. Ihre Blicke und Rufe zirkulieren wie die La-Ola-Welle durch den ringförmigen Baukörper.

Wenn Kai Schiemenz seine Arena eher als Forum für individuelle Zufallsbegegnungen konstruiert, scheint er der Architekturform etwas von ihrer sozialen Funktion zurückzugeben. Die provisorischen Gemeinschaften, die sich dort einfinden, werden sich in der zimmergroßen Holzkonstruktion ihrer Labilität bewusst. Seine Arbeiten betonen das Singuläre und die Differenzen im Gemeinschaftlichen. Sie zielen nicht auf die Repräsentation, sondern auf die Sichtbarkeit jedes Akteurs. Die Selbstwahrnehmung durch die Zirkulation der Blicke innerhalb der Rundbauten bestimmt diese begehbaren Skulpturen. Von dieser ersten Arena ausgehend entwickelte der Künstler in der Folge eine Reihe von weiteren Arbeiten, die gleichermaßen als Forum für verschiedene Veranstaltungsformate dienten, wie sie die Möglichkeiten absteckten, die Mechanismen von Sehen und Gesehenwerden erfahrbar zu machen.

Die Arbeiten von Kai Schiemenz beschleunigen die Blicke entlang ihrer kreisförmigen Bahnen. Ihr filigranes Holzflechtwerk evoziert Bewegung in Zirkulation. Seine ‚Volumen" entsprechen dem etymologischen Ursprung des Wortes von lat. ‚volvo': drehen, winden, wirbeln – was zunächst ‚alles, was gerollt, gewickelt ist' meint, bevor es zu Umfang und Rauminhalt wird. Voluminös ist etwas, das voller Krümmungen gewunden ist. (4) So lassen sich seine nachträglich als Reihe lesbaren Werke formal in drei Typen gliedern: am Kreis orientierte Rundbauten; Wirbel und Treppen schwingender Punkte;

---

(1) Vgl. Martin Heidegger, ‚Bauen Wohnen Denken', in: *Vorträge und Aufsätze*, Pfullingen 1954, S. 139–156, hier S. 149 f.

(2) Die eingeführte Distanz entsprach etwa 192 Metern. Vgl. zu den kultur- und mediengeschichtlichen Implikationen von Stadionbauten: Knut Ebeling, ‚Die Flut des Raums. Eine Archäologie der Masse', in: Knut Ebeling, Kai Schiemenz (Hrsg.): *Stadien. Eine künstlerisch-wissenschaftliche Raumforschung*, Berlin 2009, S. 107–158.

(3) Vgl. Siegfried Kracauer, *Das Ornament der Masse*, Frankfurt a. M. 1963, S. 51.

(4) DWDS, Digitales Wörterbuch der deutschen Sprache (Berlin-Brandenburgische Akademie der Wissenschaften, Berlin). http://www.dwds.de/?qu=volumen (aufgerufen am 2.12.2015).

multiperspektivische Körper aus verschränkten Flächen. Ohne Titel (Stadion) (2005) überführt das halboffene Rund der ersten Arena in einen in Ellipsen vibrierenden Doppelkegel. Splendid Modernism (2005) segmentiert die Umlaufbahnen eines von strenger Schlichtheit gezeichneten Forums. Dasselbe Material wird für Commonwealth of Multitude (2006) in die Ebene eines Parlaments mit gleichem Grundriss verwandelt. So zirkuliert auch das verwendete Baumaterial durch die temporären Arbeiten von Kai Schiemenz. Von 2003 bis 2009 hat er so beständig neue Austragungsorte geschaffen, an denen er die Involvierung des Betrachters parallel zur permanenten Wandlung der Form entwickelte. Eine Beweglichkeit, die ihn auch selbst erfasste. Im Verzeichnis für den Bildteil seines Stadien-Katalogs erscheint die Liste der Ausstellungsorte mit den dazugehörigen Jahreszahlen wie der Tournee-Plan einer Rockband. Der Künstler wird zum Handlungsreisenden einer dynamischen Idee, die er immer wieder mit beschränkten Mitteln neu realisiert und in Umlauf bringt. Diese Zirkulation von Theatern, Kinos, Türmen und Hütten erfasste auch historische Brachen. The Empty Dwelling, the Vain Tower and the Mad Colonist (2008) setzt einen doppelspiraligen Vortex samt Aussichtsplattform in das Brachland des ehemaligen Berliner Mauerstreifens, das zum Projektgebiet des Skulpturenparks Berlin Mitte umfunktioniert wurde.

Die Funktionen politisch aufgeladener und repräsentativer Architekturen und Orte thematisiert Kai Schiemenz immer wieder in seinen Arbeiten, wenn er diese mit halböffentlichen und intimen Raumentwürfen kreuzt und so den Menschen wieder sichtbar macht und zur Teilhabe auffordert. Diese Projekte sind häufig auch auf formaler Ebene Auseinandersetzungen mit den politisch motivierten Architekturentwürfen der Konstruktivisten. So kann man in The Empty Dwelling, the Vain Tower and the Mad Colonist sowie in Endeavour's Watchtower for the 4th International (2006) ein Zitat von Tatlins Modell gebliebenem utopischen Entwurf ‚Monument der Dritten Internationale 0 10' von 1917/19 erkennen. Schiemenz macht aus der Ikone einer fortschrittsbeseelten Moderne die Doppelhelix eines Aussichtsturms, der einen Blick zurück in die Zukunft ermöglichen sollte. (5)

Das utopische Moment seiner Objekte liegt wesentlich in ihrem Charakter als Entwurf, der aus dem Raum der Zeichnung heraus Modelle möglicher Realitäten in die Gegenwart katapultiert. Der Arbeitsprozess von Kai Schiemenz besteht dabei aus einer fortlaufenden Übertragung – Knut Ebeling spricht von Transposition (6) – seiner Entwürfe in andere Raumverhältnisse. Von der Zeichnung bis zur begehbaren Skulptur besteht dieser Prozess in der Entfaltung von Modellen, die Zwischenräume des Möglichen in den Raum der Rezeption hinein entwerfen. Modelle sind keine Repräsentation von Wirklichkeit, sondern konstruieren Möglichkeiten des Realen. (7) Sie machen den Entwurf einer Ordnung sichtbar, die noch nicht existiert, aber durch das Modell als Möglichkeit angekündigt wird. Der Raum, den die benutzbaren Objekte von Kai Schiemenz offenhalten, ist der des Experiments. Die aktive Nutzung entreißt seine Modelle der Anonymität. Der Architektur gewordene Entwurf wird bei ihm als Werkzeug der Selbstwahrnehmung begreifbar, das den Einzelnen in ein differenziertes Verhältnis zum anderen setzt. Die Szene, die Schiemenz so in seine Stadion-Modelle einspeist, ist die der Präsenz und der Sichtbarkeit der eigenen Handlungen. Seine Architekturen steuern, indem sie Handlungsebenen mobilisieren, die dem Utopischen treu bleiben.

---

(5) Der auf dem Salzmarkt der im 15. Jahrhundert als Idealstadt angelegten Stadt Zamość errichtete Turm sollte von dort den Blick auf die zwei Kilometer entfernte Plattenbausiedlung der Neustadt ermöglichen, was wegen des sommerlichen Baumbewuchses aber scheiterte.

(6) Vgl. Knut Ebeling in: *Cahiers critiques 1: 1:1: Kai Schiemenz*, Katalog anlässlich der Ausstellung im Neuen Berliner Kunstverein, Frankfurt a. M. 2003, S. 15.

(7) Ebd., S. 25.

FREE SEATING
The Stadium Designs of Kai Schiemenz

Sebastian Jaehn

How architecture affects people is the central theme in the works of Kai Schiemenz. The functions and commands that built surroundings emanate determine our actions. They give rise to movement patterns and form lines that coalesce into narratives of everyday life. Providing information about these effects – based not on maps, but in experiments, in experiencing space in a model-like way – is the essential motif of the architectures of Kai Schiemenz.

Untitled (Arena) in 2003 was the first of a series of sculptural architectures that were inspired by the question of how it is possible to involve viewers in the space. The work sets a milestone in the artistic work of Kai Schiemenz and is an initial inspiration for a whole series of works posing similar questions. This first model arena was created within the framework of a series of exhibitions at the Neuer Berliner Kunstverein, in which art critics appeared as guest curators. Under the title 'Critic's Choice 1: 1:1', the culture theorist and art critic Knut Ebeling invited Kai Schiemenz to the kick-off of the series. The approach of the joint project was to stage the coming together of art and criticism as a kind of show match in the exhibition space and, beyond this match, to establish a place for encounters and exchange. The expansive centre of this exhibition was formed by the 600-by-550-by-320-centimetre sculpture Untitled (Arena). The stadium arena opened up in a U-shape in the exhibition space, while simultaneously complicating access to it. Schiemenz's arena was both present as a stand-alone sculpture and was also usable as architecture. It served as a forum for a series of event formats such as a podium discussion, a slide presentation, and performance.

With the striking columns supporting the tiers that expand upwards along the outer track, his arena is oriented formally on the architecture of Yankee Stadium, which was built in the Bronx in 1923 and demolished in 2010. The three tiers inside the model arena – made from recycled plywood and particleboard – correspond to the three roofed-over spectator levels of the stadium in New York. The decision to take a baseball stadium from the twenties as a model for his arena consciously counteracts a narrowing of the stadium discourse to the ancient Olympic and Roman tradition of such structures. The name 'arena' still makes reference to its origin as the sand-strewn battleground of an ancient Roman amphitheatre. With Yankee Stadium, however, the artist selected an icon of contemporary American sporting events. The semi-open structure with its three different curves also provides a fascinating blueprint from formal and aesthetic perspectives. The colours of the tiers, the inner walls and the roof of Untitled (Arena) are based on the colour coding of the rows of seats and price groups from the site plans of the stadium for visitors. Kai Schiemenz therefore makes reference to the hierarchical and regulating function of this architecture, hence providing a more accurate picture of the spectators that gather there than does any stadium, which gives rise to the illusion of a unified mass by concealing differences.

The reconnecting of community and the individual that Kai Schiemenz carries out with his architectural designs distances his arena from the authoritarian essence of stadiums, since a stadium forces the masses into a form based on its dimensions. For the Greeks, stadium (σταδιον) meant "measurable distance", a distance that has space, in the sense of the Latin 'spatium', an interspace, made for it by "bare positions", as Martin Heidegger asserts in his lecture 'Building Dwelling Thinking' (1951). (1) This interspace corresponded to the distance of the race for the purpose of which the first stadiums were built. If the athletes previously ran defined distances but of differing lengths, the rounded, horseshoe-shaped structure for the Olympics in the eighth century BCE put an end to the arbitrariness of distances. (2) The initially only simple depressions in the terrain not only facilitated a better view of the race and assessing it from the stands; as a marking of distances, they also introduced a unit of measurement for space.

---

(1) See Martin Heidegger, 'Building Dwelling Thinking', in *Poetry, Language, Thought* (New York, 2001), pp. 141 – 60, esp. pp. 153f.

(2) The distance established corresponded to round 192 metres. On the cultural- and media-history implications of stadium construction, see Knut Ebeling, 'Die Flut des Raums: Eine Archäologie der Masse', in Knut Ebeling and Kai Schiemenz, eds., *Stadien: Eine künstlerisch-wissenschaftliche Raumforschung* (Berlin, 2009), pp. 107 – 58.

In this way, the stadium provides the measurements for a competition and provides the stage for it at the same time. Within the boundaries of this interspace, a self-referential, entire organism that lives from the gazes, sounds and movements that circulate within it arises as a result of the interplay of architecture, actors and observers. Siegfried Krakauer means something similar when he describes the dance performances by the Tiller Girls taking place in the stadium as "ornaments [...] composed of thousands of bodies", whose pattern is cheered by the "masses, themselves structured by the stands". (3) This autopoietic system, which is defined from its periphery and causes what it excludes to be forgotten, is the ideal venue for a 'society of the spectacle'. In the final analysis, it is unimportant which scenario is fed into the stadium, whether a competition, game or military parade. The mass observes itself and produces its own spectacle about it in the intoxication of its presence being made visible. In the oval of the stadium, the mass presents itself as self-contained and inevitable. Its gazes and calls circulate through the ring-shaped structure like the Mexican wave.

When Kai Schiemenz constructs his arena more as a forum for chance individual encounters, he seems to give back the architectural form something of its social function. The provisional communities that arise there become aware of their instability in the room-sized wooden structure. His works emphasize the singular and the differences in the communal. They do not aim at representation, but rather at the visibility of every actor. These walk-in sculptures are defined by the self-perception that results from the circulation of gazes within the oval structures. Starting from this first arena, the artist subsequently developed a series of further works that also served as a forum for various event formats as well as staked out possibilities for enabling the mechanisms of seeing and being seen to be experienced.

The works of Kai Schiemenz accelerate gazes along their circular orbits. Their filigree timberwork evokes movement in circulation. His 'volumes' correspond to the etymological origin of the word from the Latin 'volvo': turn, wind, whirl – which, in the first instance, means 'everything that is rolled, wound', until it becomes scope and cubic capacity. Something is voluminous when it is wound full of curves. (4) It is therefore possible to structure his works, which can also be read as a series, into three formal types: round structures based on the circle; vortices and stairways of oscillating points; bodies of interleaved surfaces with multiple perspectives. Untitled (Stadium) (2005) transfers the half-open oval of the first arena to a double cone vibrating in ellipses. Splendid Modernism (2005) segments the circular orbits of a forum designed with strict simplicity. For Commonwealth of Multitude (2006), the same material is transformed into a parliament with the same layout. The building material used therefore also circulates through the temporary works of Kai Schiemenz. From 2003 to 2009, he thus constantly created new venues in which he developed the involvement of viewers parallel to the ongoing transformation of the form. A movability that also included him as a person. In the index for the image section of his catalogue on stadiums, the list of exhibition venues with the corresponding year looks like the tour plan for a rock band. The artist becomes the commercial traveller with a dynamic idea that he repeatedly realizes anew and brings into circulation with limited means. This circulation of theatres, cinemas, towers and huts also included historical wastelands. The Empty Dwelling, the Vain Tower and the Mad Colonist (2008) positioned a double-spiral vortex with viewing platform in the wasteland where the Berlin Wall previously stood, which has been converted into the project area of the Skulpturenpark Berlin-Mitte.

Kai Schiemenz time and again addresses the functions of politically charged and representative architectures and locations in his works when he crosses them with half-open and intimate spatial concepts and hence makes people visible again and invites participation. On a formal level, these projects are often also examinations of the politically motivated architectural designs of the Constructivists. It is therefore possible to recognize a citing of Vladimir Tatlin's utopian design 'Monument to the Third International 0 10' of 1917/19, which remained only a model, in The Empty Dwelling, the Vain Tower and the Mad Colonist as well as in Endeavour's Watchtower for the 4th International (2006). Out of the icon of a modernism

---

(3) See Siegfried Kracauer, *The Mass Ornament: Weimar Essays*, trans. and ed. Thomas Y. Levin (Cambridge, MA, 1995), p. 76.

(4) DWDS, Digitales Wörterbuch der deutschen Sprache (Berlin-Brandenburgische Akademie der Wissenschaften, Berlin). http://www.dwds.de/?qu=volumen (accessed 22 December 2015).

inspired by progress, he creates the double helix of an observation tower that is supposed to facilitate a view back into the future. (5)

The utopian element of his objects lies to a great extent in their character as a design that catapults models of possible realities from the space of the drawing into the present. Kai Schiemenz working process therefore consists of an ongoing transferring – Knut Ebeling speaks of transposition (6) – of his designs into other spatial relations. From the drawing to the walk-in sculpture, this process comprises developing models that design interspaces of the possible into the space of reception. Models are not a representation of reality, but rather designed possibilities of the real. (7) They make visible the design of an order that is not yet extant, but is declared as a possibility by the model. The space that Kai Schiemenz's usable objects keep open is the space of the experiment. Their active use wrests anonymity from his models. In his work, the design that has become architecture becomes understandable as a tool of self-perception that places the individual in a differentiated relationship to the other. The scene with which Schiemenz thus supplies his stadium models is a scene of the presence and visibility of one's own actions. His architectures control by mobilizing levels of action that remain faithful to the utopian.

---

(5) The tower on the salt market of the city of Zamość, which was created in the fifteenth century as an ideal town, was supposed to facilitate the view from there of the prefab estate of the Neustadt (new town) two kilometres away. This was, however, not successful due to the summer tree growth.

(6) See Knut Ebeling in *Cahiers critiques 1: 1:1: Kai Schiemenz*, ed. Neuer Berliner Kunstverein, exh. cat. Neuer Berliner Kunstverein, Berlin (Frankfurt am Main, 2003), p. 15.

(7) Ibid., p. 25.

DIE ORDNUNG DER MONUMENTE
Neue Arbeiten von Kai Schiemenz zwischen archaischem Bildakt, beherzten Materialexpeditionen und unwissenschaftlichem Erkenntnisgewinn

Susanne Altmann

PROLOG

„Tradition ist eine Angelegenheit von weit größerer Bedeutung." So schrieb T.S. Eliot 1919 in seinem gefeierten Aufsatz ‚Tradition und individuelle Begabung'. (1) Mit kaum verhohlenem Ärger attackierte er den damaligen Innovationsdruck auf Kreative. Kein Wunder, hatte sich doch spätestens seit der Jahrhundertwende ein regelrechter Furor der Avantgardismen verbreitet, ein Klima des Aufbruchs, in dem es als anrüchig galt, seine künstlerischen Wurzeln in der Vergangenheit zu verorten – auch wenn sie deutlich dort zu suchen waren. Diese fast propagandistische Symptomatik betraf, wie wir mit gut hundert Jahren Abstand wissen, nicht allein die Literatur, sondern Bild-, Ton- und Bühnenkunst gleichermaßen. Da man den Autor von ‚Das wüste Land' kaum als kulturkonservativen Reaktionär einordnen kann, lohnt es sich auch heute noch, seinen überaus erfrischenden Umgang mit Tradition(en) zu betrachten. Aktuelle Relevanz ist hier vorprogrammiert.

Namentlich in der Poesie habe sich, so Eliot, der Begriff Tradition zu einer Art Schimpfwort entwickelt. Man könne das Wort besonders für englische Ohren kaum mehr akzeptabel verwenden, es sei denn „mit bequemem Bezug auf die beruhigende Wissenschaft der Archäologie". (2) Im Folgenden rehabilitiert der große Schriftsteller und Kritiker die positive Besetzung des Terminus. Gleichzeitig lässt er durchblicken, welchen ausgesprochen produktiven Stellenwert die Beschäftigung mit überlieferten Werken auch für ihn selbst hatte. Der reflektierte Umgang mit Geschichte stehe nicht allein für eine „Wahrnehmung des Vergangenen in der Vergangenheit" (the pastness of the past), sondern ihrer Gegenwärtigkeit (‚presence' bzw. ‚contemporaneity'). (3) Erst die Kenntnis der Tradition schärfe das Bewusstsein eines Schriftstellers (und wir lesen hier allgemein: des Künstlers) höchst intensiv für seine eigene historische Position und Zeitgenossenschaft. Auf eigentümliche Weise sei jedem Autor wohl klar, dass seine Werke unvermeidlich an den Standards der Vergangenheit gemessen würden: „Ich sage gemessen und nicht davon amputiert", fügt er hinzu, und: „Existierende Monumente formieren miteinander eine ideale Ordnung, die durch die Einführung von neuen (wirklich neuen) Kunstwerken verändert wird." (4) T.S. Eliot beschenkt uns an dieser Stelle mit einem geradezu dreidimensional (an)fassbaren Gleichnis. In seiner visuellen Präsenz verführt es zu einer Anwendung auf die Geschichte der plastischen Künste, deren Highlights sich jetzt vor unserem digital konditionierten inneren Auge gleichsam aufzureihen scheinen.

---

(1) T.S. Eliot, ‚Tradition and the Individual Talent', in: *The Egoist*, Nr. 4, Vol. VI, London 1919, S. 54; http://library.brown.edu/pdfs/130876199525004.pdf (aufgerufen am 1.12.2015). Ich verdanke den Hinweis auf diesen Text und seine Relevanz für bildkünstlerisches Schaffen dem Aufsatz ‚Thomas Schütte. In Medias Res' von Lynne Cooke, erschienen 2000 in der Begleitbroschüre zur gleichnamigen Ausstellung im Dia Center for the Arts, New York.

(2) Ebd., S. 54.

(3) Ebd., S. 55: „This historical sense, which is a sense of timelessness as well as of the temporal and the timeless and the temporal together, is what makes a writer traditional. And it is at the same time what makes a writer most acutely aware of his place in time, of his contemporaneity."

(4) Ebd., S. 55 (Übersetzung jeweils durch die Autorin).

Wenn wir nun unseren Gang durch die skulpturalen Installationen von Kai Schiemenz antreten, wird uns das Bild jener „existierenden Monumente in idealer Ordnung“ im Hintergrund begleiten dürfen. Aus zweierlei Gründen: Erstens, weil sich der Bildhauer in Form, Material, Handwerk oder Arrangement selbstbewusst auf Traditionen bezieht, um diese im Eliotschen Sinne ‚wirklich neu‘ zu erfinden. Und zweitens, weil der Parcours durch die drei Räume der Ausstellung in der Tat wie eine (meta)physische Systematik zu einem Dialog mit den zeitlosen Konstanten des plastischen Formens auffordert. Hier sind unzählige Verweise zu entdecken: zum aufgerichteten Stein, zur Säule, zum Maß eines Menschenbildes, zur Idiomatik des Materials, zum Modell als Vorlage und autonomen Bildwerk gleichermaßen, zu Architekturen und anderweitig raumschaffenden Maßnahmen. Es ist ein Erlebnis zu sehen, wie es Kai Schiemenz mit seinem absichtsvoll reduzierten, oft minimalistischen Vokabular gelingt, eine solche Fülle von Sensationen (im Deleuzeschen Sinne) aufzuführen.

I. AUFRICHTEN & STEHEN (5)

Warum empfinden wir eine Säule oder Stele, sei diese nun genau an menschlichen Maßen orientiert oder nicht, als ein Gegenüber, als Aufforderung zur Reaktion? Das passiert uns so nicht mit einem liegenden oder hängenden Bildwerk, sondern allein wenn wir mit einer am Boden gegründeten Vertikalität konfrontiert sind – was häufig der Fall ist, wenn wir es mit neueren Werken von Kai Schiemenz zu tun haben, seien diese nun aus Glas, Keramik oder Kunststoff geformt. Das Stehen, so Wolfgang von Wangenheim, sei eine „Sonderleistung der Natur“ und „Über die Horizontale hinaus hat es im Unbelebten nur der Stalagmit geschafft […], unter den Pflanzen […] der Baum. Viele der erdkriechenden Lebewesen haben es im Laufe der Evolution zu vier Streckbeinen gebracht – aufgerichtet hat sich allein der Mensch“. (6) Und dann übertrug der Mensch bald den Gestus des Aufrichtens auf Materialien und entwickelte daraus eine Kulturleistung – eine Leistung mit Konsequenzen: als funktionales Trägerelement der Säule im Bau oder als Selbstbild, manchmal (denken wir an Karyatiden) als Fusion von beidem.

Bei der Empfindung eines Gegenübers angesichts eines aufgerichteten Objekts klingen also archaische beziehungsweise archetypische Saiten an. Der Ur-Imperativ von Gestaltung liegt im Akt der Aufrichtung, denken wir nur an Menhire oder Dolmen. Dieses prähistorische Schlüsselmoment wird bei der Bewertung von Kunst, die kanonisch ja erst mit den Griechen beginnt, gern vergessen. Horst Bredekamp beklagt diesen blinden Fleck und erinnert an den Kunsthistoriker Franz Kugler, der seine Theorie einst in „begründungsfreier Selbstverständlichkeit“ (7) mit den planvoll aufgerichteten und bearbeiteten Steinen der Frühzeit begann. Doch im Grunde wird dieser Vorwurf der Ignoranz nur an die konventionellen Geisteswissenschaften adressiert, die in ihrer

---

(5) Ich verdanke maßgebliche Inspirationen und Literaturhinweise zu diesem Kapitel der Habilitationsschrift von Holger Birkholz, *Das Eigenleben der Plastik*, eingereicht an der TU Dresden 2014, Publikation in Vorbereitung. Einleitend schreibt Birkholz dort (S. 1): „Der aufrechte Stand ist eines der grundlegenden bildhauerischen Motive, und insbesondere der damit verbundene Vorgang des Aufrichtens muss als der einfachste bildhauerische Akt überhaupt gelten. Ein liegender Gegenstand wird aufgestellt und bekommt dadurch wesenhafte Züge. […] Der vertikale Gegenstand überzeugt uns durch seine Geste der Selbstbehauptung. Durch sie ermöglicht er uns als vertikalen Subjekten, ihn als Stellvertreter und Gegenüber zu betrachten.“

(6) Wolfgang von Wangenheim, *Ponderation. Über das Verhältnis von Skulptur und Schwerkraft*, Berlin 2010, S. 20.

(7) Horst Bredekamp, ‚Der Muschelmensch‘, in: ders. Dagfinn Føllesdal / Udo di Fabio, *Transzendenzen des Realen*, Göttingen 2013, S. 13 – 36, hier S. 14.

Ausprägung als Bildwissenschaft oder visuelle Anthropologie erst neuerdings derlei Defizite angehen. Für Künstler freilich kann diese Mahnung nicht gelten, haben sie sich doch, und zwar nicht erst seit der Moderne, aus dem Fundus der nicht als Hochkultur kanonisierten Bildnerei bedient und gerade die Formel des aufrechten Standes immer wieder bemüht. Dabei mögen sie bewusst oder unbewusst die animistische Spiritualität der Vertikale im Blick haben, sei es in Vermittlerfunktion zwischen Geistigem und Irdischem oder in der Rolle als Vektor, der anzeigt, dass hier nach Höherem gestrebt wird.

Wenn Kai Schiemenz heute eine Ansammlung von Stelen im Raum choreografiert, dann ruft diese automatisch eine gewisse magische Sichtweise auf den Plan – zum Material kommen wir später. Die Standbilder stehen zu ihrer anthropomorphen Aura wie vor Jahrtausenden Menhirstatuen eine abstrakte Übergangsform zur menschlichen Gestalt bildeten. „[...] sie scheinen mehr als nur tote Materie, fast wie Wesen, die ein geheimnisvoller Wille beseelt", schreibt fast überschwänglich eine Forscherin angesichts der 1099 Menhire von Carnac. (8) Eine Fünfergruppe von aufgesockelten Glaskompositionen wirkt vor diesem Hintergrund wie eine Gesprächskonstellation, die eine Reaktion einfordert. Dies umso mehr, wenn das Verhältnis von Sockel und Werk allein in ihrer Proportion auf Büsten anspielt.

Nicht umsonst hat sich aus dem isolierten Pfeiler noch in der Antike die Herme entwickelt, erst als Kult-, später als Schmuckbild. (9) Bereits dieses Halbwesen aus Stein eröffnete die höchst moderne Diskussion um den Bezug zwischen Figur und Sockel. (10) Wir kommen nicht umhin, in der installativen Verschmelzung von Plastik und Pedestal, wie sie uns so oft in den aktuellen Werken von Kai Schiemenz begegnet, auch diese Auseinandersetzung zu bemerken und damit den zwangsläufig resultierenden Anthropomorphismus der Artefakte, die ansonsten auf jegliche mimetische Momente verzichten. Das menschliche Maß jedoch (und damit wiederum den Schulterschluss mit bildnerischer Tradition) führt der Künstler hier ganz unverhüllt ein.

Die mit ihrem Sockel verwachsenen Hermen ihrerseits bevölkerten noch Jahrhunderte später Parks und Gärten. Auch diesen kulturellen Bezug will Kai Schiemenz mit seinem Stelenfeld herstellen, wenn er den Sichtkontakt zum Wolfsburger Schlosspark öffnet. Im Barockgarten wird das Territorium von vertikalen Elementen markiert. Säulen, Steinfiguren, geometrisch getrimmter Baumbestand fungieren als gestalterische und raumgliedernde Konstanten. Wenn auch hier als spielerische Bildakte gemeint, wohnt ihnen die symbolische Autorität einer durchaus ernsthaften Landnahme inne.

---

(8) Sibylle von Reden, *Die Megalith-Kulturen. Zeugnisse einer verschollenen Urreligion*, Köln 1989, S. 235. Den Gestus des Aufrichtens als Kulturtechnik inklusive steinzeitlicher Bezüge hat Joseph Beuys etwa für seine Arbeit ‚7000 Eichen – Stadtverwaldung statt Stadtverwaltung' (1982–1987) und den markierenden Basaltsäulen verwendet.

(9) Harald Olbrich (Hrsg.), *Lexikon der Kunst*, Bd. 3, München 1996, S. 226.

(10) In der Kunstpraxis der Moderne hat Constantin Brancusi früh begonnen, den Sockel als solchen in Frage zu stellen bzw. ihn in die Skulptur eingehen zu lassen, etwa mit ‚Jeune fille sophistiquée' (1925/26). Eine interessante Diskussion dieser Entwicklungen, besonders auch in Relation zur ‚Sockelpolitik' des 19. Jahrhunderts, bietet die Textsammlung *Der Sockel in der Skulptur des 19. und 20. Jahrhunderts* von Johannes Myssok und Guido Reuter (Hrsg.), Köln u. a. 2013. Im Zusammenhang mit den aktuellen Arbeiten von Kai Schiemenz wäre noch Fritz Wotruba als Referenz zu erwähnen. Nachdem Wotruba zunächst den menschlichen Körper blockhaft und additiv aus Kuben zusammensetzte, ging er bald zu monolithischen Säulen- und Pfeilermotiven über, die Bild und Sockel fusionierten.

II. MATERIAL & WIRKUNG (11)

Die „existierenden Monumente in idealer Ordnung", die T.S. Eliot in seinem Text zur Tradition heraufbeschwört, dürften wohl weitgehend aus Bronze, Gips und vor allem Stein gewesen sein. Das späte 20. Jahrhundert und dessen Bildhauer haben, bis auf wenige Ausnahmen, gründlich mit dem Stein aufgeräumt und die Materialpalette drastisch erweitert. Kai Schiemenz selbst blickt auf eine Ausbildung und eine Berufspraxis als Steinmetz zurück. Wahrscheinlich weiß er einiges, wenn nicht alles über diese geologische Substanz: über Arten von edel bis robust, von Alabaster bis Granit; über Formbarkeit und Werkzeuge; über Temperatur und Farbe. Er kennt jenes Universum von Theorie und Praxis, dessen profunde Kenntnis die selbstsicheren Bildhauer der Renaissance einst zum Paragone, dem Wettstreit mit Malerei und Architektur, ermächtigte. Für Kai Schiemenz' momentane künstlerische Produktion freilich spielt der Stein keine Rolle. Jedenfalls keine sichtbare, denn man kann sich trotzdem vorstellen, dass er in dem taktilen Prozess des Formens von Kunststoff, Glas und Ton sein Primärwissen nie außer Acht lässt, und sei es im Misstrauen gegenüber unwiderruflichen Formentscheidungen. Letzteres wird ganz besonders bei seiner Arbeit mit dem industriell geprägten Material Styropor deutlich. Dessen Leichtigkeit und Flüchtigkeit spielt er gekonnt gegen die Langsamkeit des traditionellen (!) skulpturalen Arbeitens aus. Oft habe er sich gefragt, wie oder besser: womit es gelänge, die zügige Qualität von Malerei auf die dreidimensionale Bildnerei zu übertragen. Wie könne man mehr Zufälligkeit und Schnelligkeit erreichen? Die Lösung hieß Styropor, und tatsächlich spiegeln diese geschnittenen, geschichteten Formkomposite die Lust am Verwerfen und Experimentieren. Das rasche Spiel mit Blöcken und Negativräumen wirkt wie ein Blick durch das Schlüsselloch in die sonst unsichtbare, geistige Werkstatt des Bildhauers. Nebenbei wird das betagte Verdikt von skulpturaler Endgültigkeit mit leichten, fast improvisiert wirkenden Zügen ad absurdum geführt. Trotz ihrer gelegentlichen Skizzenhaftigkeit sind diese Schaumstoffbilder aber keine bloßen Studien, sondern vielmehr Statements zu gestalteter Umwelt und den industriellen Technologien der Gegenwart – ganz im Sinne von Eliots ‚contemporaneity'. Der zunächst so poetisch wirkende Untertitel der Ausstellung, nämlich ‚Pistazie / Malve / Koralle', unterstreicht diesen Impetus, listet er doch einfach nur die handelsüblichen Standardfarben von Styrodur auf.

Im Kontrast zu dieser ephemer aufgestellten Werkgruppe widmet sich Kai Schiemenz seit einiger Zeit zwei weiteren Materialien. Nicht nur aufgrund ihrer physikalischen Eigenschaften beanspruchen sie ein größeres Gewicht. Beide, farbiges Glas wie auch glasierte Keramik, führen kunsthandwerkliche Konnotationen im Gepäck. Ein Umstand, der zusätzlich zu technischen und Formfragen auch Fragen ihrer (Be-)Deutung und ja: ihrer Tradition aufwirft. Es scheint fast eine gewisse Abenteuerlust darin zu liegen, wie sich Kai Schiemenz diesen selbst gewählten Herausforderungen stellt. Besonders beim Glas ist er sich seiner Gratwanderung sehr bewusst, zumal die Kombination von diversen Farbkörpern auch schon mal zu unerwünscht gefälligen Effekten führen kann. Die gehören allerdings in eine spannende Erprobungsphase, während der Lichtbrechungen

---

(11) Dieser Zwischentitel steht nicht in zwingendem inhaltlichen Zusammenhang zu den Arbeiten der gleichnamigen Berliner Künstlervereinigung ‚Material & Wirkung' um Eberhard Bosslet, Oliver Brendel, Karlheinz Gutmann, Werner Klotz, Otmar Sattel u. a., aktiv ab 1981. Das Credo des Vereins jedoch beinhaltet unbedingte Relevanz für jegliche zeitgenössische Reflexion zum bildhauerischen Material: „Der Verein hat den Zweck, Materialien und deren Wirkung nach emotionalen, funktionalen, intuitiven Diskursen, zufälligen und kulturellen Gesichtspunkten und Handlungsweisen zu untersuchen", zit. n.: *Material & Wirkung. Eberhard Bosslet, Werner Klotz, Otmar Sattel,* Ausst.-Kat. Kunsthaus Dresden, Dresden 1998, S. 48.

und Paarungen untersucht werden. Je heißer der Guss, desto mehr verändert sich der Farbton; etwa, dass Grün ins komplementäre Rot umschlägt. Oder eine Skulptur aus Uranglas, bei Tageslicht grün, wird unter Kunstlicht blau. Veredeltes Glas kann ein durchaus vulgäres Eigenleben entfalten, zweifellos.

Die Modelle, nach denen die oft polygonalen, oft auf Kuben beruhenden Körper gefertigt werden, bestehen auch aus Styropor und sind damit den oben verhandelten, eigenständigen Kunststoffarbeiten sehr ähnlich. Dadurch überträgt sich die fast nonchalante Schwerelosigkeit Letzterer auf das Glas. Doch während die Schaumstoffobjekte vom Tempo ihrer Entstehung leben, erfordern die gläsernen Blöcke höchste Geduld – nicht zuletzt, weil sie nach dem Gießen der Form wochenlang in der Werkstatt im böhmischen Železný Brod herunterkühlen müssen. Werden sie danach aneinandergefügt, stellt sich etwas ein, das James Elkins einmal für die Malerei als Alchemie beschrieben hat: eine Reaktion von Quantitäten, die eher intuitiv als kalkuliert zu einer neuen Qualität führt. (12) Während Elkins von Pigmenten, Mineralien, Lösungs- und Verdickungsmitteln ausging, heißen hier die Ingredienzien neben Farbe auch Temperatur, Form und Licht. Mit seinen gläsernen Strukturen ist Kai Schiemenz eine ernstzunehmende Aktualisierung des Materials geglückt. Und wenn wir vor den bisweilen wie aus sich selbst heraus glühenden Bildwerken stehen und uns auch ein wenig an lichtdurchlässige Süßwaren erinnert fühlen, dann ist das durchaus beabsichtigt und holt den unnahbaren Werkstoff angenehm auf den Boden der (Alltags-)Tatsachen zurück.

Noch mehr dem Bereich des Alltäglichen und des Gebrauchswerts verbunden erscheint der jüngste Materialvorstoß von Kai Schiemenz. Für seine aktuellen Keramiken kooperiert er mit einem Kachelhersteller in der sogenannten Ofenstadt Velten im Norden von Berlin. Der Familienbetrieb produziert bis heute auch die klassische Fliese für das Berliner U-Bahnnetz. Bei diesem Projekt begibt sich Kai Schiemenz, anders als beim Glas, auf ein Terrain, das zwar nicht ganz im Mainstream liegt, dennoch in den letzten Jahrzehnten von Bildhauern eindrucksvoll reanimiert wurde. So denken wir an Thomas Schüttes große und kleine Töpfereien, die daran erinnern, dass im Ton der Ursprung des Gestaltens lag. (13) Wir denken an die ‚sprechenden' Vasenobjekte eines Grayson Perry, die sich aus ihrem Dasein als Zier- und Gebrauchskeramik emanzipierten. Gleiches gilt für Norbert Prangenbergs ebenso ruppige wie unbefangene Tonarbeiten im Innen- wie im Außenraum. Alle diese Neuinterpretationen jener ältesten Formmasse der Menschheit eint die entschiedene Selbstaussage der Keramik. Es mag mit ihrem ‚Exotenbonus' in der Gegenwartskunst zu tun haben, dass sie meist zunächst über ihre spezielle Ästhetik wirkt. Das gilt so ausschließlich nicht für andere Materialien, jedenfalls momentan. Wenn Kai Schiemenz ganz gezielt mit den Eigentümlichkeiten von Craquelé, mit flächigen Anklängen an Fliesen und mit bestimmten Unwägbarkeiten der Glasur arbeitet, so betont er das Wesen des Werkstoffs Keramik. Auch bei diesen kristallinen (Hohl-)Körpern bemerkt man die Lust am prozessualen Dialog zwischen Form, Oberfläche und Substanz ebenso wie das stimulierende Crossover zwischen allen seinen Werkgruppen.

Die Bandbreite der Werkstoffe, mit denen Kai Schiemenz arbeitet – und das gilt auch für frühere Holzplastiken oder für solche aus Metall und Spiegeln –, kann als programmatische Erklärung zum kulturellen Gedächtnis von Materialien gelesen werden und damit eben nicht nur aus kreativer, sondern auch aus forschend-anthropologischer Perspektive. An dieser Stelle sei es gestattet, mit Tony Cragg einen Bildhauerkollegen

---

(12) Vgl. James Elkins, *What Painting Is*, New York/London 1999, bes. S. 40 – 57 (‚How to count in Oil and Stone').

(13) Eine ausführliche Diskussion zu Schüttes Umgang mit Keramik bzw. Ton findet sich in: Ulrich Loock, Friedrich Christian Flick Collection (Hrsg.), *Thomas Schütte*, Köln 2004, S. 14 f. und 51 – 56.

zu zitieren, der eine Fülle von Materialien, sei es traditionelle oder eher neuartige, vergleichbar strategisch einsetzt: „... [ich] glaube, dass Material alles ist. Wir bestehen aus Material, und der Raum [...] besteht aus Material, und daher kann ich mir keine Realität vorstellen, die nicht Material ist. [...] Wissenschaftliche Untersuchung kann unmöglich die einzige Methode sein, uns über die materielle Welt zu informieren. Und obwohl Wissen unterschiedlich schnell zunimmt und sich verändert, glaube ich, dass Kunst (und vor allem die sich schnell entwickelnde Kunst der Bildhauerei) eine sehr gute Methode der Materialuntersuchung ist." (14)

III. KONSTRUKTION & PERSPEKTIVE

Wenn Kai Schiemenz seine Wolfsburger Schau unter das Motto ‚GROSSE und KLEINE' stellt, dann geht es ihm vermutlich weniger um Klassifikationen. Er stellt vielmehr die Gültigkeit von Bildwerken in Abhängigkeit von ihren Ausmaßen zur Disposition. Dabei hilft es, sich zu vergegenwärtigen, dass er in den 2000er Jahren mit seinen ‚Stadien' überwiegend große, begehbare Holzkonstruktionen schuf. Dies waren Architekturen, die auf partizipative und soziale Momente abhoben und stets auch mit dem physischen Staunen über die raumbildende Kraft von Plastik operierten. (15) Aus Spanplatten und Holzlatten wuchsen Gebilde, die, obzwar formsicher, den Geist von Improvisation und statischem Wagnis atmeten. Der Drang, die Betrachter einzubeziehen und benutzbare Arenen der Kommunikation zu schaffen, hatte die Kunstwelt bereits in den 1990er Jahren erfasst, als Kai Schiemenz in Berlin studierte. Dieser Drang war als Absage engagierter Gegenwartskunst an die hermetischen und auch autoritären Geometrien des 20. Jahrhunderts zu verstehen. Insofern wundert es nicht, dass sich Kai Schiemenz speziell für die kurze Hochphase der russischen Avantgarde begeisterte – eine Präferenz, die er heute noch unterschreibt. Damals war es die materialisierte Verschmelzung von Sozialutopie, Kunst und Architektur, die ihn anregte; unschwer nachvollziehbar an seinem Splendid Modernism (Münster 2005) oder Club Transmediale (Berlin 2007). Doch neben dem Streben, durch Raum gesellschaftliche Gemeinschaft zu stiften, klingt bei diesen Werken stets die Freude an der gerade noch kontrollierbaren Form an: eine Form, die so fragil und zugleich emblematisch daherkommt wie Wladimir Tatlins verschollenes ‚Modell Monument der Dritten Internationale 0 10' oder El Lissitzkys Zeichnungen zu dem nie realisierten ‚Wolkenbügel'-Haus. Wer sich etwa 80 Jahre später für diese Revolutionskunst interessiert, dem ist selbstverständlich das Scheitern solcher künstlerischen Sozialexperimente vertraut. So vertraut, dass es geradezu ikonografisch in Schiemenzsche Turmzitate wie Endeavour's Watchtower for the 4th International (Zamość 2006) oder The Empty Dwelling, the Vain Tower and the Mad Colonist (Berlin 2008) einfloss.

Das Scheitern als künstlerische Formel freilich begreift Kai Schiemenz ohne Tragik, denn er ist sich des Laufs der Geschichte wohl bewusst. Die Avantgarde unmittelbar nach der Oktoberrevolution beschäftigt ihn besonders deshalb, weil das eine Zeit war, „in der die Moderne noch Spaß gemacht hat und nicht so ernsthaft daherkam wie das spätere Bauhaus". (16)

Aktuell reihte er eine Serie von kleinformatigen Styroporobjekten auf einem hohen Tisch, spielerisch, fast wie Bauklötzer und minderwüchsige Familienmitglieder der oben besprochenen Vertikalen. Allerdings stellt er die ‚Kleinen' als die ‚Großen' vor,

---

(14) *Tony Cragg, familiae* (Gespräch mit Jon Wood), Nürnberg 2005, S. 17.

(15) Zu dieser Werkphase vgl. Knut Ebeling und Kai Schiemenz, *Stadien. Eine künstlerisch-wissenschaftliche Raumforschung*, Berlin 2009, sowie in dieser Publikation: Sebastian Jaehn, ‚Freie Platzwahl. Die Stadion-Entwürfe von Kai Schiemenz', S. H1 – H3.

(16) Kai Schiemenz im Gespräch mit der Autorin, Berlin im Dezember 2015.

indem er uns ein Aufblicken von unten verordnet. Dadurch verlieren die Miniaturen ihre Modellhaftigkeit und geraten zu Monumenten. Diese Sichtweise erinnert auch daran, dass die ehrgeizigen, ideologischen Entwürfe von Tatlin oder Lissitzky sich nie über ein skizzenhaftes Dasein hinaus materialisierten und dennoch zu Ikonen eines Zeitalters reüssierten. Sie fügten sich, frei nach T.S. Eliot, in die ideale Ordnung existierender Monumente ein. Die Frage, was nun Modell und was Werk sei, hatte sich damit erübrigt.

Derart vorbereitet, ersteigen wir dann auf der anderen Seite der Aufreihung zwei Stufen und begegnen der architektonischen Sequenz in Nahsicht und auf Augenhöhe. Die Illusionen sind abgelegt und alles ist wieder Spiel und Experiment. Die Großen sind wieder die Kleinen, der Makrokosmos wieder zum Mikrokosmos gewandelt. Mit außerordentlicher bildnerischer Sicherheit inszeniert Kai Schiemenz derlei Ambivalenzen. Nach wie vor erwartet er vom Publikum eine Eigenleistung. Das gilt für den gerade vorgeführten radikalen Perspektivwechsel wie auch für die Ensembles von archetypischen Standbildern. Sie gestatten kein Ausweichen und konfrontieren uns als Gegenüber – ganz gleich, ob wir sie als Figur oder Architektur deuten, ob sie identitätsstiftend oder abweisend wirken. Dieses Oszillieren zwischen Personifikation und Konstruktion verbindet Kai Schiemenz' Schaffen mit Werkgruppen von Isa Genzken, namentlich den um das Jahr 2000 entstandenen schlanken Säulen aus allerlei unkonventionellen Materialmixen. Als auf menschliches bis maximal doppelt menschliches Maß geschrumpfte Türme spielen sie Variationen von modernistischen Skylines durch. „The columns make King Kongs of all of us" hat Alex Farquharson (17) zu dieser Strategie der Domestizierung von einschüchternden Bauwerken einmal bemerkt und damit ihren urbanen Modellcharakter unterstrichen. Doch dabei allein bleibt es nicht, weil Genzken ganz buchstäblich eine Vermenschlichung vorgab, indem sie ihnen die Namen von Personen aus ihrem Bekanntenkreis verlieh.

Genau wie im aktuellen Werk von Kai Schiemenz findet hier eine assoziative Überblendung von ‚anthropogen' und ‚anthropomorph', von ‚menschengemacht' und ‚menschengleich' statt. In dieses erstaunliche Zwischenreich von Ästhetik und intuitiver Anthropologie können wissenschaftliche Erkenntnismethoden nicht folgen, zum Glück. Als würde ein Vorhang beiseitegeschoben, werden uns in den bildnerischen Erfahrungsräumen von Kai Schiemenz markante Kulturtechniken schlagartig bewusst, und zwar in ihrer Gleichzeitigkeit: der Bildakt in seiner primären Form, dem Aufrichten; dann die zeitlose Ausdrucksfülle des Materials; dann die Architektur als soziale Organisationsform und schließlich Gestaltung als gelungene Kommunikation.

---

(17) Alex Farquharson, ‚Delirious New York', in: ders. Diedrich Diederichsen/ Sabine Breitwieser, *Isa Genzken*, London u.a. 2006, S. 80–90, hier S. 87.

THE ORDER OF MONUMENTS

New Works by Kai Schiemenz between Archaic Pictorial Act, Bold Material Ventures and the Non-Scientific Gaining of Insight

Susanne Altmann

PROLOGUE

"Tradition is a matter of much wider significance," T.S. Eliot wrote in 1919 in his acclaimed essay 'Tradition and the Individual Talent'. (1) He was attacking the pressure on creative individuals to be innovative with ill-concealed anger. No wonder, since, at the latest since the turn of the century, a veritable furore of avant-gardism had been spreading, a climate of upheaval in which it was considered dubious to situate one's artistic roots in the past – even though they could obviously be found there. These almost propagandistic symptoms applied, as we know quite well with some hundred years of distance, not only to literature but likewise to the visual, musical and performing arts. Since it is hardly possible to classify the author of 'The Waste Land' as a culturally conservative reactionary, it is worthwhile even today to consider his singularly refreshing handling of tradition(s). Current relevance is pre-programmed here.

According to Eliot, the term tradition had become something of a dirty word, in poetry in particular. It was barely still possible – especially to English ears – to use the word in an acceptable manner, unless "with the implication [...] of some pleasing archaeological reconstruction". (2) In what follows, the great author and critic rehabilitates the positive connotation of the term. At the same time, he intimates what exceptionally productive role occupying oneself with works that have been handed down also played for him personally. A reflective treatment of history represents not only a "perception of the pastness of the past" but also its 'presence' and/or 'contemporaneity'. (3) It is knowledge of tradition that intensely hones the awareness of authors (and we read here: artists in general) of their own historical position and contemporaneity in the first place. In a peculiar way, it is clear to every author that his or her works will inevitably be assessed by the standards of the past: "I say judged by and not amputated from", he appends, and: "Existing monuments form an ideal order among themselves, which is modified by the introduction of the new (the really new)." (4) At this point, T.S. Eliot makes us the gift of an allegory that can almost be physically grasped in its three-dimensionality. In its visual presence, it tempts one to apply it to the history of the sculptural arts, whose highlights, so to speak, now seem to line up before our digitally conditioned inner eye.

When we now set off on our way through Kai Schiemenz's sculptural installations, the image of those "existing monuments" in "an ideal order" will be allowed to accompany us in the background. For two reasons: firstly, because the sculptor consciously makes reference to traditions in form, material, craftsmanship or arrangement to then invent them "really [a]new" in the sense of Eliot. And secondly, because the route through the three exhibition spaces, like (meta)physical systematics, indeed calls for a dialogue with the timeless constants of sculpting. A myriad of references can be discovered here: to the upright stone, to the column, to the measure of the human image, to the idiomatic language of material, to the model as a template and autonomous sculpture alike, to architectures and other space-creating measures. It is an experience to see how Kai Schiemenz manages to stage such a wealth of sensations (in the sense of Deleuze) with his deliberately reduced, often minimalist vocabulary.

---

(1) T.S. Eliot, 'Tradition and the Individual Talent', *The Egoist* 4, no. VI (1919), p.54; http://library.brown.edu/pdfs/130876199525004.pdf (accessed 1 December 2015). For the reference to this text and its relevance for the creation of visual art, I thank the essay 'Thomas Schütte: In Medias Res' by Lynne Cooke, published in the brochure accompanying the exhibition of the same name in 2000 at the Dia Center for the Arts, New York.

(2) Ibid., p.54.

(3) Ibid., p.55: "This historical sense, which is a sense of timelessness as well as of the temporal and the timeless and the temporal together, is what makes a writer traditional. And it is at the same time what makes a writer most acutely aware of his place in time, of his contemporaneity."

(4) Ibid. p.55.

I. SETTING UPRIGHT & STANDING (5)

Why do we perceive a column or stele, be it geared precisely to human scale or not, as a counterpart, as a call to react? This does not happen to us in the same way in the case of a reclining or hanging sculpture, but only when we are confronted with a verticality based on the ground – something that is often the case when we are dealing with more recent works by Kai Schiemenz, whether moulded from glass, ceramic or synthetic material. According to Wolfgang von Wangenheim, standing is "one of nature's special achievements" and "in the inanimate world, only stalagmites [...], and, among plants, [...] trees have managed to leave the horizontal. In the course of evolution, many creatures that crawl on the earth have managed to acquire four extended legs – but only human beings have set themselves upright on their own." (6) And human beings then soon applied the gesture of setting upright to materials, and from this developed a cultural achievement – an achievement with consequences: as the functional supporting element of the column in construction or as a self-image, occasionally (just think of caryatids) as a fusion of the two.

Perceiving a counterpart when confronted with an upright object strikes an archaic and/or archetypical chord. The primordial imperative of design lies in the act of setting upright, if we think of menhirs or dolmen alone. This key prehistoric element is happily forgotten in the common evaluation of art, which, according to the canon, first begins with the Greeks. Horst Bredekamp laments this blind spot and evokes the art historian Franz Kugler, who once began his theory in "matter-of-factness without justification" (7) with the systematically set upright and hewn stones of the early period. But this allegation of ignorance is exclusively addressed to the conventional humanities, which, manifested as visual culture or anthropology, have only recently begun dealing with such deficits. This admonition cannot, however, apply to artists, since they have, and indeed not just since the modern age, helped themselves from the pool of sculpture not canonized as high culture and striven specifically for the formula for standing upright. They may therefore, consciously or not, have the animist spirituality of the vertical in mind, be it in the role of mediating between mind and nature or in its role as a vector showing that something higher is being aspired to here.

When Kai Schiemenz today choreographs a cluster of steles in space, this then automatically brings a certain magical perspective into the arena – we will come to the material later. The statues retain their anthropomorphic aura just as menhirs constituted an abstract transitional form to the human shape thousands of years ago. "[T]hey seem to be more than only dead material, nearly as if beings animated by a mysterious will", a researcher writes almost effusively regarding the sight of the 1,099 menhirs of Carnac. (8) Against this backdrop, a group of five glass compositions raised on bases seems to be a conversational constellation that demands response. This all the more when the proportions of base and work alone allude to those of busts.

It is not without reason that still in antiquity, the herm evolved from the isolated column, first as a cult image and later as a decorative one. (9) This hybrid stone entity opened the highly modern

---

(5) For important inspirations and literary references for this chapter, I thank Holger Birkholz's postdoctoral thesis *Das Eigenleben der Plastik,* submitted to the TU Dresden in 2014, publication forthcoming. In the introduction there (p. 1), he writes: "The upright position is one of the fundamental sculptural motifs, and in particular the related process of setting upright has to be considered the simplest sculptural act of all. A reclining object is set upright and consequently obtains intrinsic features. [...] The vertical object convinces us by means of its gesture of self-assertion. Through this gesture, it enables us as vertical subjects to view it as a proxy and as a counterpart."

(6) Wolfgang von Wangenheim, *Ponderation: Über das Verhältnis von Skulptur und Schwerkraft* (Berlin, 2010), p. 20.

(7) Horst Bredekamp, 'Der Muschelmensch', in Wolfram Hogrebe (ed.), *Transzendenzen des Realen* (Göttingen, 2013), pp. 13 – 36, esp. p. 14.

(8) Sibylle von Reden, *Die Megalith-Kulturen: Zeugnisse einer verschollenen Urreligion* (Cologne, 1989), p. 235. Joseph Beuys, for example, used the gesture of setting upright as a cultural technique, including references to the Stone Age, for his work '7000 Oaks – City Forestation Instead of City Administration' (1982 – 87) and the basalt stone markers.

(9) Harald Olbrich, ed., *Lexikon der Kunst*, vol. 3 (Munich, 1996), p. 226.

discussion surrounding the reference between figure and base. (10) In the installative fusing of sculpture and pedestal that we often encounter in Kai Schiemenz's current works, we also cannot avoid noticing this examination and hence the anthropomorphism of the artefacts that inevitable results, which otherwise do without any mimetic elements. Here, however, the human scale is introduced very explicitly and, with it, a clear reference to sculptural tradition.

For their part, herms that coalesce with their bases still populated parks and gardens hundreds of years later. With his field of steles, Kai Schiemenz also wants to give this cultural hint, while at the same time opening up visual contact to the Schlosspark in Wolfsburg. In the Baroque garden there, the territory is marked by vertical elements. Columns, stone figures, geometrically trimmed trees function as artistic and space-structuring constants. Although intended here as a playful pictorial act, inherent in them is the symbolic authority of a very serious appropriation of land.

II. MATERIAL & EFFECT (11)

Those "existing monuments" in "an ideal order" that T.S. Eliot evokes in his essay on tradition may possibly have been made largely of bronze, plaster and above all stone. Apart from a few exceptions, the late twentieth century and its sculptors totally renounced stone and drastically expanded the palette of materials. Kai Schiemenz himself looks back on training and practical work experience as a stonemason. He probably knows quite a bit, if not everything, about this geological substance: about types from precious to robust, from alabaster to granite; about plasticity and tools, about temperature and colour. He is familiar with that universe of theory and practice whose profound knowledge once encouraged the self-confident sculptors of the Renaissance to engage in the paragone: a contest between sculpture, painting, and architecture. Stone does not play a role, however, in Kai Schiemenz's current artistic production. In any case, no visible role, since it is nevertheless possible to imagine that he never forgets his primary knowledge in the tactile process, even when forming synthetic materials, glass and clay. His beginnings in stone may well give rise to his mistrust of irreversible formal decisions. The latter becomes particularly clear in his work with Styrofoam, a material with an industrial character. He skilfully plays it off against the slowness of traditional (!) sculptural work. He has often asked himself how, or better: with what means it would be possible to successfully transfer the swift quality of painting to three-dimensional sculpture. How might one achieve more randomness and speed? The solution was Styrofoam, and its sliced and layered composite forms do actually reflect the desire to experiment and to switch directions. The rapid play with blocks and negative spaces seems like a view through the keyhole into the otherwise invisible, mental workshop of the sculptor. En passant, the old verdict of sculptural finality is taken ad absurdum with light, almost improvised-seeming moves. In spite of their occasional sketch-like quality, these foam images are, however, not mere studies but instead statements about a designed environment and the industrial technologies of the present – very much in the sense of Eliot's 'contemporaneity'. The at first apparently quite poetic subtitle of the exhibition, namely 'Pistazie/

---

(10) In art practice of the modern era, Constantin Brancusi began early on to call into question the base as such and/or have it incorporated into the sculpture, for instance with 'Jeune fille sophistiquée' (1925/26). An interesting discussion of this development, especially also in relation to the 'base politics' of the nineteenth century, is provided by the collection of texts *Der Sockel in der Skulptur des 19. und 20. Jahrhunderts* by Johannes Myssok and Guido Reuter, eds. (Cologne et al., 2013). In connection with the current works of Kai Schiemenz, Fritz Wotruba should also be mentioned as a reference. After initially assembling the human body from cubes in a block and additive manner, Wotruba soon turned to monolithic column and pillar motifs that fused image and base.

(11) In terms of content, the original German version of this subheading is not mandatorily connected with the works of the eponymous Berlin artists' association Material & Wirkung around Eberhard Bosslet, Oliver Brendel, Karlheinz Gutmann, Werner Klotz, Otmar Sattel and others, active starting in 1981. The credo of the association does, however, have clear relevance for any contemporary reflection on sculptural materials: "It is the aim of the association to investigate materials and their effects according to emotional, functional, intuitive discourses, incidental and cultural standpoints." Cited in *Material & Wirkung: Eberhard Bosslet, Werner Klotz, Otmar Sattel*, trans. Bobby Davison, exh. cat. Kunsthaus Dresden (Dresden, 1998), p. 48.

Malve/Koralle' (Pistachio/Mallow/Coral), underscores this impetus by simply listing the customary standard colours of Styrodur.

In contrast to this ephemerally conceived group of works, Kai Schiemenz has also been dedicating himself for some time to two other materials. They call for more weight not only due to their physical characteristics. Both, coloured glass and glazed ceramic, carry handcraft-related connotations. A consideration that poses not only technical and formal questions, but also questions with respect to their significance and/or interpretation, and indeed: their tradition. A certain desire for adventure almost seems to lie in how Kai Schiemenz rises to these self-chosen challenges. Especially in the case of glass, he is very aware of his balancing act, particularly since the combination of variously pigmented elements can also result at times in unwanted appealing effects. Such effects belong, however, to an exciting experimental phase in which the refractions of light and pairings are being explored. The hotter the casting, the more the shade of colour changes; for instance, the green suddenly changes into the complementary red. Or a sculpture of uranium glass, green in daylight, turns blue under artificial lighting. Refined glass can undoubtedly develop a very vulgar life of its own.

The models based on which the bodies – often polygonal, often resting on cubes – are produced are also made of Styrofoam and therefore very similar to the independent works in the synthetic material addressed above. As a result, the almost nonchalant weightlessness of the latter is transferred to the glass. However, while the objects in foam live from the fast pace of their creation, the glass blocks require greater patience – not least because they have to cool down for weeks after the form is cast in the workshop, located in the Czech city of Železný Brod. When the elements are joined together afterwards, what James Elkins once described in connection with painting as alchemy arises: a reaction of quantities that results in a new quality more intuitively than in a calculated way. (12) While Elkins started from pigments, minerals, solvents and thickening agents, the ingredients here, besides colour, also include temperature, form and light. With his glass structures, Kai Schiemenz achieves a remarkable updating of the material. And when we stand in front of the sculptures, which at times glow as if from within, and also feel reminded a bit of translucent sweets, then this is very much intended and pleasantly brings the impenetrable material back down to earth.

Kai Schiemenz's most recent material venture seems even more connected to the context of everyday life and utility value. For his current ceramics, he is cooperating with a tile manufacturer in the so-called tiled-stove city of Velten, to the north of Berlin. The family-run business also continues to produce the classic tiles for the underground network in Berlin to this day. In this project, unlike in the case of glass, Kai Schiemenz sets out on terrain that is not quite part of the mainstream but has nevertheless been reanimated by sculptors in an impressive way during recent decades. Thomas Schütte's large and small items of pottery, which remind us that the origins of design are in clay, thus come to mind. (13) We think of the 'talking' vase objects of Grayson Perry, which have emancipated themselves from their existence as decorative and practical ceramics. The same applies to Norbert Prangenberg's clay works in indoor and outdoor space, which are as rough as they are naïve. All of these new interpretations of this, the oldest moulding material of human beings are united by the decisive individual language of ceramic. The special aesthetics evoked by this technique might have something to do with its often 'exotic' position in contemporary art. This does not apply as exclusively to other materials, at least not at the moment. When Kai Schiemenz works in a very deliberate manner with the peculiarities of craquelure, with two-dimensional echoes of tiles and with specific uncertainties of glaze, he thus emphasizes the essence of ceramic as a material. In the case of these (hollow) crystalline bodies, one notices the desire for a process-oriented dialogue between form, surface and substance as well as the stimulating crossover between all of his groups of works.

The range of materials with which Kai Schiemenz works – and this also applies to earlier wooden sculptures or to sculptures made of metal and mirrors – can be read as a programmatic statement

---

(12) See James Elkins, *What Painting Is* (New York and London, 1999), esp. pp. 40 – 57 ('How to Count in Oil and Stone').

(13) An in-depth discussion of how Schütte works with ceramic and/or clay can be found in Ulrich Loock and the Friedrich Christian Flick Collection, eds., *Thomas Schütte* (Cologne, 2004), pp. 14f. and 51 – 56.

about the cultural memory of materials and hence simply not only from a creative, but also from an inquiring-anthropological perspective. At this point it may be permitted to quote Tony Cragg, a fellow sculptor who utilizes a wealth of materials, be they traditional or more novel, in a comparably strategic manner: "[I] believe that material is everything. We consist of material and the room we are both in consists of material, and so I can't think of any reality that isn't material. [...] Scientific investigation, from my point of view, can't possibly be the only method of informing ourselves about the material world. And although there are different speeds of knowledge gain and knowledge change, I think that art (and especially the relatively fast developing art of sculpture) is also a very good method of investigating material." (14)

III. CONSTRUCTION & PERSPECTIVE

When Kai Schiemenz places his show in Wolfsburg under the motto of 'GROSSE und KLEINE' (BIG and LITTLE ONE'S), classifications as such are presumably not really what interests him. He is instead questioning the validity of sculptures depending on their dimensions. It is therefore helpful to remember that, with his 'stadiums' in the first decade of the twenty-first century, he primarily created large, walk-in wooden structures that were distinguished by participative and social elements and also always operated with physical marvelling at sculpture's power to shape space. (15) From particleboard and wooden battens grew structures that, although confident in form, breathed a spirit of improvisation and structural gamble. The desire to integrate viewers and to create usable arenas for communication seized the art world as early as in the nineties, when Kai Schiemenz was studying in Berlin. This desire could also be understood as committed contemporary art's rejection of the hermetic as well as authoritarian geometries of the twentieth century. In this respect it is no wonder that Kai Schiemenz was particularly enthusiastic about the brief heyday of the Russian avant-garde – a preference to which he still subscribes today. At the time, is was the materialized merging of social utopia, art and architecture that excited him. This can easily be understood with respect to his Splendid Modernism (Münster, 2005) or Club Transmediale (Berlin, 2007). Yet beyond aspiring to encourage social community by means of space, what always also echoes in these works is pleasure in the barely controllable form: a form that appears so fragile and at the same time is as emblematic as Vladimir Tatlin's lost 'Model Monument of the Third International' or El Lissitzky's drawings for the never-realized 'Wolkenbügel' (cloud-iron buildings). Those interested in this art of the Russian revolution some eighty years later are naturally also aware of the failure of such artistic social experiments. So familiar that this influenced Schiemenz's quotations of towers such as Endeavour's Watchtower for the 4th International (Zamość, 2006) or The Empty Dwelling, the Vain Tower and the Mad Colonist (Berlin, 2008) almost iconographically.

Kai Schiemenz, however, understands failure as an artistic formula without tragedy, since he is fully aware of the course of history. The avant-garde directly after the October Revolution interests him in particular because it was a time "when modernism was still fun and did not seem as earnest as the later Bauhaus". (16)

For Wolfsburg, he assembled a series of small-format Styrofoam objects on a high table, playfully, nearly like toy blocks and diminutive family members of the verticals discussed above. However, he presents the 'small' as the 'large' by decreeing that we look up from below. The miniatures consequently lose their character of being models and become monuments. This perspective also recalls that the ambitious, ideological designs of Tatlin or El Lissitzky never materialized beyond a sketched existence and nevertheless succeeded as icons of an age. They fit, somehow alluding to T.S. Eliot, into the ideal order of existing monuments. The question of what is now a model and what is a work has therefore become superfluous.

Prepared in this way, we then walk up two steps on the other side of the arrangement and encounter the architectural sequence close-up and on eye level. Illusions are discarded and everything is once again play and experiment. The large are again the small, the macrocosm is once again

---

(14) 'Tony Cragg interviewed by Jon Wood', in *Tony Cragg familiae*, exh. cat. Neues Museum in Nürnberg (Nuremberg, 2005), pp. 20 – 21.

(15) On this phase of work, see Knut Ebeling and Kai Schiemenz, *Stadien: Eine künstlerisch-wissenschaftliche Raumforschung* (Berlin, 2009), as well as in this publication: Sebastian Jaehn, 'Free Seating: The Stadium Designs of Kai Schiemenz', pp. H4 – H6.

(16) Kai Schiemenz in conversation with the artist, Berlin, December 2015.

transformed into the microcosm. Kai Schiemenz stages such ambiguities with extraordinary artistic confidence. He persistently expects a personal effort by his audience. This applies to the radical change of perspective just presented as well as to the ensembles of archetypical statues. They do not permit evasion and confront us as counterparts – no matter whether we interpret them as figure or architecture, whether they evoke identification or seem rather aloof. This oscillating between personification and structure links Kai Schiemenz's work with a group of works by Isa Genzken, namely the slender columns consisting of all kinds of unconventional mixtures of materials created in 2000. As towers that have shrunken to human dimensions or up to a maximum twice the size of a human being, they play through variations of modernist skylines. "The columns make King Kong's of all of us," is what Alex Farquharson (17) once noted in connection with this strategy of domesticizing intimidating structures and therefore emphasizing their model urban character. Nonetheless, that is not all, since Genzken quite literally referenced human beings by giving the columns the names of people from her circle of acquaintances.

Just as in the current work of Kai Schiemenz, what takes place here is an associative cross-fade between 'anthropogenic' and 'anthropomorphic', between 'made by human beings' and 'resembling human beings'. Scientific methods of gaining insight cannot follow into this astounding intermediate realm of aesthetics and intuitive anthropology, fortunately. As if a curtain is pulled aside, in Kai Schiemenz's artistic spaces of experience we suddenly become aware of striking cultural techniques, and namely in their simultaneity. We encounter the pictorial act in its primary form, that of setting upright; then the timeless and inexhaustible expressiveness of material; then architecture as a form of social organization; and finally design as successful communication.

---

(17) Alex Farquharson, 'What Architecture isn't', in id. et al., eds., *Isa Genzken* (London et al., 2006), p. 87.

ABBILDUNGSVERZEICHNIS / *LIST OF WORKS*
Schwarzweiß-Abbildungen / *Black-White Reproductions*

ABBILDUNGSVERZEICHNIS / *LIST OF WORKS*

Farbabbildungen / *Colour Reproductions*

KAI SCHIEMENZ

1966 geboren/*born* in Erfurt
Lebt und arbeitet/*lives and works* in Berlin

STUDIUM/*EDUCATION*

1990 –1991 Kunststudium an der/*Studied art at the* Kunsthochschule Berlin Weißensee
1992 –1998 Kunststudium an der/*Studied art at the* Universität der Künste Berlin
1999 Meisterklasse/*Master class of* Prof. Lothar Baumgarten, Universität der Künste Berlin

STIPENDIEN & PREISE/ *SCHOLARSHIPS AND PRIZES*

2010 New York-Stipendium der Senatskanzlei Berlin Kulturelle Angelegenheiten/ *New York stipend of the Berlin Senate Chancellery – Cultural Affairs*
2009 MADA residency, Monash University, Melbourne
2006 Arbeitsstipendium der Stadt Madrid/ *Work grant of the City of Madrid*
2005 Villa Aurora Stipendium/*grant*, Los Angeles
2001 –2004 Arbeitsstipendium Bildende Kunst der Senatskanzlei des Berliner Senats/ *Work grant visual arts of the Berlin Senate Chancellery*
1999 GASAG Kunstpreis/*art prize*, Berlin

EINZELAUSSTELLUNGEN/ *SOLO EXHIBITIONS*

2014 SPLITTER, Deutsche Werkstätten Hellerau
TAKE FIVE, Galerie EIGEN+ART Berlin
2012 Mr. Hyde, PayneShurvell, London
Mr. Hyde II, Kunstraum Seilerstraße, Griffelkunst-Vereinigung Hamburg
Host, Neuer Kunstverein Wuppertal
2010 Islands Of Swarm, Light Projects, Melbourne
2009 Reihe: Ordnung sagt – Zukunft, Kunstverein Harburger Bahnhof, Hamburg
Now, I'll go and fix my garden, Deutsche Werkstätten Hellerau
2008 Suspended Empire, Kappatos Gallery, Athen/*Athens*
Tower to Nowhere, Auswärtiges Amt/ *Ministry of Foreign Affairs*, Berlin
Rural Delights, Villa Romana, Florenz/ *Florence*
2007 Shrunken Theatre, Galerie Fahnemann, Berlin
Dwelling for Clandestine Clementine, Kunstverein Kreis Ludwigsburg
2005 Total Cinema, Galerie der HfbK, Hamburg
Hysterische Avantgarde, Galerie Koch und Kesslau, Berlin

GRUPPENAUSSTELLUNGEN/ *GROUP EXHIBITIONS*

2016 Wir suchen das Weite, Staatliche Museen zu Berlin/Kupferstichkabinett
Braunschweiger Lichtparcours 2016, Stadt/*City of* Braunschweig
Grün stört – Im Fokus einer Farbe, Marta Herford
2015 Auftakt zum/*Prelude to the* Braunschweiger Lichtparcours 2016, Kunstverein Braunschweig
Fokus, Karl-Heinz Adler, Kai Schiemenz, Philip Seibel, Galerie EIGEN+ART Leipzig
Public Art in Upsala-Park, St. Petersburg
2013 Jubiläumsausstellung, Kunstverein Schwerin
2012 Positions, Galerie EIGEN+ART Leipzig
2011 Wir sind alle Astronauten – Universum Richard Buckminster Fuller im Spiegel zeitgenössischer Kunst, Marta Herford; Zeppelin Museum Friedrichshafen (2012)
Neue Realitäten, Staatliche Museen zu Berlin/Kupferstichkabinett
Kunst und Architektur, Kunst-Raum des Deutschen Bundestages/*of the German Bundestag*, Berlin
Total Theatre 3, UBE Biennale, Japan
Concrete geometries – spatial form in social & aesthetic processes, part 2, Architectural Association, London
2010 lush life, Lehmann Maupin Gallery, New York (in Kooperation mit/ *in cooperation with* Iris Flügel)
Concrete geometries – spatial form in social & aesthetic processes, part 1, Architectural Association, London
Minding the Garden, Centre de design de l'UQAM, Montreal

Transatlantische Impulse, Akademie der Künste Berlin
11th International Garden Festival, Les Jardins de Métis, Grand-Métis, Kanada / *Canada*
The Knot, Bukarest, Rumänien / *Bucharest, Rumania*, Warschau, Polen / *Warsaw, Poland*, Berlin (in Kooperation mit / *in cooperation with* Iris Flügel)
Berlin Transfer, Berlinische Galerie, Berlin

2009 NATURE, Fahnemann Projects, Berlin
Where the earth is the sky is the earth, Bundesgartenschau Schwerin
Black Little Curly Hair, Kappatos Gallery, Athen / *Athens*

2008 Skulpturen Quadriennale Riga
Eclipse, Stedefreund, Berlin
The Empty Dwelling, the Vain and the Mad Colonist, Skulpturenpark Berlin_Zentrum
The Colonist descending slowly, Schlosspark Pansevitz, Rügen / *Ruegen Island*
Drawings, Galerie Fahnemann, Berlin

2007 Domain of the Great bear Teil III, Kunstraum München
Bingo wing, club transmediale.07 – building space, Berlin
Transatlantische Impulse, Villa Aurora Berlin

2006 Invisible City – Ideal City, Potsdam und / *and* Zamość, Polen / *Poland*
Demokratie üben, Westfälischer Kunstverein, Münster
URBAN CREATURES, PORI ART MUSEUM, Pori, Finnland / *Finland*
Makiko Nishikaze: M. M., Bühnenbild, Schauspielhaus Berlin, Berliner Festspiele
Visions, Kappatos Galery, Athen / *Athens*
Madrid Procesos 06, Spanien / *Spain*
Super 6, ABEL Neue Kunst|Berlin
Domain of the Great bear Teil I, Kunstraum München

2005 SFX:Publicznosc, Westfälischer Kunstverein, Münster
Wittgenstein in New York – Stadt und Architektur in der neueren Kunst auf Papier, Staatliche Museen zu Berlin / Kupferstichkabinett
Kritische Gesellschaften, Badischer Kunstverein, Karlsruhe
EUROPAFRIES, Berlin, Wien / *Vienna*, Budapest, Prag / *Prague*
Les Vacances des Artistes, 3 bis F, Aix en Provence, Frankreich / *France*
Hi-Flyer, BIRCH CONTEMPORARY, Toronto
Bartleby-Belagerung, Hebbel am Ufer, HAU 1, Berlin

ÖFFENTLICHE UND PRIVATE SAMMLUNGEN / *PUBLIC AND PRIVATE COLLECTIONS*

Sammlung „Kunst im Bau“ der GASAG
Kunstsammlung des Deutschen Bundestages
Sammlung Würth
Staatliche Museen zu Berlin / Kupferstichkabinett
Sammlung zeitgenössischer Kunst der Bundesrepublik Deutschland
Sammlung Deutsche Bank

IMPRESSUM / *COLOPHON*

Die Publikation erscheint begleitend zur Ausstellung / *The catalogue is published in conjunction with the exhibition*

Kai Schiemenz
‚Große und Kleine – Pistazie / Malve / Koralle'
Städtische Galerie Wolfsburg
18.3.2016 – 11.12.2016

Ausstellungskonzeption / *Exhibition concept*
Kai Schiemenz, Sebastian Jaehn

Herausgeber / *Editor*
Susanne Pfleger, Sebastian Jaehn

Redaktion / *Editing*
Corinna Wolfien

Übersetzungen / *Translation*
Amy Klement

Lektorat / *Copyediting*
Caroline Gutberlet (Deutsch / *German*)
Rebecca van Dyck (Englisch / *English*)

Foto / *Photo*
Otto Felber: C12, C15, D1 – 7, E2, E4; Iris Flügel: E9, E11, E15 – 16; Philip Gaißer: F3 – 4, F7 – 8; Sven Hagolani: C1, C4, C8, C16; Thorsten Hallscheidt: B5; Andreas Koch: C14; Roman März: B2 – 4; Mayu Sato: F2; Tim Voss: B14 – 15; Uwe Walter: C3 – 4, C9, C11, C13, E1 – 2, E7 – 9, E14, J1 – 16; Krzysztof Zielinski: B1, B8, B12

Lithografie / *Lithography*
anna.k.o.

Grafische Gestaltung / *Graphic Design*
Markus Dreßen, Adriaan Van Leuven, Spector Bureau, Leipzig

Schrift / *Typeface*
Neue Haas Grotesk Text; Times LT

Papier / *Paper*
RecyStar Polar, 90 g/m², 300 g/m²
Munken Polar Rough, 90 g/m²
Planopak, 50 g/m²

Druck und Bindung / *Printing and Binding*
druckhaus köthen GmbH & Co. KG

Erschienen im Verlag / *Published by*
Spector Books, Harkortstraße 10, 04107 Leipzig
www.spectorbooks.com

Distribution / *Distribution*
Germany, Austria: GVA, Gemeinsame Verlagsauslieferung Göttingen GmbH & Co. KG, www.gva-verlage.de
Switzerland: AVA Verlagsauslieferung AG, www.ava.ch
France, Belgium: Interart Paris, www.interart.fr
UK: Central Books Ltd, www.centralbooks.com
USA, Canada: RAM Publications + Distribution Inc., www.rampub.com
Australia, New Zealand: Perimeter Distribution, www.perimeterdistribution.com
Other countries: Motto Distribution, www.mottodistribution.com

Alle Arbeiten / *All works*
Courtesy Galerie EIGEN + ART Leipzig / Berlin
www.eigen-art.com

Printed in Germany

ISBN 978-3-95905-098-2

Besonderer Dank gilt / *Special Acknowledgements*
Susanne Altmann, BOS Keramik, cinéma copains, Benjamin Ditzen, Samuel v. Düffel, Galerie EIGEN + ART, Iris Flügel, Palm Flügel, Carola Grimm, Sebastian Jaehn, Andreas Koch, Studio Lhotsky, Gerd Harry Lybke, Veiko Minge, Ferdinand Pechmann, Stefan Pente, Susanne Pfleger, Anne Schwanz, Tim Voss, Kerstin Wahala, Corinna Wolfien sowie allen Leihgeberinnen und Leihgebern / *as well as all lenders.*

Wir bedanken uns für die Förderung durch die Niedersächsische Sparkassenstiftung, die Sparkasse Gifhorn-Wolfsburg sowie durch den Verein jugend in der Galerie e.V.

We appreciate the support from the Niedersächsische Sparkassenstiftung, the Sparkasse Gifhorn-Wolfsburg and also from the Verein jugend in der Galerie e. V.

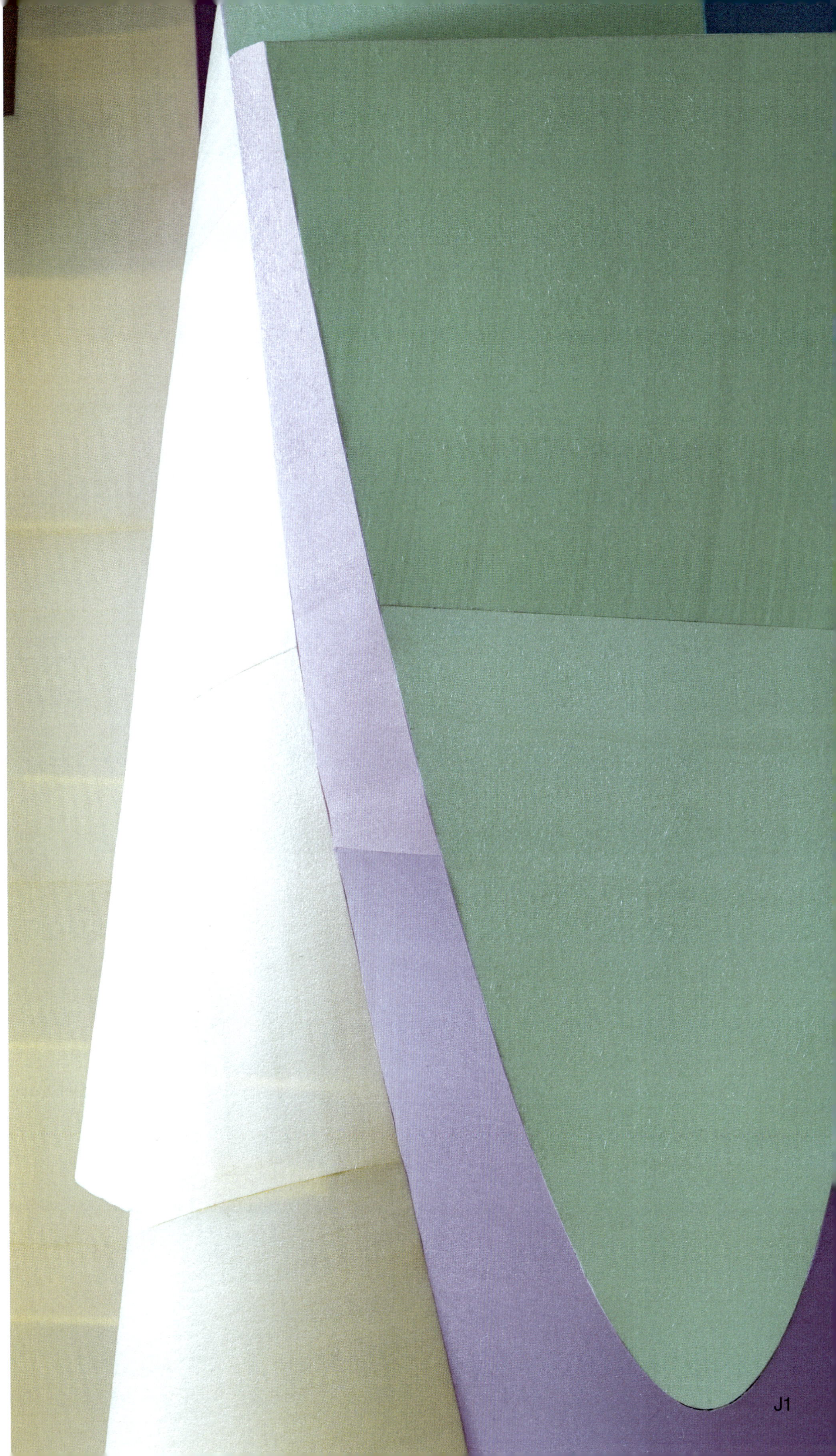

J1

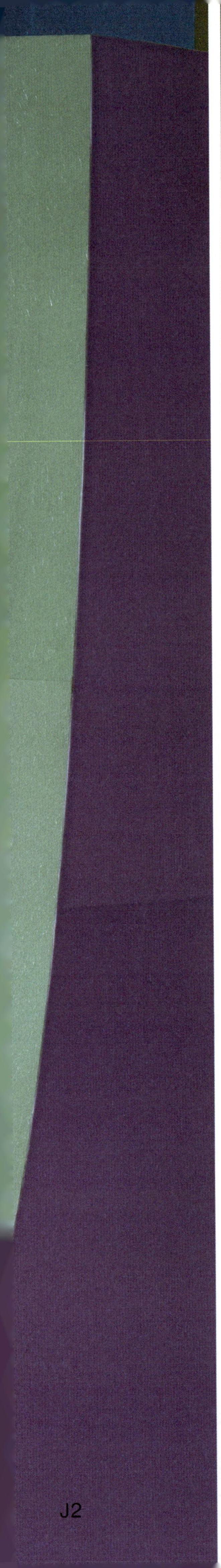

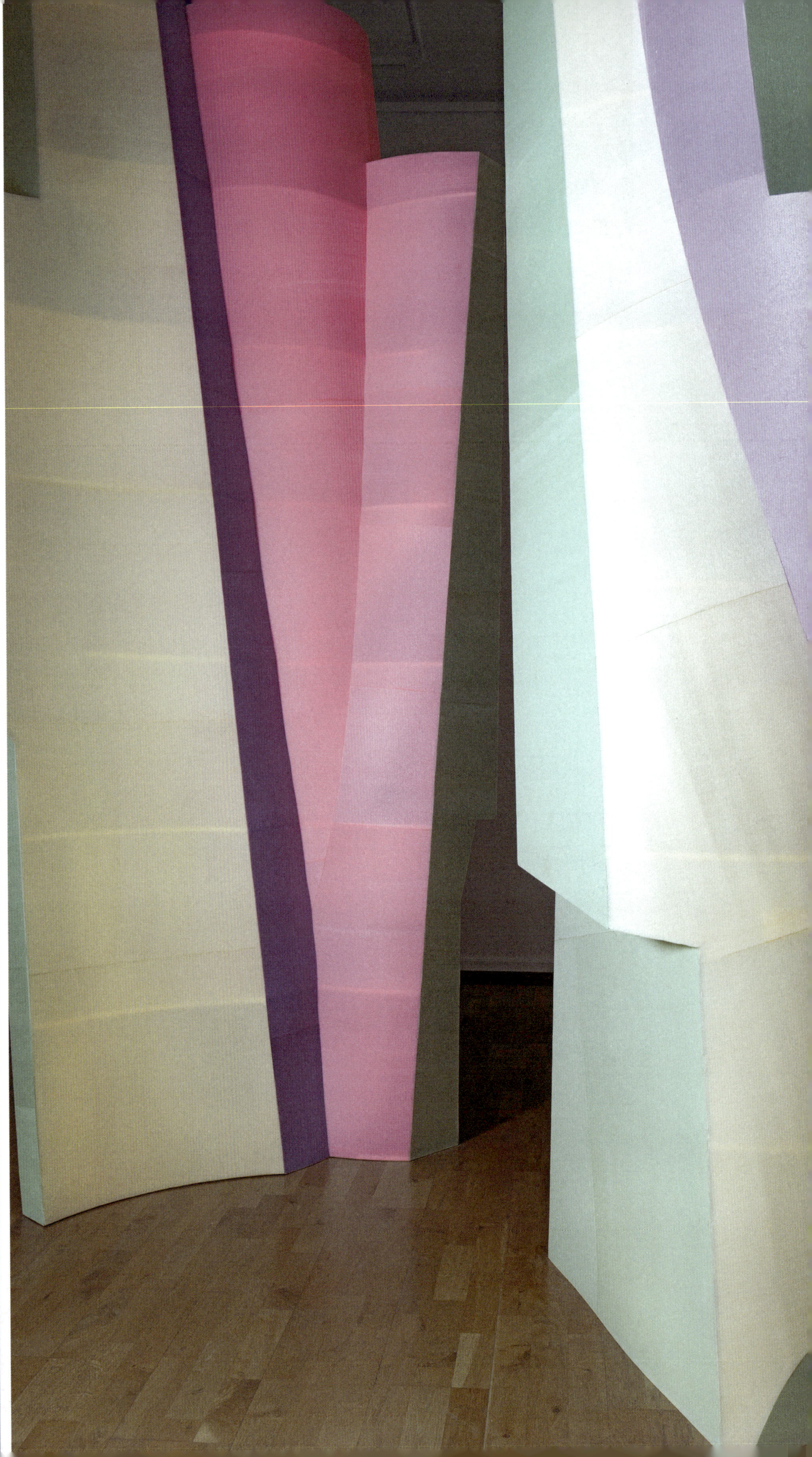

J2

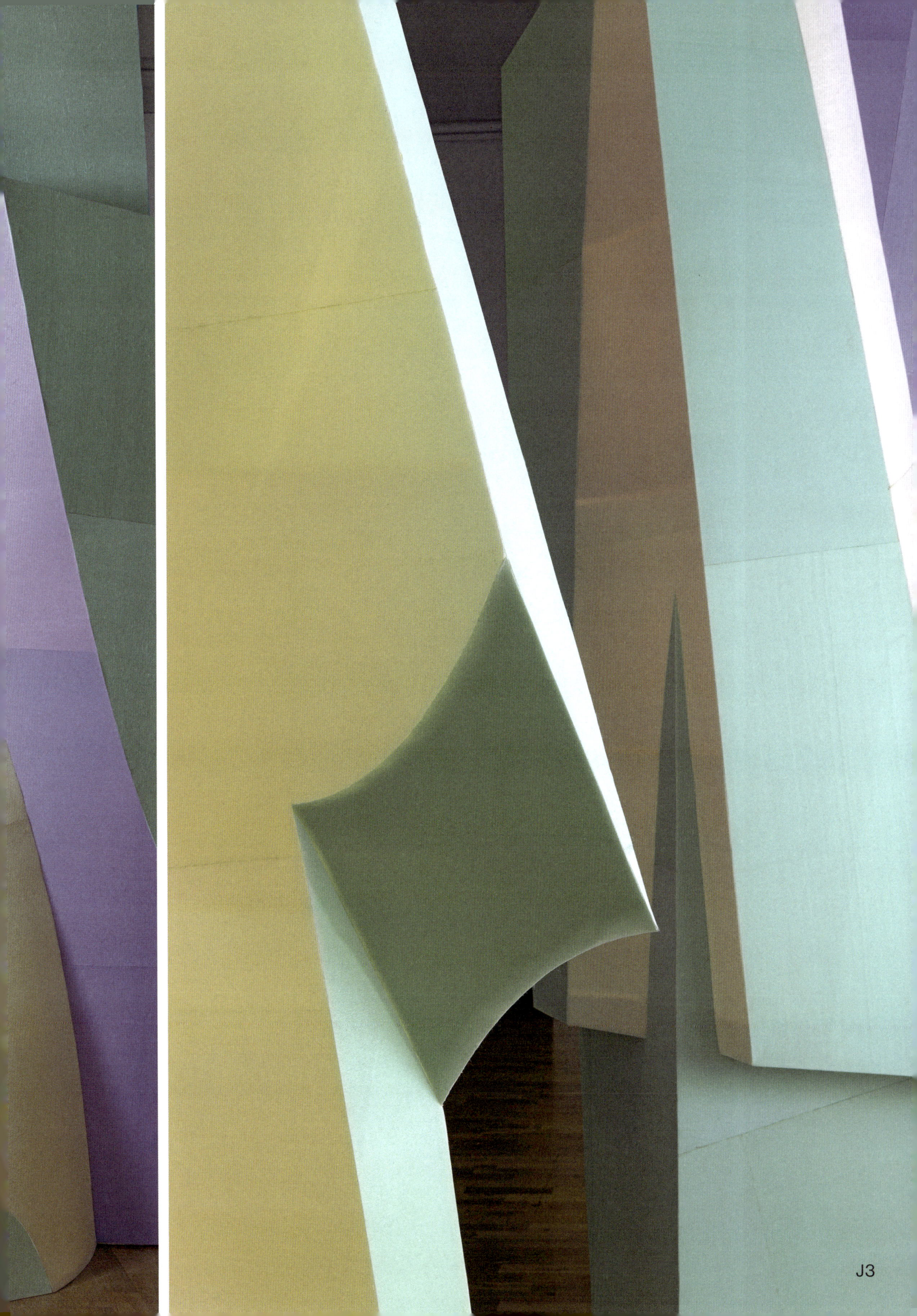

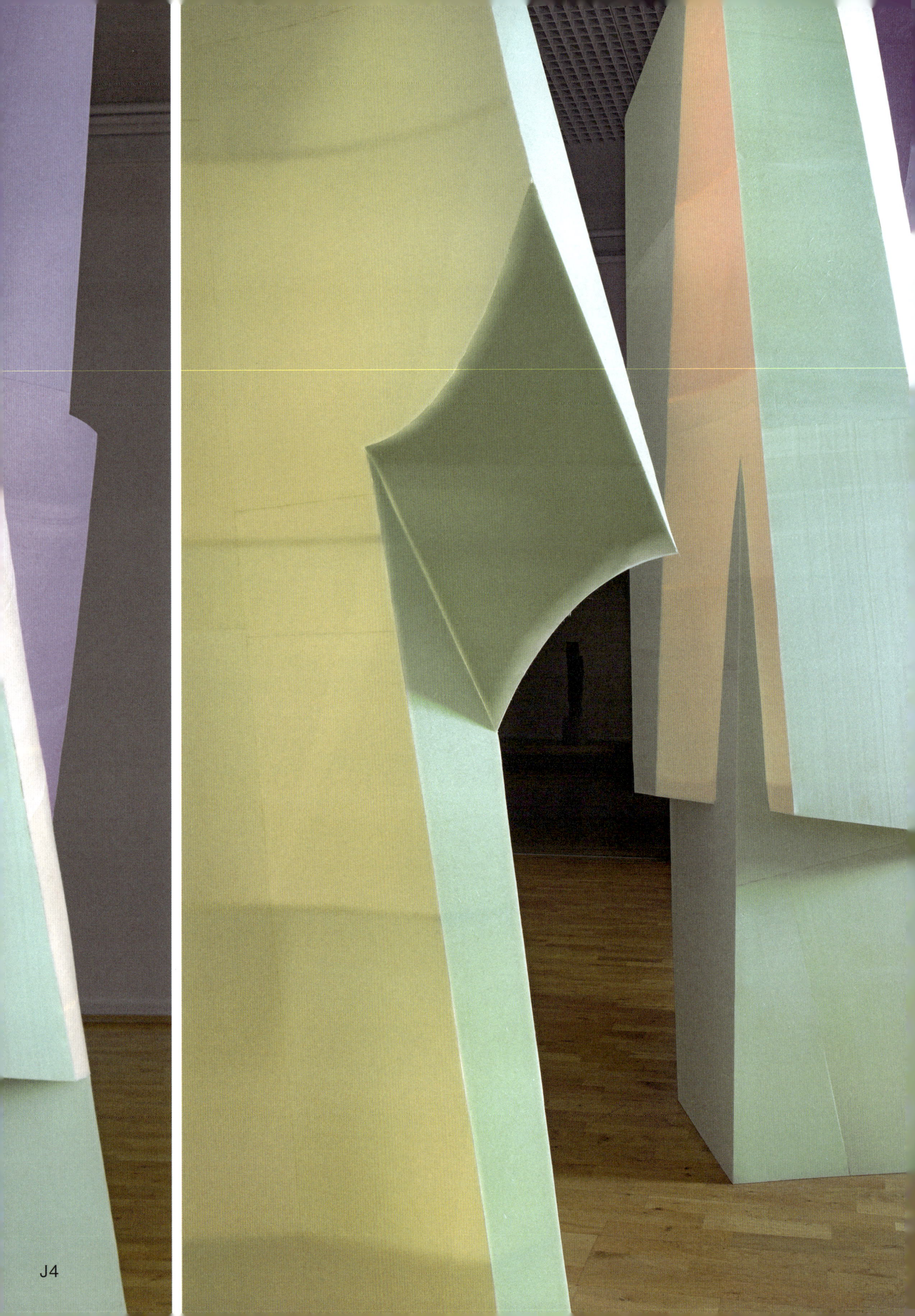

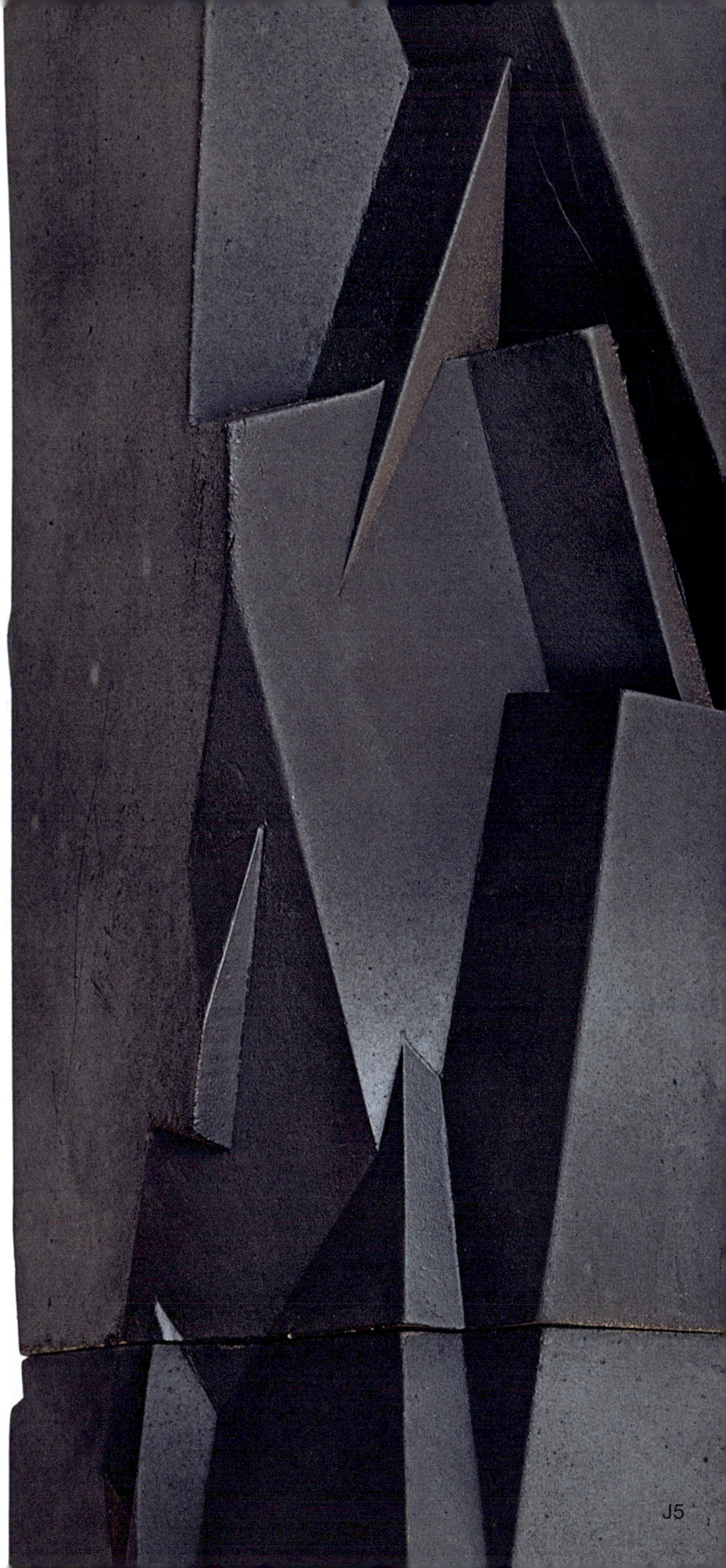

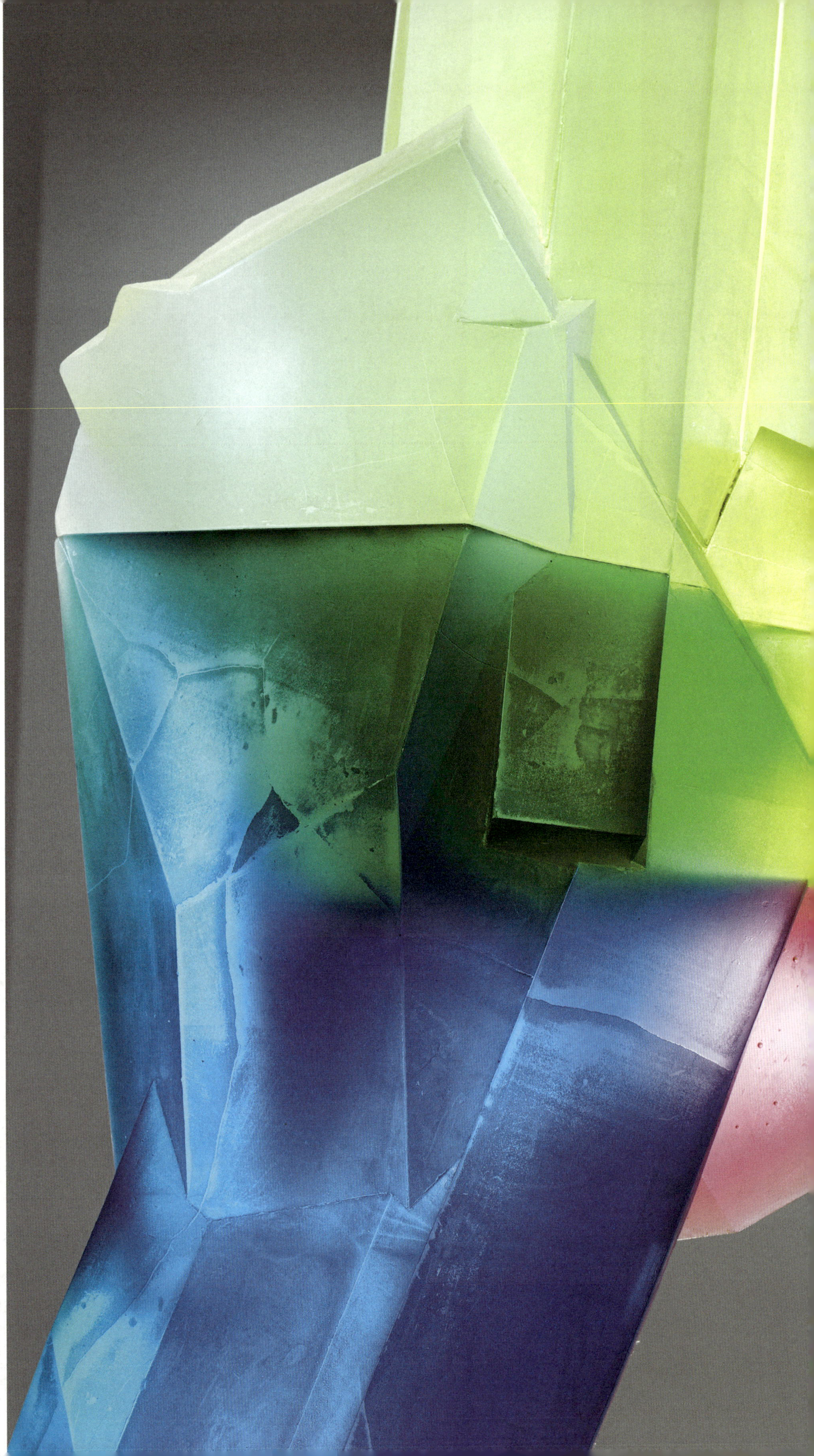

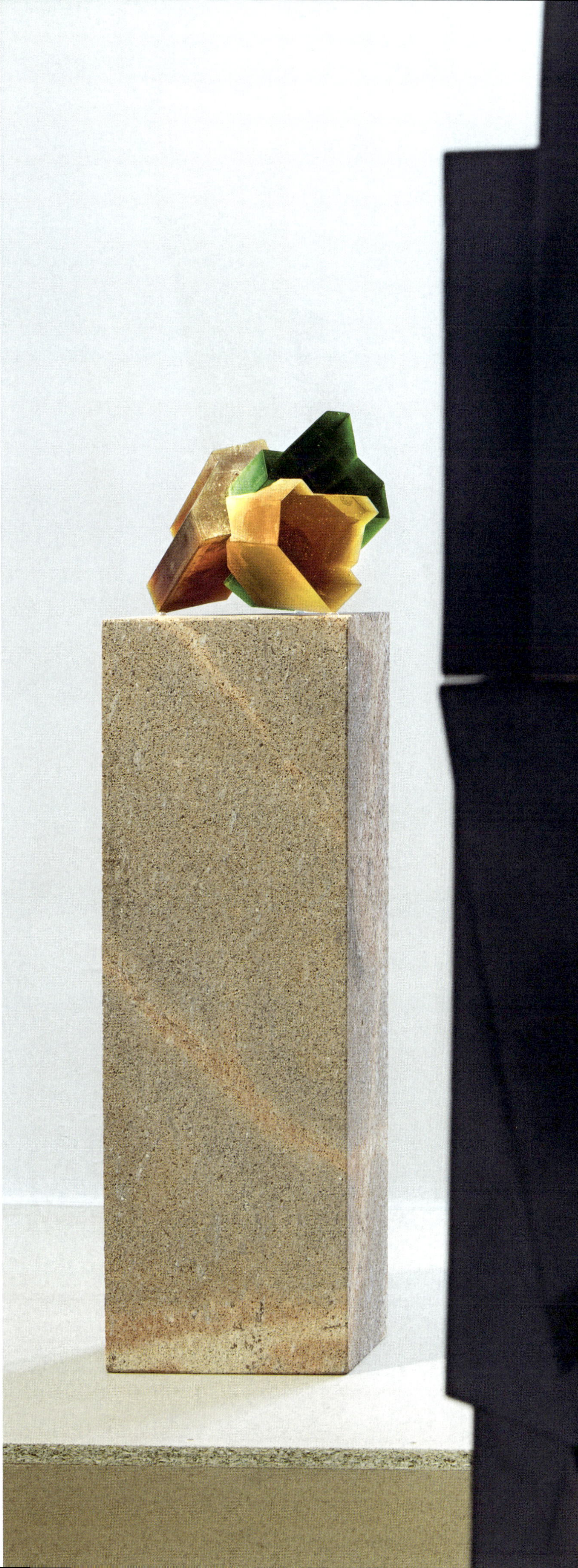

This side down 2

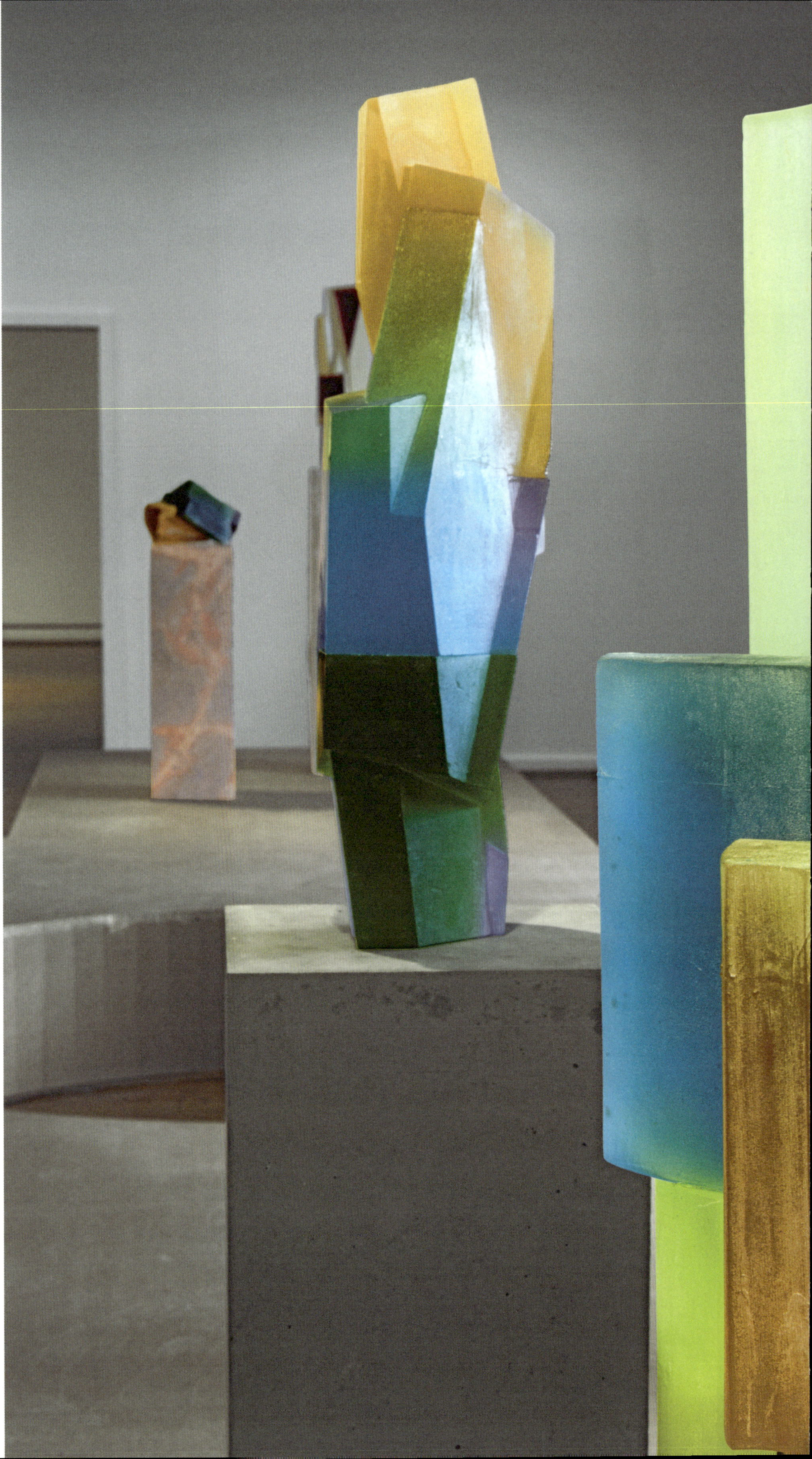

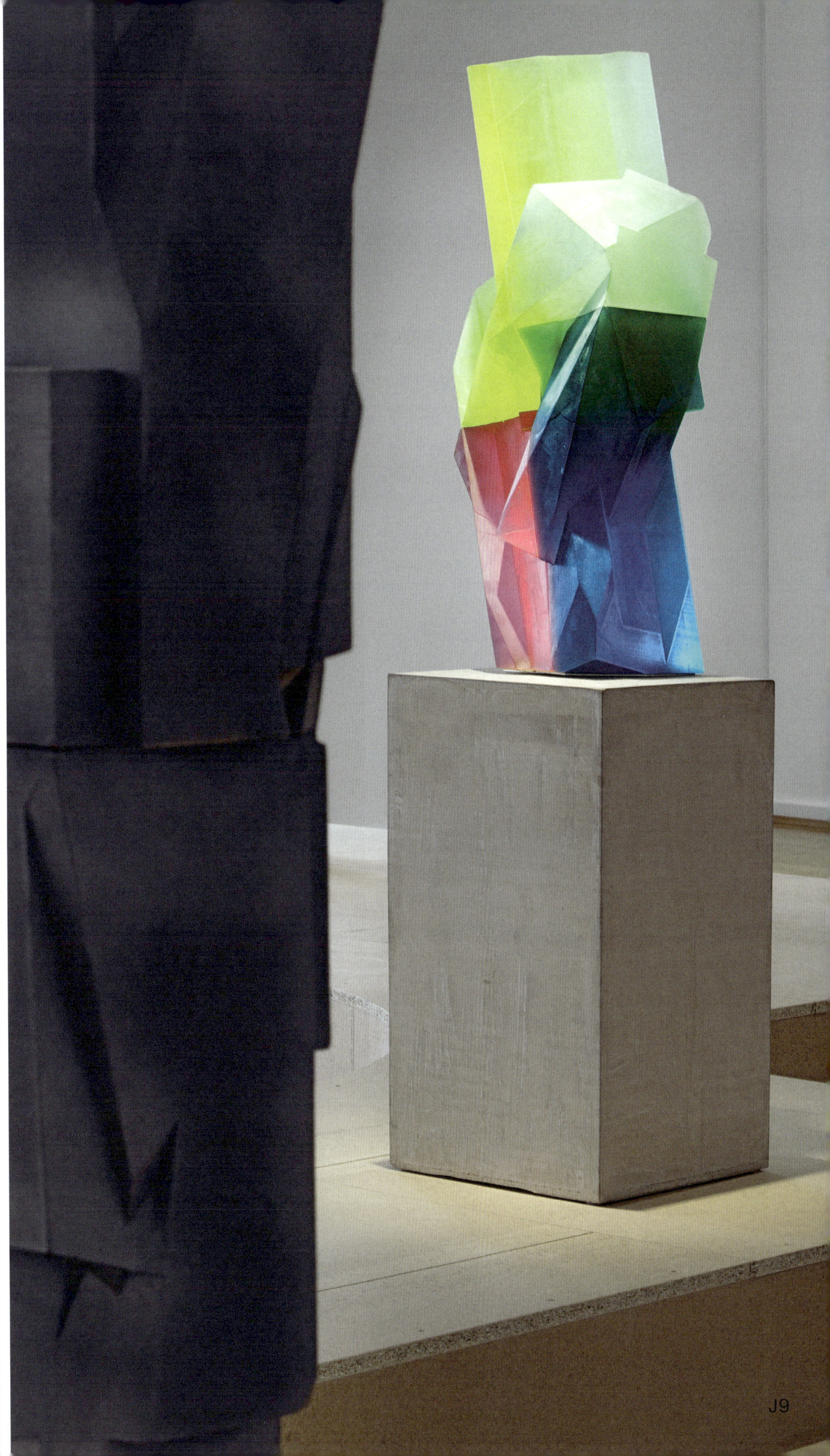

J9

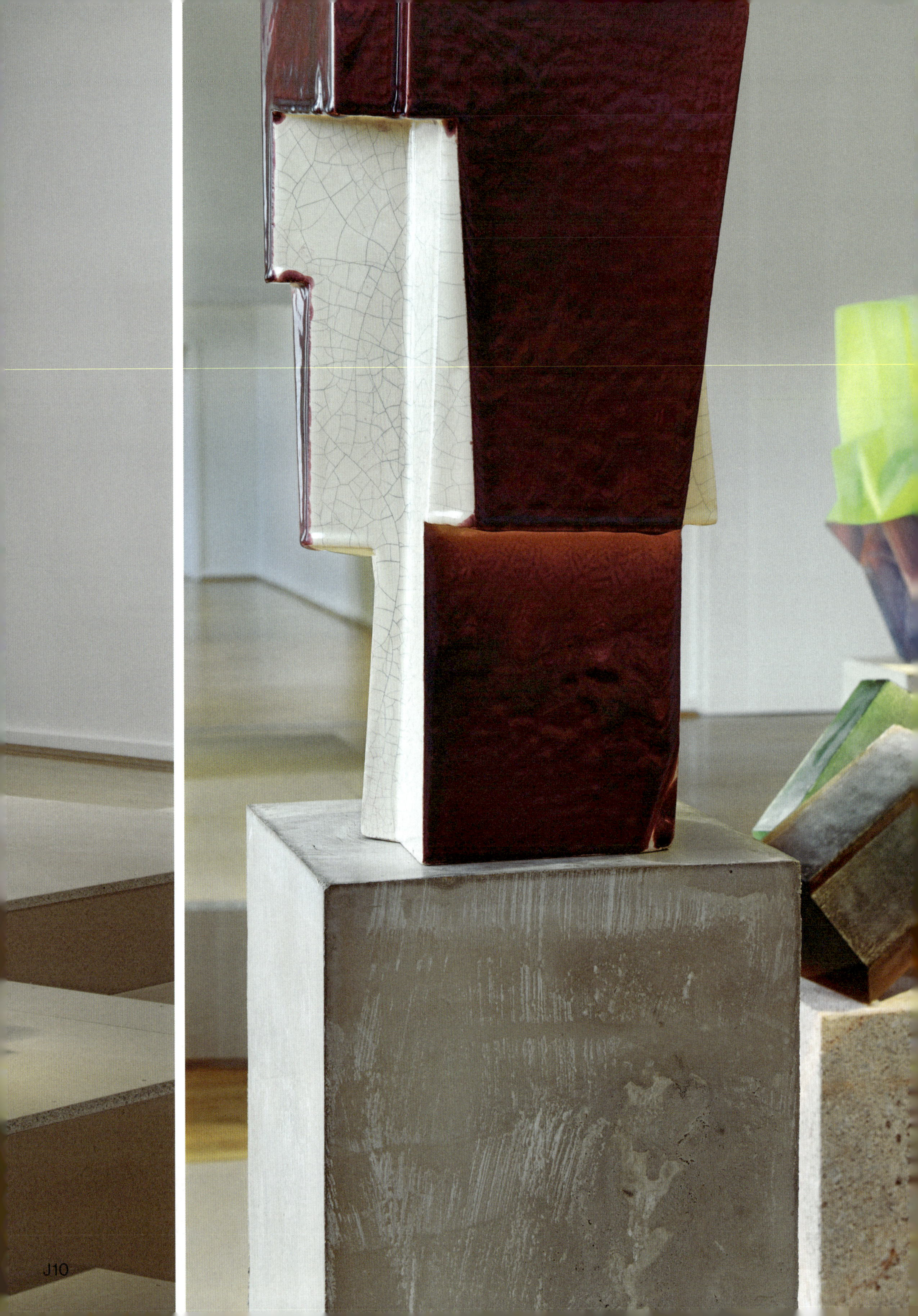

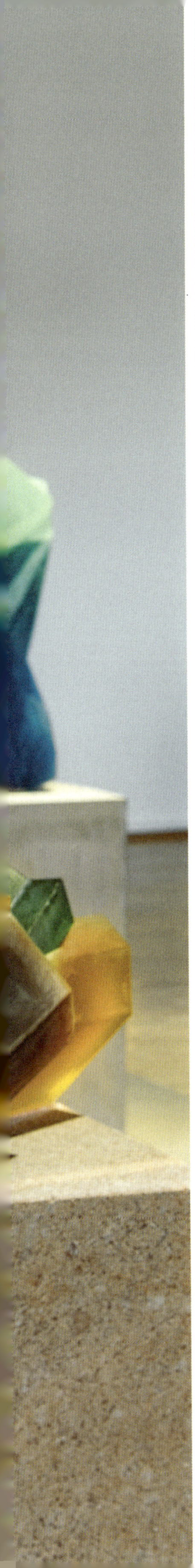

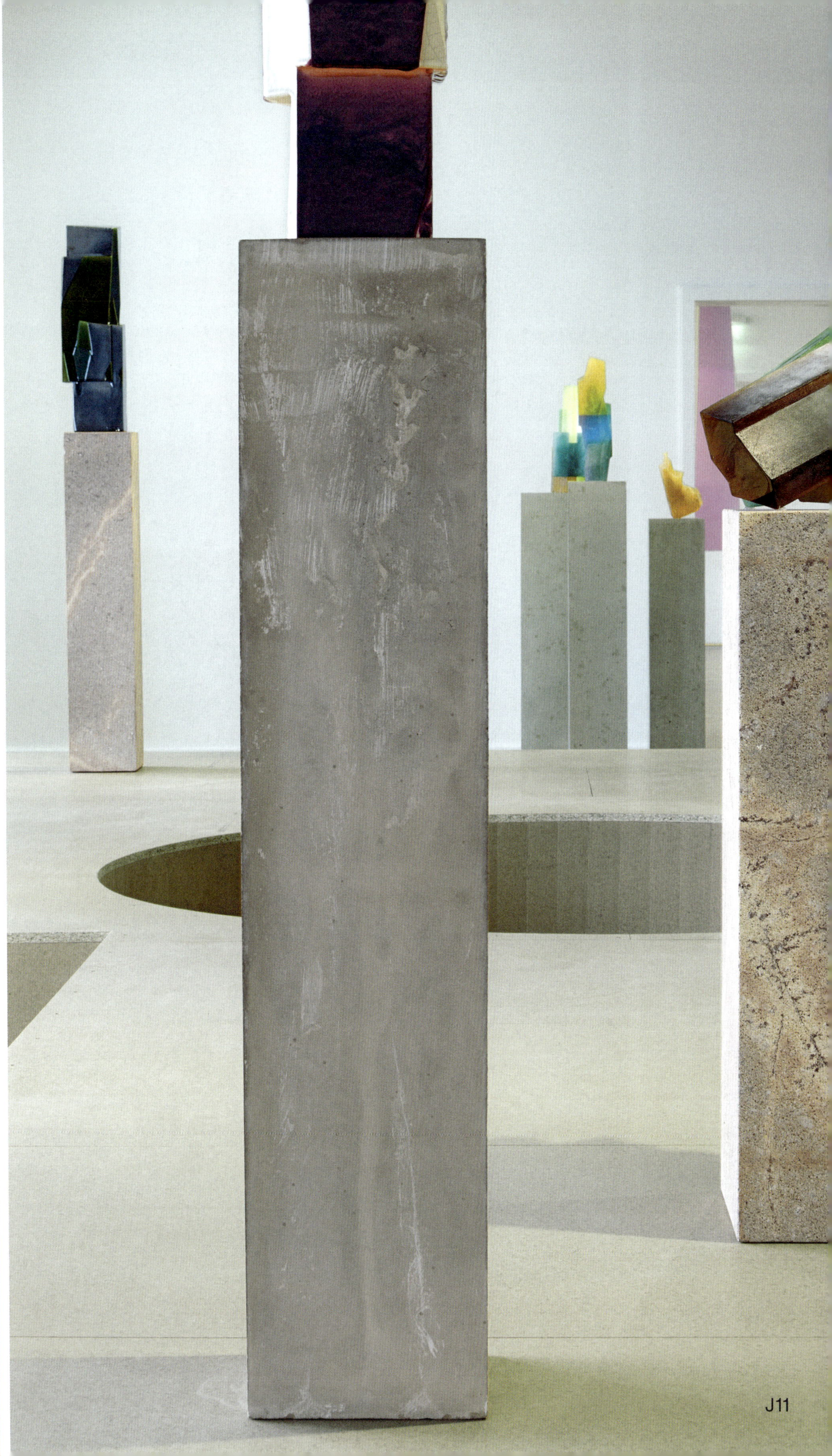

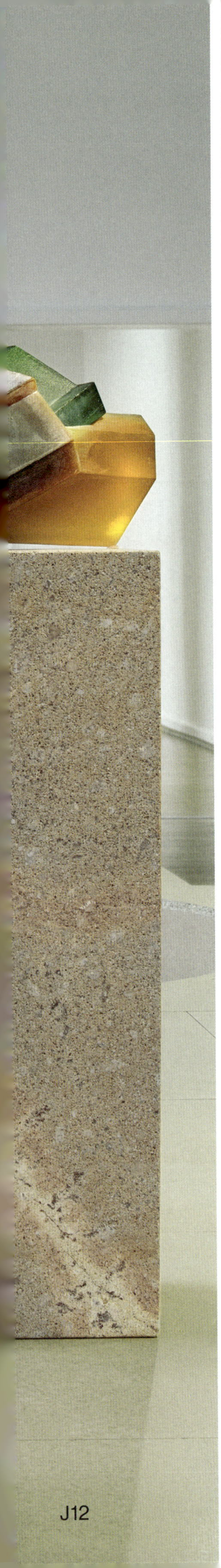

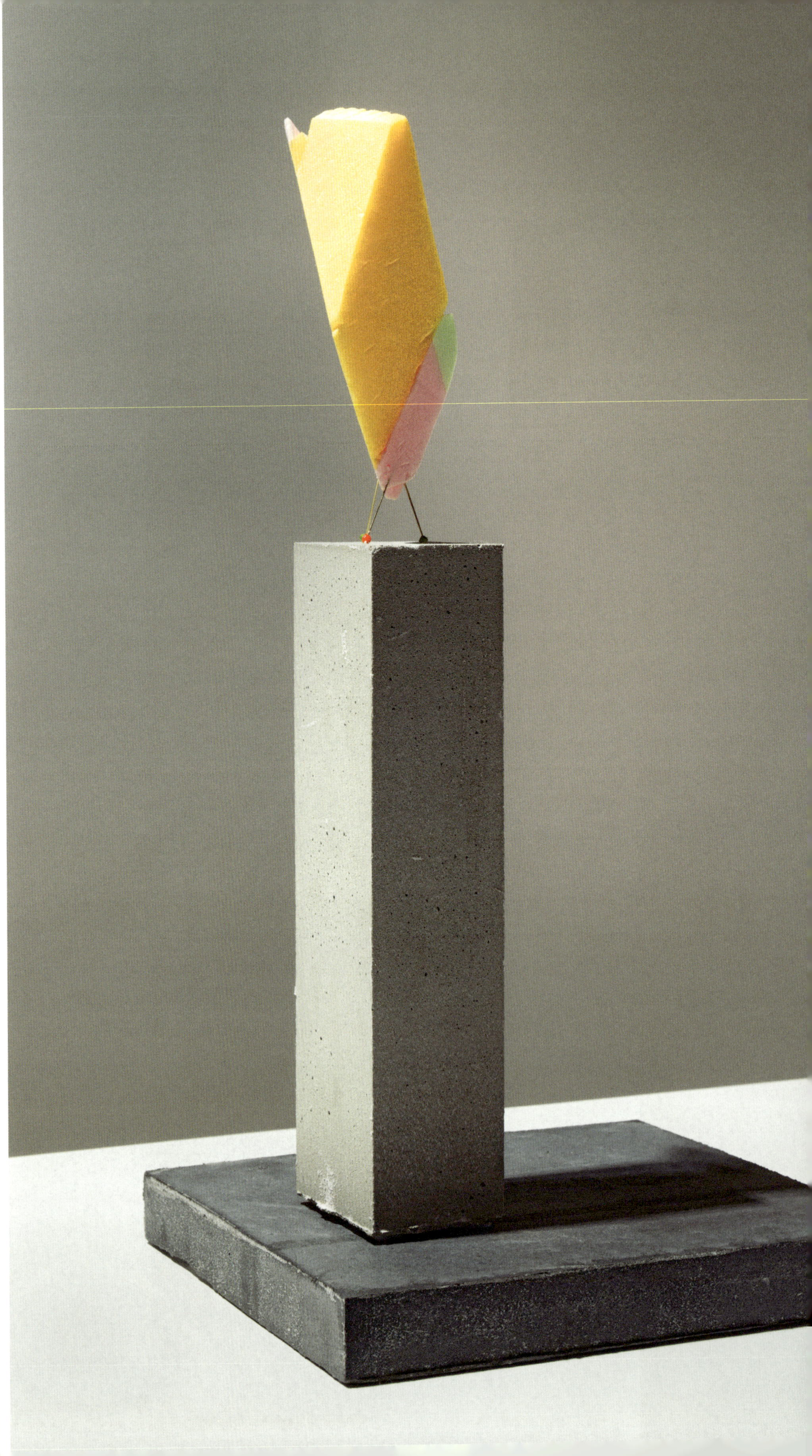

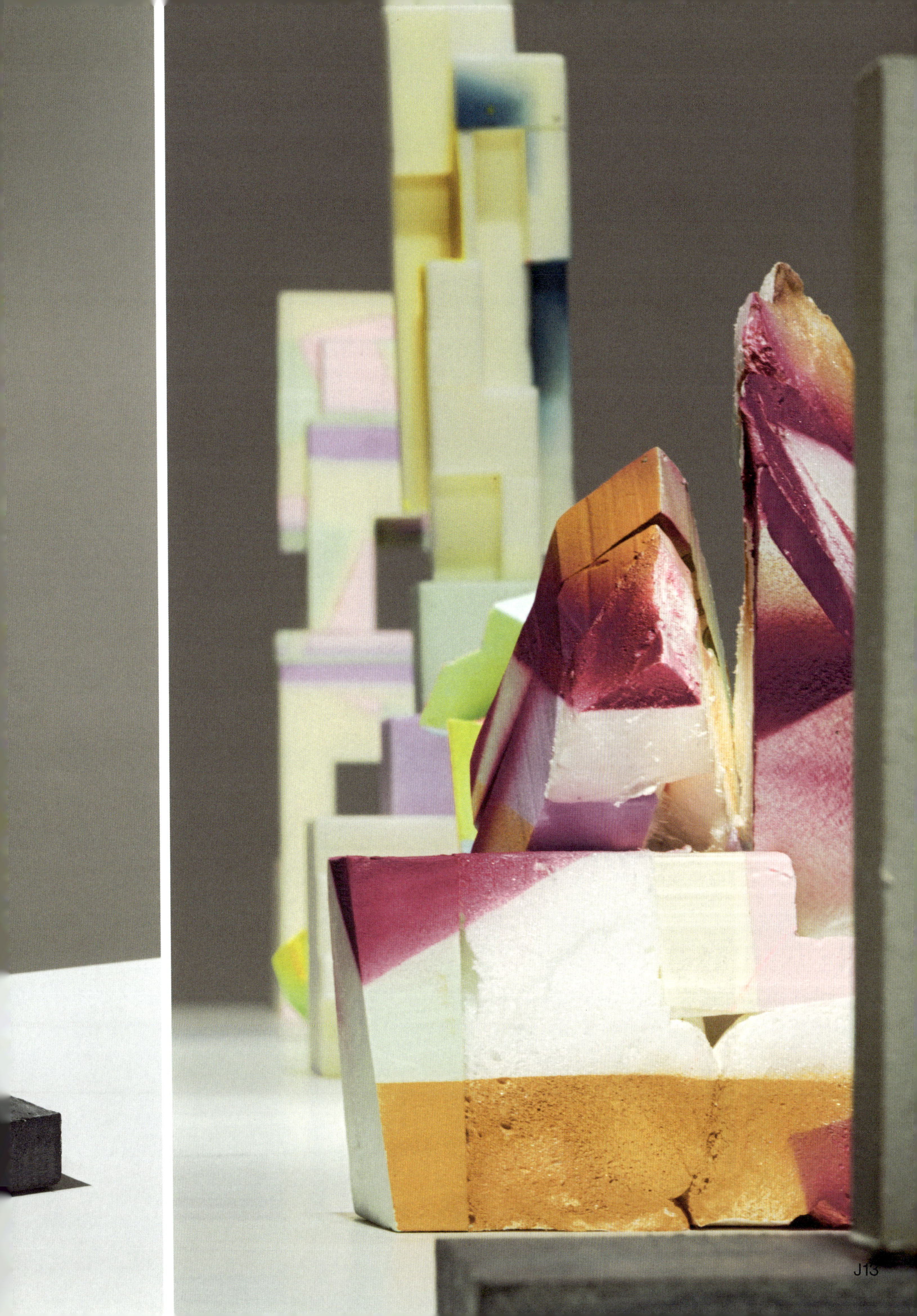

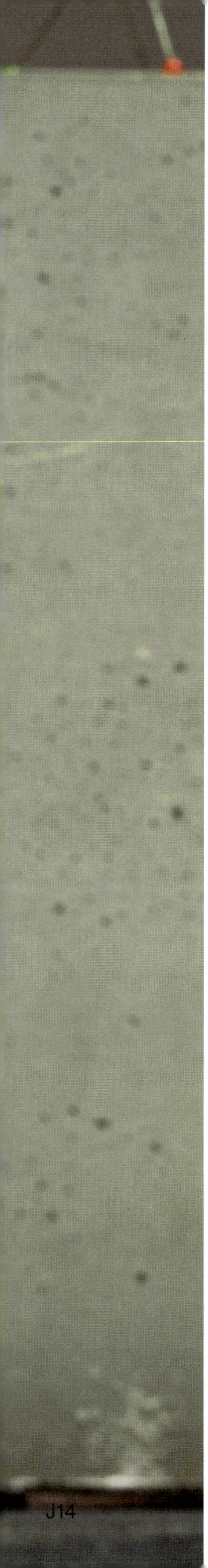

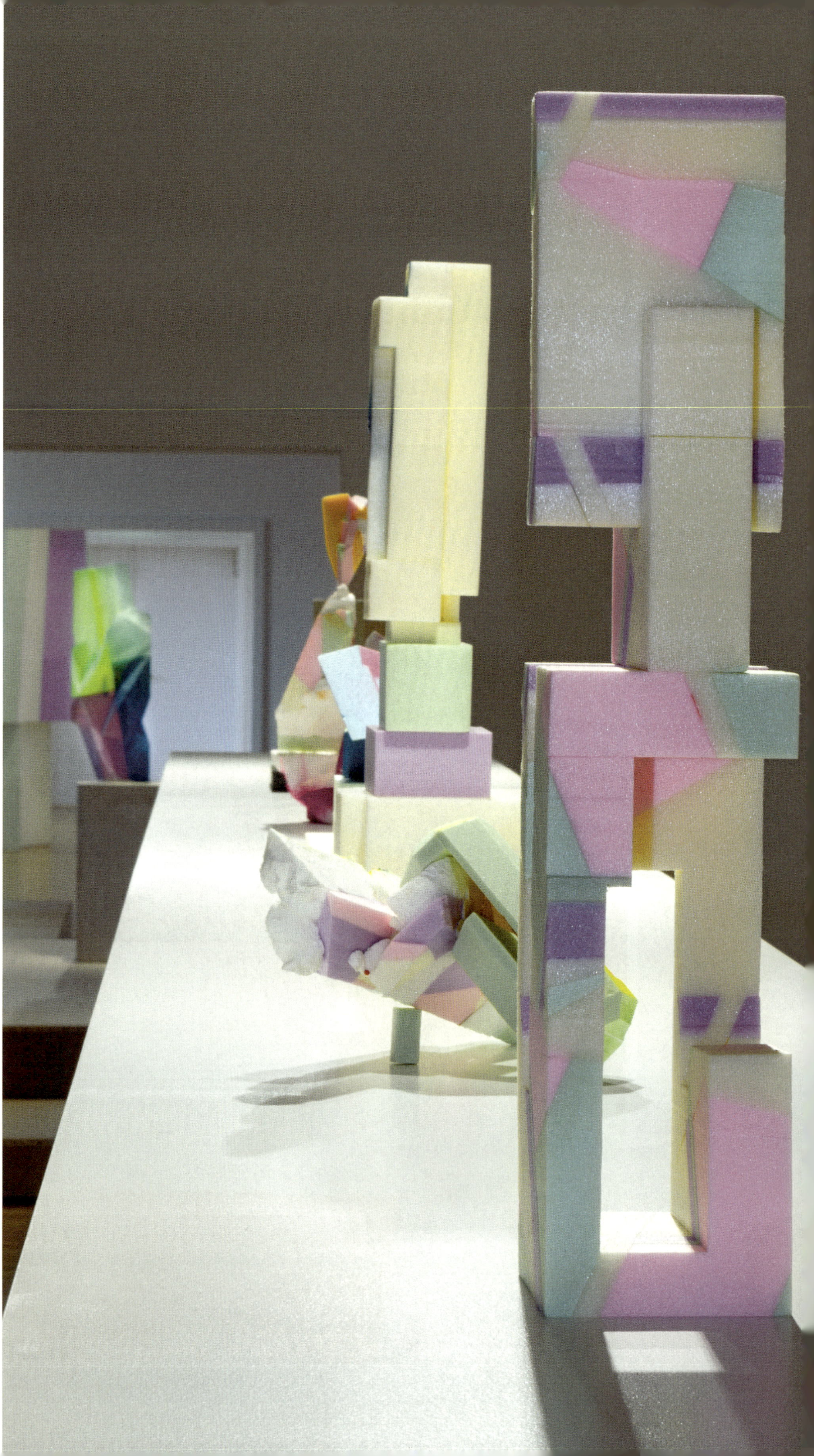

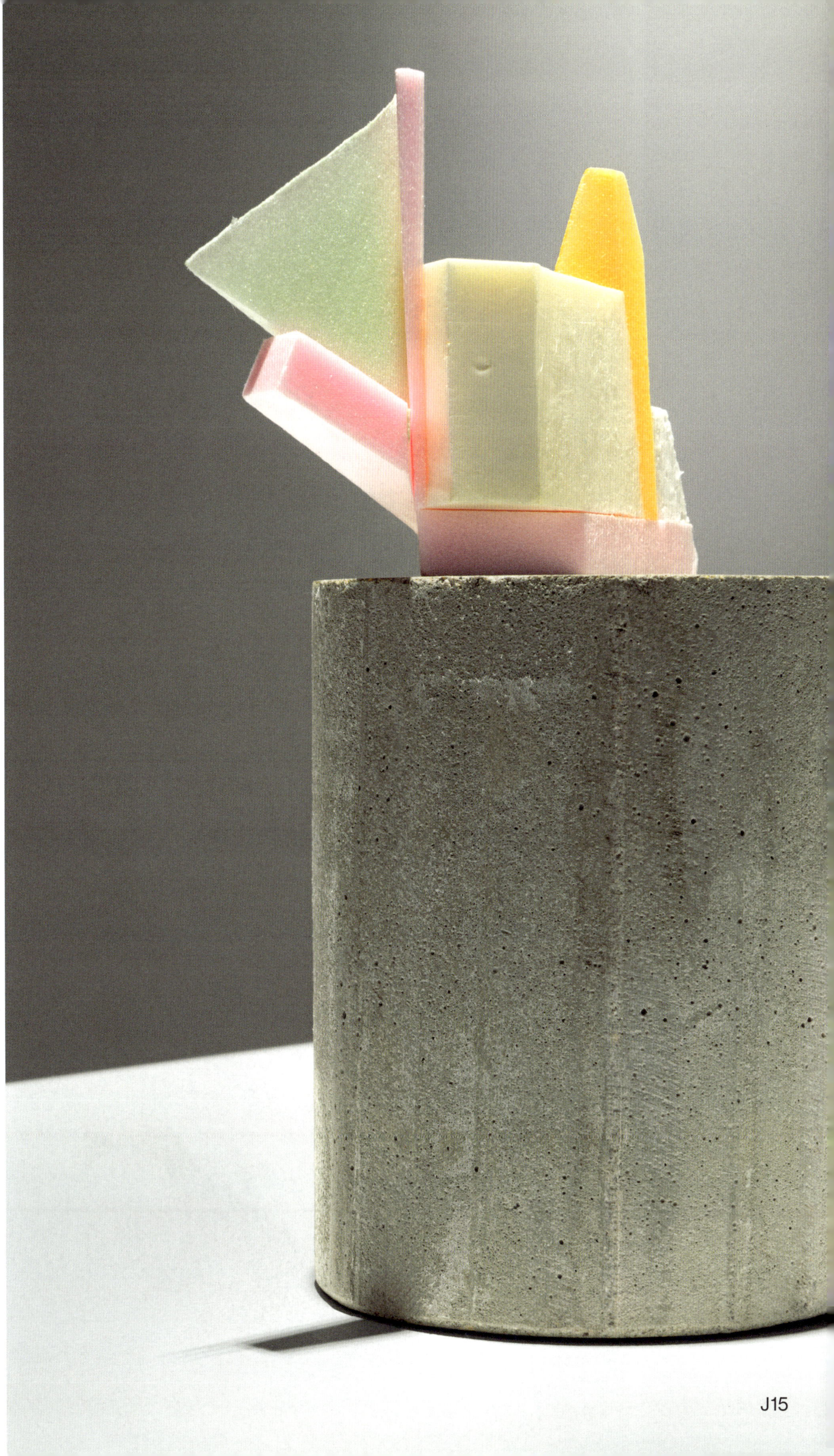

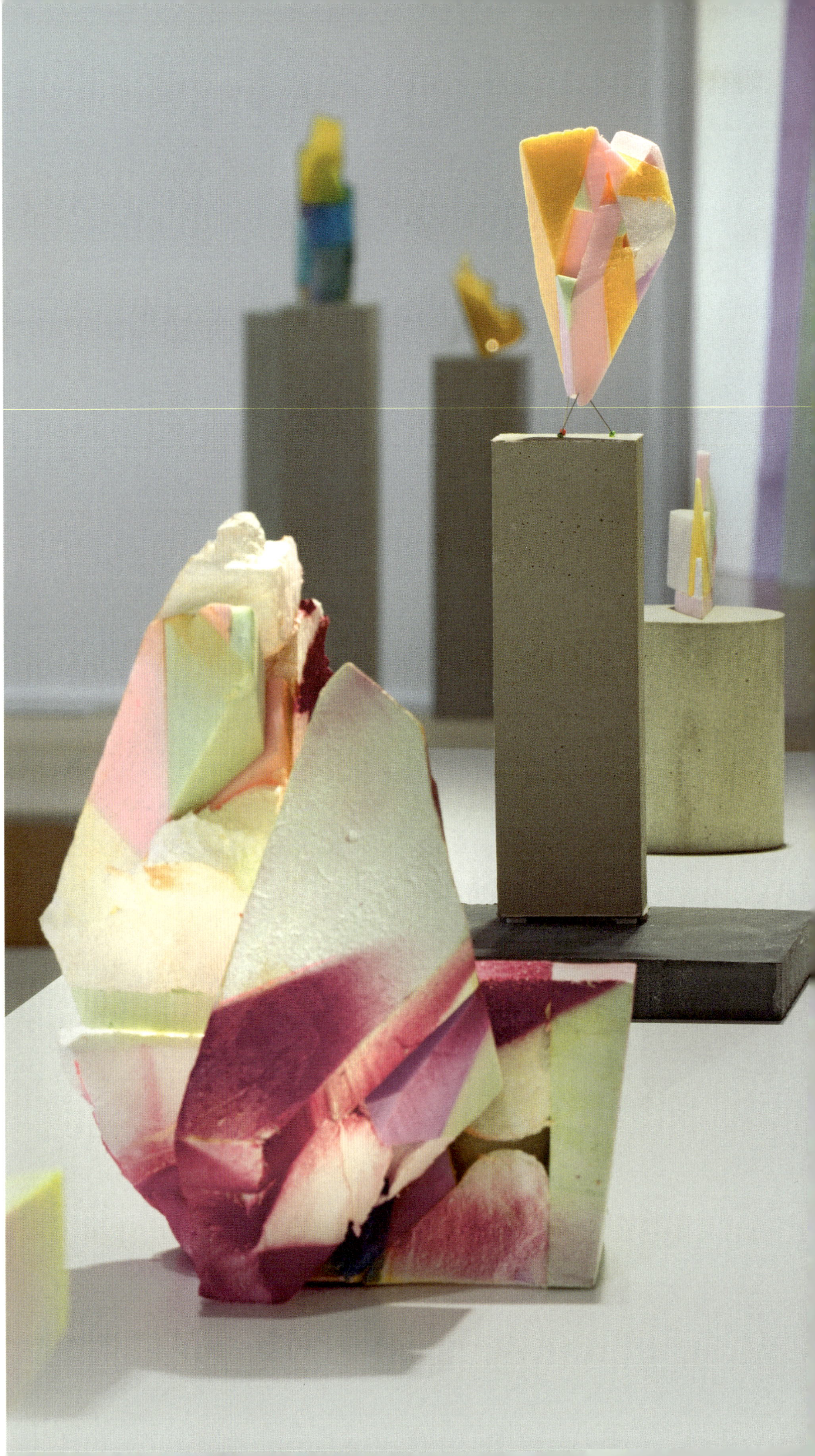

DOVES

Gray and white, as if with age, or some preserving
of the past, as in Beowulf, our hoary ancestor,
hoary as in a bat or a willow, or the venerable
hoary dove that flew straight into my picture
window today and then lay dead on the front porch.
We buried it—in some distorted version of its normal self—
folded in a white cloth napkin in the backyard.
Still soft enough to be cut into like a cabbage, I thought,
I'm glad I'm not dead. Listen to them now,
higher up in the trees, biting and scratching,
with their unmistakable twitch of life. Don't fear
nothing, their twittering voices cry. The true spirit
of living isn't eating greedily, or reflection, or
even love, but dissidence, like an axe of stone.

Henri Cole